다문화사회 교수방법론

다문화사회 교수방법론

모경환 · 하민수 · 은지용 · 임정수 · 이경윤 · Joon K. Kim · 권용진 · 서영지
성상환 · Douglas R. Gress · Sonya N. Martin · 권순용 · 박형준 공저

Multicultural Teaching

dm 동문사

머리말

오늘날 교육 현장은 다양한 문화적 배경을 가진 학생들이 함께 성장하는 공간으로 변화하고 있습니다. 급속한 글로벌화와 사회의 다문화적 변화는 교사들에게 새로운 교육적 접근 방식을 요구하며, 학생들이 문화적 다양성을 이해하고 존중할 수 있도록 지도하는 것이 필수적인 시대가 되었습니다. 따라서 다문화교육을 효과적으로 실천할 수 있는 교수-학습 방법을 탐색하는 것은 더 이상 선택의 문제가 아니라, 모든 교육자가 직면한 중요한 과제입니다.

그러나, 다문화교육의 필요성이 지속적으로 강조되고 있음에도 불구하고, 이를 효과적으로 구현하기 위한 교수법과 실천 전략에 대한 연구와 자료는 여전히 부족한 실정입니다. 많은 교사들이 다문화적 환경에서의 교수법에 대한 명확한 지침 없이 수업을 운영해야 하는 현실에 직면해 있으며, 이는 교육의 질적 향상을 저해하는 요인으로 작용하고 있습니다. 이러한 문제를 해결하고자 『다문화사회 교수방법론』을 집필하게 되었습니다. 이 책은 「서울대학교 다문화교육연구센터」의 학술 연구와 논의를 바탕으로 구성되었으며, 다문화 교수법에 대한 체계적이고 실천적인 방향을 제시하고자 합니다.

이 책은 교사들이 다문화교육을 위한 교수법을 실제 수업에 효과적으로 적용할 수 있도록 지원하는 실천적 가이드 역할을 수행하며, 크게 세 개의 부분으로 나뉘어 있습니다. 제1부에서는 다문화 교수법의 기초를 다루고, 다문화교육의 철학적 배경과 이론적 토대를 정리하여 교사들이 다문화 교수법의 개념을 깊이 이해할 수 있도록 돕습니다. 제2부에서는 다양한 다문화 교수법을 소개하며, 학생들의 문화적 정체성을 존중하고 포용적 학습 환경을 조성할 수 있는 구체적인 교수 전략을 제시합니다. 제3부에서는 언어, 사회, 과학, 체육 등 다양한 교과목에서 다문화 교수법을 실제 수업에 적용하는 방안을 탐색하며, 교사들이 현장에서 직접 활용할 수 있는 수업 전략을 제공합니다.

이 책이 다문화교육을 고민하는 교사들에게 실질적인 도움을 제공할 수 있기를 기대합니다. 학생들의 문화적 다양성을 존중하고 이를 교육적으로 활용하는 과정에서, 교사들은 더욱 창의적이고 역동적인 수업을 실천할 수 있을 것입니다. 이 책은 단순한 이론서가 아니라, 실제 교육 현장에서 활용 가능한 실질적인 교수법을 제시하는 데 중점을 두고 있습니다. 다문화 교수법을 탐구하는 모든 교사, 예비 교사, 연구자들에게 유용한 참고서가 되기를 바라며, 다문화교육을 위한 지속적인 연구와 실천이 교육 현장에서 더욱 활발히 이루어지기를 희망합니다.

대표 저자 모경환 씀

차례

Ⅱ 다양한 다문화 교수법

III 교과 수업과 다문화 교수법

PART I

다문화 교수법의 기초

Chapter

01

다문화사회와 다문화교육

모경환
서울대학교 사회교육과 교수

다문화사회 교수방법론

1. 다문화 시대의 한국 사회

국제 이주가 활발히 진행됨에 따라, 한국 사회는 결혼, 취업, 유학 등 다양한 이유로 다인종 사회로 변화하고 있으며, 문화적 다양성 또한 점진적으로 확대되고 있다. 1990년대 이후 이러한 변화는 더욱 가속화되었으며, 그 결과 각급 학교에서는 이주 배경을 가진 학생들이 지속적으로 증가하고 있다. 이러한 현상은 우리 사회가 더 이상 단일 민족적 정체성을 기반으로 한 사회적 통합을 유지할 수 없는 상황에 직면했음을 나타낸다. 사회 구성원의 다양성 증가는 단순히 학교와 사회에서 다문화적 이해와 상호 존중을 요구하는 것을 넘어, 이를 해결해야 할 중요한 사회적 과제로 인식되고 접근해야 함을 시사한다. 특히, 다양한 배경을 가진 시민들이 조화롭게 공존하고 협력할 수 있는 사회적 환경을 조성하는 동시에, 변화하는 시대적 요구에 부응하고 미래를 선도할 시민적 자질과 역량을 함양하는 것이 교육의 중요한 목표로 점차 강조되고 있다. 다문화교육(multicultural education)은 이러한 시대적 과제를 해결하기 위해 도입된 교육 이념이자 운동이며 정책으로 자리 잡고 있다.

21세기는 전 세계적으로 대규모 이주가 일반화된 시대이다. 고국을 떠나 타국에 정착하여 거주하는 이주민의 수가 지속적으로 증가하고 있으며, 이러한 현상은 여러 사회적, 경제적, 정치적 요인에 의해 더욱 가속화되고 있다. 국제 이주민의 규모는 2000년 기준으로 전 세계 인구의 약 2.8%(약 1억 7천 3백만 명)에 해당했으나, 2020년에는 그 비율이 3.6%로 증가하며 약 2억 8천 1백만 명에 이르는 것으로 집계되었다(International Organization for Migration, 2024). 이러한 국제적 경향과 함께, 대한민국에 거주하는 외국인의 수도 증가하고 있다. 2023년 11월 기준으로, 우리나라에 거주하는 '외국인주민'의 수는 246만 명에 달하며[1], 이는 총인구의 4.8%를 차지한다. 이 수치는 전년 대비 201,294명(8.9%) 증가한 것으로, 2006년 통계 작성 이래 가장 높은 수치를 기록하였다. 또한, 외국인주민이 1만 명 이상 또는 인구 대비 5% 이상 거주하는 시 · 군 · 구인 '외국인주민 집중거주지역'의 수는 전년 대비 30곳 증가하여 총 127곳에 이르고 있다(행정안전부, 2024).

이러한 경향은 혼인 통계에서도 확인할 수 있다. 통계청의 자료에 따르면, 2023년의 총 혼인 건수는 약 194,000건에 이르며, 이 중 외국인과의 혼인은 약 20,000건으로 전체의 10.2%를 차지하고 있다. [그림 1-1]에서 나타난 바와 같이, 2020년부터 2021년까지의 코로나19 팬데믹 기간 동안 다문화 혼인 건수는 감소세를 보였으나, 2022년부터는 다시 증가하는 추세를 나타내고 있다(통계청, 2023).

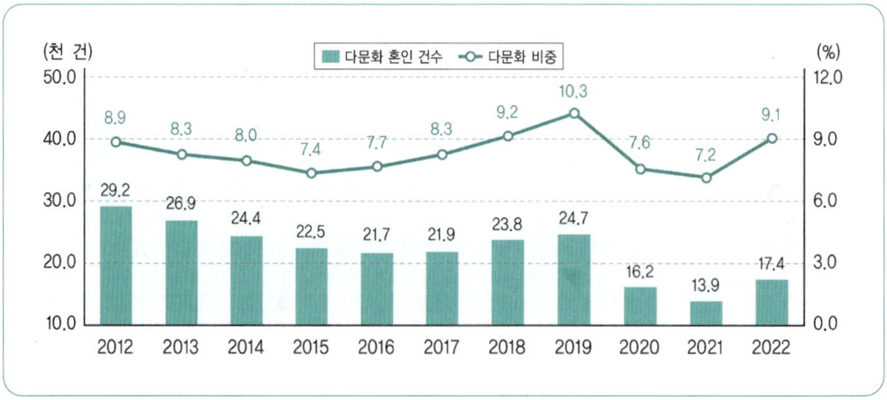

[그림 1-1] **다문화 혼인 건수**

1) 유형별로는 1) 한국국적을 가지지 않은 자 1,935,150명(전년 대비 10.4% 증가), 2) 한국국적취득자 234,506명(전년 대비 4.8% 증가), 3) 외국인주민 자녀 289,886(전년 대비 2.8% 증가) 등이다.

이와 같이 국경을 초월한 이주민의 유입과 국제결혼의 증가는 학교의 인적 구성에도 명확히 반영되고 있다. 2024년 기준으로 다문화학생 수는 193,814명에 달하며, 이는 전체 학생의 3.8%를 차지하고, 2012년의 46,954명에 비해 4배 이상 증가한 수치이다. 초·중등학교(각종학교 포함)의 다문화학생 수는 [그림 1-2]에서 나타난 바와 같이 전년 대비 12,636명(7.0%) 증가하였다. 또한 〈표 1-1〉에 따르면, 초등학교의 다문화학생 수는 117,459명으로 전년 대비 1,820명(1.6%) 증가하였고, 중학교는 47,910명으로 4,212명(9.6%) 증가하였으며, 고등학교는 27,673명으로 6,483명(30.6%) 증가하였고, 각종학교는 772명으로 121명(18.6%) 증가하였다(교육부, 2024). 이러한 추세는 2023년 전체 학생 수가 5,261,818명에서 2024년 5,186,141명으로 75,677명(1.4%) 감소한 것과 대조적이며, 전체 학생 수에서 다문화학생의 비율은 더욱 증가할 것으로 예상된다.

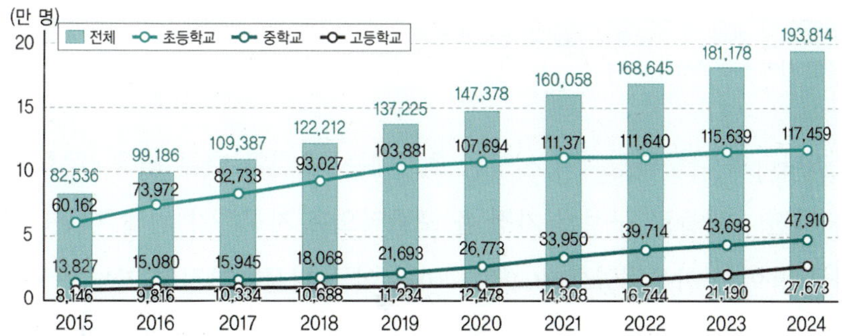

[그림 1-2] **다문화학생 증가 추이**

〈표 1-1〉 **다문화학생 현황** (단위 : 명)

연도	전체					국제결혼가정										외국인가정				
						국내출생					중도입국									
	소계	초등학교	중학교	고등학교	각종학교	소계	초등학교	중학교	고등학교	각종학교	소계	초등학교	중학교	고등학교	각종학교	소계	초등학교	중학교	고등학교	각종학교
'24년	193,814	117,459	47,910	27,673	772	134,817	80,155	34,682	19,811	169	11,987	6,037	3,201	2,412	337	47,010	31,267	10,027	5,450	266
'23년	181,178	115,639	43,698	21,190	651	129,910	82,491	32,210	15,063	146	10,896	5,617	3,108	1,928	243	40,372	27,531	8,380	4,199	262
'22년	168,645	111,640	39,714	16,744	547	126,029	84,241	29,940	11,614	234	9,938	5,087	2,874	1,784	193	32,678	22,312	6,900	3,346	120
'21년	160,058	111,371	33,950	14,308	429	122,095	86,399	25,368	10,183	145	9,427	4,953	2,773	1,519	182	28,536	20,019	5,809	2,606	102
'20년	147,378	107,694	26,773	12,478	433	113,774	85,089	19,532	9,049	104	9,151	5,073	2,459	1,415	204	24,453	17,532	4,782	2,014	125
'19년	137,225	103,881	21,693	11,234	417	108,069	83,602	15,891	8,464	112	8,697	5,148	2,131	1,220	198	20,459	15,131	3,671	1,550	107
'18년	122,212	93,027	18,068	10,688	429	98,263	76,181	13,599	8,361	122	8,320	5,023	1,907	1,185	205	15,629	11,823	2,562	1,142	102
'17년	109,387	82,733	15,945	10,334	375	89,314	68,610	12,265	8,335	104	7,792	4,843	1,722	1,063	164	12,281	9,280	1,958	936	107
'16년	99,186	73,972	15,080	9,816	318	79,134	59,970	11,475	7,589	100	7,418	4,577	1,624	1,075	142	12,634	9,425	1,981	1,152	76
'15년	82,536	60,162	13,827	8,146	401	68,099	50,191	11,054	6,688	166	6,261	3,965	1,389	723	184	8,176	6,006	1,384	735	51
'14년	67,806	48,225	12,506	6,734	341	57,498	41,546	10,316	5,562	74	5,602	3,262	1,386	750	204	4,706	3,417	804	422	63
'13년	55,780	39,360	11,280	4,858	282	45,814	32,823	9,162	3,793	36	4,922	3,006	1,143	565	208	5,044	3,531	975	500	38
'12년	46,954	33,740	9,627	3,409	178	40,040	29,282	8,194	2,536	28	4,288	2,669	985	547	87	2,626	1,789	448	326	63

주 1) 다문화학생 수 = 국제결혼가정 자녀 + 외국인 가정 자녀
2) 국제결혼가정 자녀 : 한국인 부(모)와 외국인 모(부) 사이에 태어난 자녀로 국내출생과 중도입국으로 분류됨
-국내출생 자녀 : 국제결혼가정 자녀 중 국내에서 출생한 자녀
-중도입국 자녀 : 국제결혼가정 자녀 중 외국에서 태어나 부모와 함께 중도에 국내로 입국한 자녀
3) 외국인가정 자녀 : 외국인 사이에서 출생한 자녀

우리나라의 다문화정책이 시행된 초기에는 "우리와 다른 민족 · 문화적 배경을 가진 사람들로 구성된 가정"을 포괄적으로 지칭하기 위해 '다문화가정'이라는 용어가 사용되었으며(교육부, 2006), 이들 다문화가정의 자녀는 학교에 재학할 경우 '다문화학생'의 범주에 포함되었다. 〈표 1-2〉에 따르면, 현재 다문화학생은 국제결혼가정의 자녀(국내 출생 자녀 및 중도입국 자녀)와 외국인가정의 자녀로 구성되어 있다. 이러한 유형별 다문화학생의 증가 추세는 〈표 1-1〉에 제시되어 있다. 다문화학생들은 일반적으로 한국어 능력 부족, 기초학력 저하, 학교 및 사회 적응력 결여, 그리고 정체성 발달 저조와 같은 다양한 문제

를 경험하고 있으며, 이러한 문제는 〈표 1-2〉에서 나타난 바와 같이 학생의 유형에 따라 다르게 나타난다.

〈표 1-2〉 **다문화학생 유형**

<table>
<tr><td rowspan="2">국제결혼 가정</td><td>국내 출생 자녀</td><td>• 한국인과 결혼이민자 사이에서 태어나 한국에서 성장한 경우
• 한국어 구사에 어려움은 없으나, 학습에 필요한 문장이나 어휘를 이해하는 데 곤란을 겪는 경우 존재
• 사춘기에 진입하면서 다문화에 대한 고정관념에 불편함을 느끼며, 심리정서 지원 요구</td></tr>
<tr><td>중도 입국 자녀</td><td>• 결혼이민자가 한국인과 재혼한 이후에 본국에서 데려온 경우, 한국인과 결혼이민자 사이에서 태어났으나 결혼이민자 본국에서 성장하다가 입국한 경우 등
• 새로운 가족과 한국문화에 적응하기 위한 스트레스가 발생하며, 정체성 혼란이나 무기력 등을 경험하는 경우 존재
• 한국어능력이 부족하여 공교육 진입과 적응에 어려움 발생</td></tr>
<tr><td>외국인 가정</td><td>외국인 가정 자녀</td><td>• 외국인 사이에서 태어난 경우(조선족, 중앙아시아 고려인, 시리아 난민 등 포함)
• 정주여건이 불안정하여 학업을 지속하기 어려운 경우 존재
※ 유엔아동권리협약에 따라 미등록 이주아동의 교육권 보장</td></tr>
</table>

출처: 교육부(2023).

2. 한국의 다문화교육 정책

글로벌 시대에 국가들은 문화적, 인종적, 언어적, 종교적 다양성이 심화됨에 따라 급격한 다문화적 변화를 경험하고 있다. 이러한 변화는 단순한 사회적 변화를 넘어 정치, 경제, 교육 등 다양한 분야에 영향을 미치며, 국가가 다문화적 도전에 창의적으로 대응할 것을 요구하고 있다. 특히, 다문화사회로의 전환을 겪고 있는 민주국가는 다양한 집단이 고유한 문화적 정체성을 유지하도록 지원하는 동시에, 국가 공동체에 대한 소속감과 일체감을 느낄 수 있는 통합된 국가 형성을 이루어야 하는 과제를 안고 있다. 다문화교육은 이러한 과제를 해결하기 위한 교육개혁 운동이자 과정으로 자리 잡고 있다 (Banks, 2019).

다문화교육의 개념은 학자들에 따라 다소 차이가 있지만, 일반적으로 인종, 민족, 사회적 계층, 성별, 장애 등과 관련된 편견을 제거하고 모든 이에게 공정한 교육 기회를 제공하기 위한 교육이라는 점에서 공통된 이해를 형성하고 있다. 즉, 다문화교육은 다양한 학생들의 문화적 배경을 존중하고, 적절한 교수·학습 방법을 개발하며, 교육 내용을 재구성하고, 제도적 지원 및 지역사회와의 연계를 포함하는 포괄적인 교육 개혁 운동으로서의 성격을 지닌다 (Banks & Banks, 2013; Bennett, 2007).

2000년대 이후 한국은 급격한 다문화적 변화를 겪으면서 정부 주도의 다문화교육 정책이 시행되었다. 지난 20년 동안 이러한 정책들은 그 초점과 성격이 변화하며 발전해왔다. 서구 사회에서는 문화 집단 간의 갈등과 소수 집단에 대한 차별이 사회적 문제로 부각되었고, 이에 대한 시민사회의 대응이 이루어진 후 정부가 정책을 시행하는 경향을 보였다. 반면, 한국 사회의 다문화정책은 정부 주도의 특성이 뚜렷하게 나타난다. 1980년대 이후 이주 노동자와 결혼 이주 여성의 인권 문제를 제기한 시민단체들의 활동이 있었으나, 한국의 다문화정책은 전반적으로 정부가 주도해온 경향이 있다.

특히 학교 교육 분야에서는 정책 변화가 매우 활발하게 진행되고 있다. 중앙정부는 국가 교육과정의 개정 및 운영, 교사 양성 지원, 교과서 편찬, 개별 학교 운영 지원 등 다양한 측면에서 큰 영향력을 발휘하며 학교 교육 전반에 걸쳐 중요한 변화를 이끌어내고 있다. 교육부는 2006년부터 매년 다문화교육 지원 계획을 발표하며 정책적 노력을 지속하고 있다. 정책의 초기 단계에서는 '다문화학생'을 대상으로 한국어 교육과 학교 적응 지원에 중점을 두었으나, 시간이 흐르면서 학교 교육과정 전반에 걸친 '모두를 위한' 다문화교육과 현직 및 예비 교사의 다문화교육 역량 강화를 포함하는 방향으로 확대되었다.

1) 참여정부의 다문화교육 정책(2006~2007년)

2006년 5월, 참여정부의 교육인적자원부는 한국 정부 최초로 국제결혼 가정 자녀, 외국인 근로자 자녀, 그리고 새터민 청소년을 '우리 사회의 새로운 교육 소외계층'으로 정의하고, 이들의 교육 현황을 분석한 후 다문화주의적 관점에서 종합적인 지원 대책인 '다문화가정 자녀 교육지원 대책'을 발표하였다. 이 정책의 추진 배경과 목적은 다음과 같이 명시되었다. 1) 우리 사회 내 다양한 구성원의 인권 보호 및 사회 통합의 필요성, 2) 다문화가정 자녀들의 교육 소외 방지 대책 마련, 3) 다문화가정 구성원의 인적자원 개발 방안 모색 (단, 2007년부터는 새터민 가정 자녀를 지원 대상에서 제외하였다).

2007년에 발표된 '다문화가정 자녀 교육지원 계획'은 정책 방향을 구체화하기 위해 세부적인 사업 계획을 제시하였다. 이 계획은 크게 두 가지 주요 영역으로 나뉘어 있다. 첫째, 학교를 중심으로 한 교육력 향상, 둘째, 다문화 이해 교육의 강화이다. 구체적인 추진 과제는 다음과 같다. 첫째, 학교 교육력 향상을 위한 정책으로는 취학률 제고를 위한 방안, 교육 프로그램 자료의 개발, 교사 연수의 활성화, 그리고 학생별 통합형 교육 지원책의 수립이 포함된다. 둘째, 일반 학생을 위한 다문화 이해 교육 강화 방안으로는 언론 및 대국민 홍보의 강화, 다문화에 대한 다각적인 연구 및 교육 활동의 전개, 그리고 다문화 이해와 존중, 편견 극복, 관용 등을 위한 교육과정의 개편이 제시되었다.

2) 이명박 정부의 다문화교육 정책(2008~2012년)

이명박 정부 하의 교육과학기술부가 발표한 '2008년도 다문화가정 학생 교육 지원 계획'의 주요 특징은, 이 계획이 '국정 지표인 「인재대국」 실현을 위해 다문화가정 학생을 다언어를 구사하는 글로벌 인재로 육성 지원'하는 것을 목표로 삼았다는 점이다. 이명박 정부는 2008년 정책의 목표로 1) 다문화가정 학생의 교육 격차 해소 및 사회 통합, 2) 일반 학생의 다문화 감수성 및 이해 증진, 3) 다문화가정 학생을 글로벌 인재로 육성하는 것 등 세 가지를 제시하였다. 이어서 2009년에는 '다문화가정 학생 교육을 위한 시 · 도 교육청 맞춤형 사업 지원 계획'이라는 제목으로 다문화가정 학생 교육 지원 계획이 발표되었다. 당시 교육과학기술부는 2009년 정책의 목표로 1) 다문화가정 학생의 교육 격차 해소, 2) 다문화가정 학부모의 역량 강화, 3) 다문화교육 기반 강화 및 다문화 이해 확산 등을 제시하였다. '2010년 다문화가정 학생 교육지원 계획'은 2009년의 목표와 유사하게 1) 다문화가정 학생의 교육 격차 해소, 2) 다문화가정 학부모의 역량 강화, 3) 다문화교육 기반 강화 및 다문화 이해 확산 등을 목표로 하였으며, 다문화가정 유아 교육 지원과 동반·중도입국 자녀 교육 지원이 포함된 점이 특징적이다.

'2011년 다문화가정 학생 교육지원 계획'의 구체적인 추진 과제로는 1) 다문화가정 학생을 위한 맞춤형 교육 지원, 2) 글로벌 인재 양성, 3) 교사의 다문화교육 전문성 향상, 4) 다문화가정 학부모에 대한 지원 및 활용, 5) 다문화가정 유아 교육 지원, 6) 동반 및 중도입국 자녀 교육 지원, 7) 다문화교육 기반 및 지원 체제 강화 등이 포함된다. 2011년 지원 계획의 특징 중 하나는 다문화가정 학생을 글로벌 인재로 육성하기 위한 목표로 시행된 '글로벌 브릿지 사업'이다. 이 사업은 부모의 출신국이 베트남, 필리핀, 중국인 초등학교 5학년부터 중학교 2학년까지의 다문화가정 학생들과의 상호 이해를 증진하기 위해 한국인 학생 일부를 선발하여, 부모의 출신국에 대한 이해, 리더십 교육 및 세계 시민 교육 등을 실시하였다. 2012년 교육과학기술부는 '다문화 학생 교육 선진화 방안'을 발표하였으며, 이 방안은 '다양성을 이해하는 창의적인 글로벌 인재 양성'을 비전으로 삼고, '한 명도 놓치지 않는 다문화 친화적 학교 육성'이라는 목표를 설정하였다. 2012년 계획에서는 정책 대상의 명확화를 위해 다문화 생성 배경에 따라 국제결혼 가정과 외국인 가정으로 구분하고, 국제결혼 가정 자녀는 출생지에 따라 한국 출생 자녀와 중도입국 자녀로 나누어 정의하였다.

3) 박근혜 정부의 다문화교육 정책(2013~2017년)

'2013년 다문화학생 교육지원계획'은 박근혜 정부 출범 직전 이명박 정부의 교육과학기술부에 의해 2013년 2월에 발표되었으며, 2012년의 계획과 유사한 내용을 담고 있다. 이 계획은 '다양성을 이해하는 창의적인 글로벌 인재 양성'을 비전으로 삼고, '한 명도 놓치지 않는 다문화 친화적 학교 육성'을 목표로 설정하였다. 박근혜 정부의 '2014년 다문화교육 활성화 계획'은 다문화교육 정책의 성격 변화를 반영하고 있다. 이 계획은 "함께 어울려 '꿈과 끼'를 키우는 다문화 친화적 학교 조성"을 목표로 하여, 정책의 성격을 수혜적 관점의 복지 정책에서 통합 및 육성 정책으로 전환하였다. 또한, 지원 방법도 공급자 중심의 일방적 지원에서 수요자의 요구에 부응하는 지원으로 변화할 것임을 명시하였다. 박근혜 정부의 '2015년 다문화학생 교육지원 계획'은 전년도 계획과 큰 차이가 없으며, '맞춤형 다문화교육을 통한 교육기회 평등 실현 및 다문화 인재 양성'을 목표로 설정하였다. 정책 추진 방향은 크게 세 가지로 나뉘며, 첫째, 영유아부터 다문화학생의 특성을 고려한 "선제적 · 맞춤형 교육" 실시, 둘째, 문화다양성을 수용하는 "다문화 이해교육 확대", 셋째, 효율적인 다문화교육 지원을 위한 "범부처 협업 및 지역 내 연계"이다. 이러한 세 가지 방향에 따라 세부 사항이 실행되었다.

'2016년 다문화교육 지원 계획'은 전년도와 동일하게 '맞춤형 다문화교육을 통한 교육 기회 평등 실현 및 다문화 인재 양성'을 목표로 설정하였다. 또한, 추진 방향은 크게 세 가지로 구분되었다. 첫째, 유아부터 다문화학생의 특성을 고려한 '선제적 · 맞춤형 교육'의 실시, 둘째, 다문화 수용성을 증진하기 위한 '다문화 이해 교육의 확대', 셋째, 효율적인 다문화교육 지원을 위한 '범부처 및 지역 내 연계 강화'이다. 2017년 1월, 박근혜 정부에서 발표한 '2017년 다문화교육 지원 계획'은 전년도와 큰 차이가 없는 내용을 담고 있으며, '다름을 인정하는 교육, 다문화 시대 인재 육성'을 목표로 하고 있다. 추진 방향 또한 전년도와 유사하게 1) 다문화학생 맞춤형 교육 지원 강화, 2) 학교 구성원의 다문화 이해 증진, 3) 다문화교육 활성화를 위한 기반 마련 등 세 가지로 제시되었다. 이러한 세 가지 방향에 따라 구체적인 세부 사항이 추진되었다.

4) 문재인 정부의 다문화교육 정책(2018~2022년)

문재인 정부가 발표한 '2018년 다문화교육 지원 계획'은 '함께 배우며 성장하는 학생, 다양하고 조화로운 학교'라는 비전을 제시하였다. 이 계획은 '다양한 문화가 공존하는 성숙한 교육환경 구축'과 '다문화학생의 교육 기회 보장 및 교육 격차 해소'를 주요 목표로 설정하였다. 구체적인 추진 과제로는 1) 학교 구성원의 다문화교육 참여 확대, 2) 다문화학생을 위한 맞춤형 교육 지원의 내실화, 3) 중도입국 외국인 학생에 대한 교육 사각지대 해소, 4) 다문화교육 추진 체계의 확립 등이 포함되었다. '2019년 다문화교육 지원 계획'은 2018년과 동일한 비전과 목표를 유지하였으며, 특히 기존 다문화교육 지원 정책의 문제점을 세 가지로 분석하고 이를 개선하는 데 중점을 두었다. 첫째, 다문화학생 지원 시 언어 및 학습 측면뿐만 아니라 강점 개발의 필요성이 강조되었다. 둘째, 학교 교육활동 전반에 걸친 다문화교육의 부족이 지적되었다. 셋째, 부처 간 및 중앙-지방 간 협업 체계의 미비함이 문제로 제기되었다. 이러한 문제 인식을 바탕으로 수립된 구체적인 추진 과제는 1) 다문화학생 맞춤형 지원 강화, 2) 학교 구성원의 다문화 수용성 제고, 3) 다문화교육 지원 체계의 내실화 등이다.

문재인 정부의 '출발선 평등을 위한 2020년 다문화교육 지원 계획'은 이전과 동일한 비전과 목표를 설정하였다. 즉, '함께 배우며 성장하는 학생, 다양하고 조화로운 학교'라는 비전을 제시하고, '다양한 문화가 공존하는 성숙한 교육환경 구축' 및 '다문화학생 교육기회 보장과 교육격차 해소'를 목표로 삼았다. 2020년 계획에서는 현행 다문화교육의 세 가지 주요 문제점을 지적하였다. 첫째, 중도입국 및 외국인 학생의 증가에 따라 입국 초기 적응교육의 강화를 요구하였다. 둘째, 다문화학생의 성장을 지원하기 위한 진로 및 정서적 지원이 부족하다는 점을 강조하였다. 셋째, 지역사회 중심의 통합적인 다문화교육 지원체계의 구축이 필요하다는 점을 언급하였다. '출발선 평등을 위한 2021년 다문화교육 지원계획' 또한 이전과 동일한 비전과 목표를 유지하였다. 즉, '함께 배우며 성장하는 학생, 다양하고 조화로운 학교'라는 비전을 제시하고, '다양한 문화가 공존하는 성숙한 교육환경 구축' 및 '다문화학생 교육기회 보장과 교육격차 해소'를 목표로 하였다. 2021년 지원계획의 구체적인 추진 과제는 1) 출발선 평등을 위한 교육기회 보장, 2) 학교 적응 및 안정적 성장 지원, 3) 다양성이 공존하는 학교환경 조성, 4) 다문화교육 지원체계의 내실화 등으로 구성되어 있다.

5) 2022년 이후의 다문화교육 정책

2022년 2월에 발표된 '출발선 평등을 위한 2022년 다문화교육 지원 계획'은 5월에 새롭게 출범한 윤석열 정부에 의해 계승되었으며, 그 내용은 2021년의 지원 계획과 거의 유사하다. 그러나 중도입국 외국인 학생의 증가에 따라, 다문화학생의 초기 적응을 돕기 위한 '징검다리 과정'의 확대와 교사의 한국어 교육 역량 강화를 위한 온라인 연수 프로그램 개발 지원이 특징적이다. 또한, 다문화학생의 초기 적응부터 학습 결손 보완 및 진로 지도까지 맞춤형 지원을 제공하기 위해 지역 다문화교육지원센터가 ①진입형(한국어 교육 등 초기 지원), ②적응형(교과 학습 지원 및 멘토링 등), ③성장형(이중 언어 및 진로 지도) 프로그램을 운영하도록 지원하였다.

'출발선 평등을 위한 2023년 다문화교육 지원 계획'은 전년도와 유사한 내용을 포함하고 있다. 2023년 지원 계획의 특징은 다문화학생의 기초학력 향상을 위해 이들이 어려움을 겪는 교과의 주요 개념 및 어휘에 대한 보조교재와 연계된 영상 콘텐츠를 제작한 점이다(2023년 약 20편, 편당 3~5분). 아래의 〈표 1-3〉에 제시된 계획에 따라 제작되었다.

〈표 1-3〉 연도별 영상콘텐츠 제작 계획

구분	2021년	2022년	2023년	2024년
초등	수학 · 과학	–	–	국어 · 사회
중학	수학	과학 · 국어	사회	

또한, 중도입국 및 외국인 학생의 증가와 밀집학교의 발생 등 정책 환경의 변화에 따라 다문화학생 교육에 대한 법적 근거 마련의 필요성이 대두되었고, 이에 따라 2022년에 발의된 「초 · 중등교육법」 개정안이 2023년 10월에 통

과되었다. 이로 인해 제28조의2(다문화학생 등에 대한 교육 지원)가 신설되어 다문화교육의 법적 근거가 시행령에서 「초 · 중등교육법」으로 격상되었으며, 안정적인 지원 기반이 마련되었다.

2006년 한국 사회에서 다문화교육이 정책적 의제로 처음으로 등장한 이후 약 20년이 경과하였다. 한국 사회는 오랜 기간 동안 언어적, 인종적, 문화적 단일성을 기반으로 한 교육 체계에 익숙했음에도 불구하고, 다문화교육 분야에서는 비교적 짧은 시간 안에 상당한 가시적 변화와 성과를 달성하였다. 참여정부 시기의 다문화 정책은 초기에는 동화주의적 적응 중심의 접근에 초점을 두었으나, 이명박 정부 시기에는 신자유주의적 관점이 반영되었고, 최근에는 점차 복지와 인권의 관점이 포함되고 있다. 정책의 대상 또한 초기에는 다문화 가족 구성원에 국한되었던 것이 점차 전체 학생과 전 국민으로 확대되고 있는 점은 긍정적인 변화로 평가될 수 있다. 특히, 최근의 다문화교육 정책은 교육 기회의 균등과 평등성 구현을 지향하며, 사회 정의의 관점에 중점을 두고 있는 것이 중요한 특징으로 나타난다.

3. 다문화교육을 위한 교육과정 개혁

다문화교육의 목표를 효과적으로 달성하기 위해 가장 중요한 요소 중 하나는 다문화 교육과정이다. 교육과정은 학습자가 달성해야 할 목표를 어떤 내용과 교육 활동을 통해 실현할 것인지를 규명하는 체계로 정의된다. 따라서 학교에서 다문화교육을 실현하기 위해서는 다문화적 교육과정의 개발이 필수적이다. 이를 위해 교육과정은 사회 내의 문화적 다양성을 반영하고, 반편견적 접근 방식을 채택하며, 교과 간 융합적 조직을 포함해야 한다. 뱅크스(Banks, 2019)는 학교 교육과정에 다문화적 내용을 통합하기 위한 구성 원리를 [그림 1-3]에서 제시한 바와 같이 네 가지 수준으로 분류하였다.

제1수준은 기여적 접근법(contributions approach)이다. 이 접근법은 소수 집단이 주류 사회에 기여한 바를 강조하여, 해당 집단의 자긍심을 증진시키는 데 중점을 둔다. 이를 위해 소수 집단의 영웅, 명절, 축제와 같은 문화적 요소를 교육과정에 통합하는 방식을 채택한다. 그러나 이러한 접근법은 대개 아시아-태평양 문화 주간이나 흑인 역사의 달과 같은 특정 공휴일이나 기념일에 국한되는 경향이 있다. 이로 인해 소수 집단의 문화적 기여는 인정되지만, 그들의 문화를 심층적으로 이해하거나 포괄적으로 다루는 데에는 한계가 존재한다.

제2수준은 부가적 접근법(additive approach)이다. 이 접근법은 기존 교육과정의 기본 구조, 목적 및 특징을 유지하면서, 소수 집단의 문화와 관련된 내용, 개념 및 주제를 추가적으로 포함하는 방식이다. 예를 들어, 교육과정에 별도의 자료집, 단원 또는 특정 과정을 추가하는 형태를 취할 수 있다. 그러나 이러한 접근법은 교육과정 체제의 근본적인 변화를 초래하지 않는다. 예를 들어, '서부 개척'을 가르칠 때, 백인이 원주민의 영토를 정복하는 과정에서 인디언의 역할을 포함시키는 것이 그 예가 될 수 있다.

제3수준은 변혁적 접근법(transformative approach)이다. 이 접근법은 이전의 두 접근법과는 달리 교육과정의 근본적인 구조와 관점의 변화를 포함한다. 변혁적 접근법은 사회가 다양한 문화, 인종, 종교의 상호작용과 통합을 통해 형성되었다는 점을 강조하며, 소수 집단을 예외적인 존재로 간주하기보다는 필수적인 구성 요소로 수용한다. 이러한 접근을 통해 학생들은 다양한 문화적 관점에서 개념, 사건, 인물을 이해하고, 지식이 사회적 구성물임을 인식하게 된다. 예를 들어, '서부 개척'을 가르칠 때 "서부로 이동한 사람은 누구인가? 백인인가, 원주민인가?"와 같은 질문을 제기하여 서부 개척이 백인 중심적 서술임을 비판적으로 이해하도록 돕는다.

제4수준은 의사 결정 및 사회적 행동 접근법(decision-making and social action approach)이다. 이 접근법은 변혁적 접근법을 한층 발전시켜, 학생들의 의사 결정 과정과 행동을 중시한다. 학생들은 학습한 개념, 문제, 주제와 관련하여 개인적, 사회적, 시민적 행동을 실천하는 프로젝트와 활동에 참여하게 된다. 예를 들어, '서부 개척'을 학습하는 과정에서 학생들은 인디언이 저술한 문헌을 읽고, 인디언에 대한 추가적인 학습을 요구하며, "서부 개척: 상대편의 시각"이라는 제목으로 연극을 공연하는 활동을 통해 학습의 폭을 넓힐 수 있다.

다문화 교육과정은 문화적 다양성을 단순히 기술하는 데 그치지 않고, 교육과정 전반에 걸쳐 이를 통합해야 한다. 기여적 접근법을 시작으로, 부가적 및 변혁적 접근법을 거쳐 의사 결정 및 사회적 행동 접근법으로 나아가는 단계적 접근은 학생들이 다문화적 관점과 의사결정 능력을 함양할 수 있는 효과적인 방안을 제시한다.

제 4수준 사회적 행동 접근법

학생들이 중요한 사회 문제들과 관련하여 결정을 내리고 문제 해결에 도움이 되는 행동을 취한다.

제 3수준 변혁적 접근법

학생들이 다양한 민족집단 및 문화집단의 관점에서 개념, 이슈, 사건, 주제를 바라볼 수 있도록 교육과정의 구조를 변화시킨다.

제 2수준 부가적 접근법

교육과정의 구조는 변화시키지 않은 채 내용, 개념, 주제, 관점 을 교육과정에 더한다.

제 1수준 기여적 접근법

영웅, 공휴일, 개별적인 문화적 요소에 초점을 맞춘다.

[그림 1-3] **다문화 교육과정 개혁을 위한 접근법**

출처: Banks(2019). 모경환 외 역, 다문화교육 입문. p. 113.

한국의 학교 교육은 국가 수준의 교육과정을 토대로 운영되며, 이 교육과정 문서는 학교 교육의 기본 방향, 교과 교육의 체계, 그리고 과목별 성취 기준을 명확히 규정하고 있다. 학교 교육이 지향하는 목표는 이러한 문서를 통해 구체적으로 제시된다.

2006년 다문화교육 정책의 시행 이후, 타문화에 대한 이해와 존중, 편견 극복, 관용 등의 가치가 반영되어 국가 교육과정에 변화가 일어났다. 2007년 2월에 개정·고시된 국가 교육과정은 이전의 단일민족주의적 관점과 문화적 배타성을 지양하고, 다문화 및 인권 관련 내용을 교과서에 더욱 강화하는 방향으로 수정되었다. 특히, 이러한 내용은 사회과와 도덕과의 교육과정, 재량활동 및 특별활동에 반영되었다.

2015년 개정된 교육과정에서는 총론 부분에 '모든 학생을 위한 교육과정' 항목을 신설하여 다문화 친화적 요소를 더욱 강화하였다(교육부, 2015: 34).

> **Ⅲ. 학교 교육과정 편성 · 운영**
> 4. 모든 학생을 위한 교육기회의 제공
> 가. 교육 활동 전반을 통하여 남녀의 역할, 학력과 직업, 종교, 이전 거주지, 인종, 민족 등에 관한 편견을 가지지 않도록 지도한다.
> 나. 학습 부진 학생, 장애를 가진 학생, 특정 분야에서 탁월한 재능을 보이는 학생, 귀국 학생, 다문화 가정 학생 등이 학교에서 충실한 학습 경험을 누릴 수 있도록 필요한 지원을 한다.

가장 최근의 교육과정은 2022년에 고시되었으며(교육부, 2022), 교육과정이 추구하는 인간상 중 하나로 다음과 같은 내용을 제시하고 있다.

> "라. 공동체 의식을 바탕으로 다양성을 이해하고 서로 존중하며 세계와 소통하는 민주시민으로서 배려와 나눔, 협력을 실천하는 더불어 사는 사람" (교육부, 2022: 5).

이는 다문화 친화적 요소를 더욱 강화하는 방향으로 나타난다. 또한, 범교과 학습 주제에 민주시민 교육, 인권 교육, 통일 교육 등과 함께 '다문화교육'을 포함시켜, 다양한 문화를 이해하고 관용적인 태도를 함양하는 것을 학교 교육의 주요 책무로 설정하고 있다.

4. 다문화교육을 위한 교사 전문성

학교에서 다문화교육이 효과적으로 이루어지기 위해서는 교사의 다문화적 역량이 필수적이다(모경환, 2009a). 이에 따라, 다문화 친화적인 교육 환경을 조성할 수 있는 교사의 지식, 기능, 태도 등의 전문성을 규명하고 그 실태를 파악하기 위한 연구가 활발히 진행되어 왔다(류방란·김경애, 2014; 박미숙, 2013; 송륜진·노선숙·주미경, 2013). 교사가 다문화교육의 목표와 본질을 어떻게 이해하고 있으며, 수업 실행에 대한 전문성이 어느 정도인가는 다문화교육의 성공 여부에 중대한 영향을 미친다. 만약 교사가 다문화교육 과정에 대한 이해가 부족하거나 다양한 인종, 민족, 문화 집단에 대해 긍정적인 태도를 갖지 않는다면, 교육의 효과를 기대하기 어려울 것이다. 또한, 교사의 기대와 태도는 학생들의 학업 성취에 직접적인 영향을 미친다. 예를 들어, 백인 교사가 흑인 학생들의 성취를 낮게 평가할 경우, 이는 장기적으로 학생들의 성취에 부정적인 영향을 미칠 수 있다(Gershenson et al., 2016). 더불어, 학생들의 문화적 특성을 고려하지 않은 평가나 일률적인 수업 방법은 학생들의 잠재된 재능을 발견하기 어렵게 만들며, 반대로 문화적 배경을 적절히 반영한 교수법은 학생들의 참여를 증진시키고 학업 성취를 향상시킬 수 있다(Banks, 2019).

다문화교육을 실행하기 위해 교사에게는 다양한 전문성이 요구된다. 첫째, 교사는 다문화교육에 필요한 지식과 교수 기능을 갖추어야 한다. 이는 '문화'와 같은 주요 개념, 주요 민족 집단의 역사 및 문화적 지식, 그리고 다양한 학생들의 요구를 이해하고 이에 적합한 교육 과정과 교수 방법을 적용할 수 있어야 함을 의미한다. 둘째, 교사는 긍정적인 다문화적 태도를 지녀야 한다. 즉, 인종적 다양성에 대해 개방적인 자세를 유지하고 자신의 편견과 고정관념을 성찰하며 이를 수정할 수 있어야 한다. 교사의 편견은 학생들의 자존감과 학업 성취에 부정적인 영향을 미칠 수 있다. 셋째, 성공적인 다문화교육을 위해 교사는 높은 수준의 다문화적 효능감을 가져야 한다. 다문화적 효능감은 다문화적 환경에서 다양한 학생들을 효과적으로 가르치고, 학생들이 다문화사회에 적합한 시민으로 성장하도록 지도할 수 있다는 자신감을 의미한다(Guyton & Wesche, 2005; 최충옥·모경환, 2007).

다양한 학습자를 효과적으로 교육할 수 있는 교사의 역량이 점점 더 중요시됨에 따라, 전 세계적으로 '다문화 교사 교육(multicultural teacher education)'을 강화하려는 노력이 확산되고 있다. 다문화 교사 교육의 주된 목표는 교사가 문화적으로 다양한 학생들을 효과적으로 지도할 수 있도록 준비시키는 것이다. 이를 위해 교사 교육과정은 교사의 다문화적 태도를 증진시키고, 다문화적 학급을 효과적으로 관리할 수 있는 능력을 개발하는 데 중점을 둔다. 이러한 교육을 통해 교사들은 다문화학생들에 대한 기대를 높이고, 그들의 문화적 배경과 경험을 보다 깊이 이해할 수 있도록 준비된다. 교사 교육은 예비 교사를 대상으로 하는 교사 양성 교육과 현직 교사를 위한 전문성 향상 교육으로 구분된다.

교사의 다문화 전문성을 개발하기 위한 프로그램에 대한 연구는 다문화교육 분야에서 중요한 위치를 차지하고 있다. 우선, 미국 텍사스대학교의 클라크 교수 연구팀(Clark et al., 1996)은 다문화 교사 교육 프로그램을 네 가지 단계로 구분하였다. 첫 번째 단계는 '인종적 · 문화적 정체성 발달'로, 이 단계에서는 교사가 자신의 인종적 및 문화적 정체성을 인식하고 이를 형성하는 사회화 과정을 반성적으로 이해하는 과정을 포함한다. 두 번째 단계는 '문화적 지식 습득'으로, 이 단계에서는 다문화교육의 목표와 이론, 그리고 다양한 학습자의 배경에 대한 심층적인 이해를 학습한다. 세 번째 단계는 '다문화적 교수-학습 기능 습득'으로, 이 단계에서는 학습자의 문화적 배경에 적합한 교수법을 설계하고 적용하는 능력을 배양하는 과정이다. 마지막으로, '다문화적 상황에의 적응' 단계에서는 교육 현장에서 배운 내용을 효과적으로 적용하기 위한 전략을 실행한다. 이 네 가지 단계는 체계적인 다문화교육의 설계와 실행을 위한 교사의 역량 강화를 위한 핵심 요소로 자리 잡고 있다.

다음으로, 모경환(2009b)은 기존의 교사 교육 모형을 종합하여, 한국적 맥락에서 다문화 교사 교육과정에 포함되어야 할 다섯 가지 핵심 요소를 제안하였다. 첫째, 교사는 자신의 문화적 정체성을 확립하고 다문화적 인식을 강화하는 능력을 갖추어야 한다. 둘째, 사회의 문화적 다양성과 학습자의 다양한 배경에 대한 포괄적인 지식을 보유해야 한다. 셋째, 다문화 수업을 효과적으로 설계하고 실행하며, 이를 지원할 학습 자료를 개발하는 능력이 요구된다. 넷째, 소수 집단 학생들에 대한 배려와 다문화적 문제 상황을 해결하는 능력이 필요하다. 마지막으로, 다문화 학교와 학급 환경에서의 현장 실습 경험이 포함되어야 한다.

우리나라 정부는 현직 교원과 예비 교원의 다문화 역량 강화를 위해 다양한 정책적 지원을 지속적으로 시행해왔다. 2006년에 발표된 최초의 다문화교육 정책인 '다문화가정 자녀 교육지원 대책'에서는 현직 교원의 직무 연수에 다문화 관련 내용을 일정 시간 포함할 것을 권장하였다(교육인적자원부, 2006). 예비 교원을 위한 다문화교육은 2009년 교육과학기술부가 추진한 '교원양성기관 다문화 교육강좌 개설지원사업'을 통해 본격적으로 활성화되었으며, 이로 인해 교사 양성대학에서 다문화 관련 강좌가 크게 확대되었다. 이후 2019년 교육부의 '다문화 교육 지원계획'에서는 일반 교원과 다문화 학급 담당 교원을 대상으로 각각 특화된 직무 연수를 운영하고, 특히 다문화 학급 담당 교원에게는 관련 연수 이수를 필수적으로 권장하였다(교육부, 2019).

다수의 연구들은 교원 양성 교육과정에서 다문화 강좌를 이수한 교사들이 다문화교육을 위한 역량이 상대적으로 높다는 사실을 보여주고 있다(구하라·모경환, 2019). 또한, 현직 교사들이 다문화 연수 프로그램에 참여한 경험이 다문화교육 전문성의 향상에 기여하고 있음을 입증하고 있다(모경환, 2009a; 모경환 외, 2010). 구하라 · 모경환(2019)은 OECD가 주관한 Teaching and Learning International Survey (TALIS) 2018의 데이터를 활용하여 한국의 초등학교 교사 2,987명과 중학교 교사 2,677명을 대상으로 정량적 분석을 수행하였다. 분석 결과, 교원이 양성 과정에서 다문화교육을 경험할 경우, 다문화교육 수업 준비도와 교사 효능감이 유의미하게 증가하는 것으로 나타났다. 이는 예비 교사 단계에서 다문화교육을 경험한 교사가 현장에서 다문화적 교수법을 적용하는 능력이 높다는 것을 시사하며, 관련 역량 강화를 위한 정책적 지원의 필요성을 강조한다.

우리나라의 대부분 교육대학 및 사범대학은 교원 양성 과정에서 다문화적 관점을 반영한 교육과정을 도입하여, 예비 교사들이 다양한 문화적 배경을 가진 학생들을 효과적으로 지도할 수 있는 능력을 배양하고자 하고 있다. 그러나 임정수, 모경환, 김준겸(2024)의 연구에 따르면, 전국 사범대학의 교과과정에 포함된 다문화교육 관련 강좌는 지난 20년간 양적 및 질적으로 상당한 발전을 이루었음에도 불구하고, 다문화학생들이 학습하는 환경에서의 실습 경험이 매우 부족하다는 점이 지적되었다. 이러한 한계를 극복하기 위한 추가적인 노력이 요구된다.

참고문헌

교육과학기술부 (2009). 초등 교원양성대학 다문화 교육과정 개설 지원 사업 2009년도 계획(안). 서울: 교육과학기술부.

교육부(2019). 2019년 다문화교육 지원계획. 교육부 교육기회보장과.

교육부(2021). 2021년 다문화교육 지원계획. 교육부 교육기회보장과.

교육부(2022). 초·중등학교 교육과정 총론 교육부 고시 제2022-33호 [별책 1].

교육부(2023). 2023년 다문화교육 지원계획. 교육부 교육복지정책과.

교육부(2024). 2024년 교육기본통계 주요 내용. 2024. 8. 30. 교육부 보도자료.

교육인적자원부(2006). 다문화가정 자녀 교육지원 대책. 교육부 인적자원정책국.

구하라, 모경환 (2019). 교원양성기관 다문화 교육의 효과 분석: TALIS 2018 자료를 바탕으로. 다문화교육연구, 12(3), 91-114.

류방란, 김경애(2014). 중등학교 교사의 다문화 교육 인식. 다문화교육연구, 7(3), 87-112.

모경환(2009a). 다문화교육 교사연수 프로그램 효과분석. 한국교원교육연구, 26(2), 75-99.

모경환(2009b). 다문화 교사교육의 현황과 과제. 한국교원교육연구, 26(4), 245-270.

모경환, 최충옥, 임현경(2010). 다문화 교사 연수 프로그램의 사례 분석. 시민교육연구, 42(4), 31-53.

박미숙(2013). 중등학교 다문화 담당 교사의 전문성에 관한 연구. 교육문화연구, 19(1), 57-82.

송륜진, 노선숙, 주미경(2013). 우리나라 수학 교사의 다문화 역량 실태 연구: 다문화 수학 교사 교육 방안 탐색을 위한 제언. 수학교육학연구, 23(3), 313-333.

임정수, 모경환, Joon K Kim. (2024). 사범대학 다문화교육 강좌의 현황과 과제. 다문화교육연구, 17(4), 117-135.

최충옥, 모경환(2007). 경기도 초·중등 교사들의 다문화적 효능감에 대한 조사 연구. 시민교육연구, 39(4), 163-182.

통계청(2023). 2022년 다문화 인구동태 통계. 보도자료 2023.11.29.

Banks, J. A.(2019). *An Introduction to Multicultural Education*(6th ed.). Pearson. 모경환 외 역(2022). 다문화교육 입문. 아카데미프레스.

Banks, J. A., & Banks, C. A. M. (Eds.) (2013). *Multicultural education: Issues and perspectives*(8th ed.) Hoboken, NJ: John Wiley and Sons, Inc.

Clark, E. R. et al. (1996). Language and Culture: Critical Components of Multicultural Teacher Education. The Urban Review, 28(2), 185-197.

Gay, G. (2010). Culturally responsive teaching: Theory, research, and practice (2nd ed.). New York: Teachers College Press.

Gershenson, S., Holt, S. B., & Papageorge, N. W.(2016). Who believes in me? The effect of student-teacher demographic match on teacher expectations. *Economics of Education Review, 52*, 209-224.

Guyton, E. M. & Wesche, M. V. (2005). The Efficacy: A study of Construct Dimensions, *American Educational Research Journal, 31*(3), 153-186.

International Organization for Migration (2024). World Migration Report 2024. https://publications.iom.int/books/world-migration-report-2024

Chapter

02

다문화 교육과정과 교수 방법론

하민수
서울대학교 생물교육과 교수

다문화 상황을 반영한 교육과정 및 교수법 개발은 최근 교육의 필수적인 과제이다. 우리나라의 글로벌화와 이주 증가로 인해 학습자는 점점 더 다양한 문화적 배경, 언어, 가치관을 포함하게 되었으며, 이러한 다문화적 맥락은 교육 설계와 교수 실행 전반에 큰 영향을 미친다. 교육과정 설계는 학습자들이 다양한 문화적 경험과 관점을 이해하고 존중하며, 포용적인 태도로 상호작용할 수 있는 환경을 조성해야 한다. 동시에 교수법은 문화적 민감성을 바탕으로 학습자 개인의 정체성과 사회적 맥락을 고려하여 학습 기회를 공평하게 제공할 수 있도록 설계되어야 한다. 다문화 상황을 효과적으로 반영하는 교육과정과 교수법은 단순히 다양한 문화를 포용하는 것을 넘어, 교육적 불평등을 해소하고 학습자 간 상호 이해와 협력을 촉진하며, 글로벌 시민으로서 필요한 역량을 기르는 데 초점을 맞춘다. 이러한 맥락에서 다문화적 요소를 통합하는 교육적 접근은 사회적 정의와 교육의 질적 향상을 동시에 추구하는 실천적 전략으로 간주할 수 있다. 이 장에서는 다문화 교육의 관점에서 교육과정의 개발과 효과적인 교수법의 선정에 관하여 다양한 이론과 실천 사례를 바탕으로 살펴보고자 한다. 또한 다문화 밀집 지역의 교사가 되었음을 가정하고, 국가 수준의 교육과정과 다양한 지원 정책을 활용하여 학교를 어떻게 다문화 중심의 교육과정으로 구성하고, 다문화에 적합하도록 교수법을 구성할 것인지에 대해서 논의한다.

1. 교육과정에 관한 일반적인 내용

타일러(R. W. Tyler)는 교육과정 설계의 기본 원리를 제시하며 교육과정의 주요 구성 요소로 교육 목표의 설정, 교육 내용의 조직, 평가를 제안하였다(소경희, 2017). 교육 목표를 설정하는 과정에서 사회, 학습자, 교과라는 세 가지 주요 자원을 고려한다(소경희, 2017). 교육은 학습자가 사회구성원으로서 필요한 지식, 기술, 태도를 습득하도록 돕는 역할을 해야 하므로, 교육 목표에는 사회의 요구와 기대를 반영한다. 사회적 요구는 특정 시대와 지역의 문화적, 경제적, 정치적 맥락에서 형성될 수 있고, 사회 문제를 해결하고 미래의 변화와 발전에 대비할 수 있다. 학습자는 교육의 중심이며, 학습자의 발달 단계, 요구, 흥미, 능력은 교육 목표 설정에 있어 중요한 고려 요소이다. 교육 목표는 학습자의 신체적, 정서적, 인지적 발달 수준에 적합해야 하며, 학습자의 개인적 요구와 흥미를 반영함으로써 학습 동기를 강화한다. 학습자의 다양성을 존중하는 포괄적인 목표 설정은 모든 학습자가 자신의 잠재력을 최대한 발휘할 수 있도록 돕는다. 교과는 교육 목표 설정의 학문적 기반을 제공한다. 각 교과는 고유한 학문적 특성과 구조를 가지며, 교육 목표는 이를 반영하여 학습자가 핵심 개념과 원리를 습득할 수 있도록 설계한다.

교육 목표가 설정되면 이를 바탕으로 학습자가 경험할 교육 내용을 체계적으로 조직해야 한다. 교육 내용을 조직할 때 범위, 통합, 계속성, 계열, 연계, 균형의 원리가 적용된다(소경희, 2017). 범위(Scope)는 교육 내용이 다루는 학습 경험과 주제의 폭과 깊이를 의미한다. 학생이 경험하게 될 내용을 포괄적으로 설정하는 과정으로, 학습자가 습득해야 할 지식, 기술, 태도 등을 포함한다. 통합(Integration)은 학습 내용과 경험이 서로 유기적으로 연결되도록 구성하는 것을 의미한다. 학생이 여러 학문 분야나 주제를 서로 연관지어 이해할 수 있도록 돕는다. 계속성(Continuity)은 특정 학습 경험이 시간이 지남에 따라 반복되거나 강화되도록 설계하는 원리이다. 학생이 이전에 배운 내용을 기반으로 새로운 학습 내용을 심화하거나 확장할 수 있도록 한다. 계열(Sequence)은 학습 내용이 논리적이고 발달적인 순서로 배열하는 원리이다. 선행 지식을 바탕으로 새로운 개념을 점진적으로 심화하며 학습할 수 있도록 설계한다. 연계(Articulation)는 교육 내용이 학년, 학급, 또는 교육 단계 간에 논리적으로 이어지도록 구성하는 원리이다. 교육의 각 단계에서 학습한 내용이 상호 보완적으로 연결되도록 설계한다. 균형(Balance)은 학습 내용과 경험을 적절하게 배분하는 것이다. 이론과 실습, 학문적 내용과 실생활 응용, 학습자 개인의 필요와 사회적 요구 사이의 균형을 고려하여 설계한다.

마지막은 평가이다. 평가는 목표와 긴밀히 연계되어야 하며, 학습자의 변화와 학습 과정을 포함하여 포괄적으로 이루어져야 한다. 평가는 학습자의 성취도를 측정하고 교육 목표의 달성 여부를 확인하며, 이를 통해 교육과정과 교수 방법을 개선하는 데 필요한 정보를 제공하는 체계적인 과정이다. 평가는 교육 목표와 긴밀히 연계되어야 한다. 평가 도구와 과정은 측정하려는 학습자의 능력과 성취도를 정확히 반영해야 하는 타당성을 가져야 한다. 평가 결과는 시점이나 평가자에 따라 다르지 않고 유사한 결과가 나타나도록 신뢰성이 확보되어야 한다. 평가는 학습 과정 중 피드백을 제공하여 학습을 지원하는 형성적 평가와 학습 결과를 종합적으로 판단하는 총괄적 평가를 포함한다. 평가는 모든 학습자에게 공정하고 평등하게 이루어져야 한다. 학습자의 배경, 문화, 언어적 차이로 인해 불이익을 받지 않도록 평가 도구와 방법이 설계되어야 하며, 평가 내용은 학습자에게 적합하고 차별적이지 않아야 한다. 평가 결과는 학습자와 교사 모두에게 유용한 피드백을 제공하여 학습을 향상시키고 교수법을 개선하는 데 활용되어야 한다. 다문화 관점에서 교육과정을 계획할 때도 교육 목표의 설정, 교육 내용의 조직, 평가의 세 가지 관점을 중심으로 고려해야 할 것이다. 교육 목표의 설정은 다문화사회가 요구하는 역량과 태도, 그리고 그들의 문화를 고려한 목표가 설정되어야 하며, 교육 내용을 조직할 때는 다문화학생의 발달 수준, 이주 이전의 교육과정과의 연계 등을 고려해야 한다. 마지막으로 평가에서는 그들이 불이익을 받지 않고 공정하게 역량을 평가받을 수 있는 환경을 고려해야 할 것이다.

교육과정은 개발의 주도권에 따라 세 가지 수준으로 구분할 수 있다(표 2-1). 우리나라는 중앙정부에서 교육과정과 평가에 대한 결정을 내리는 중앙집중적 교육과정을 개발한다. 우리나라의 교육과정은 중앙에서 임명한 교육과정 전문연구기관에서 교육과정 전문가들과 함께 기초 조사를 거친 후 여러 검토와 공청회를 통해서 최종적으로 교육과정을 확정한다. 하지만 최근 개정된 교육과정에서는 다양성을 중요하게 고려하고, 지역 및 학교에서의 교육과정의 편성과 운영의 권한을 강조하고 있다. 예를 들어서 2022 개정 교육과정에서 교육과정의 성격을 규정할 때 가 항목(국가 수준의 공통성과 지역, 학교, 개인 수준의 다양성을 동시에 추구하는 교육과정이다), 다 항목(학교와 교육청, 지역사회, 교원·학생·학부모가 함께 실현해 가는 교육과정이다)은 국가 주도의 교육과정을 지역, 학교, 교사 수준에서 그들의 주어진 조건에 맞춰진 교육과정을 설계 및 운영할 수 있도록 한다. 다문화교육과 관련된 교육과정 내용도 국가 수준에서 개발된 교육과정, 지역 및 학교에서 개발된 교육과정에 포함될 수 있다.

〈표 2-1〉 교육과정 개발의 세 수준(소경희, 2014에서 직접 인용)

개발 수준	개발 주체	주된 참여자	교육과정 유형	교육과정 성격
국가	교육부	• 전문가 • 교사	• 국가 교육과정	• 일반적, 공통적, 기본적, 대강적 기준
지역	교육청	• 교사	• 교육과정 편성 · 운영 지침, 장학 자료	• 지역적 특성, 실태, 요구를 고려한 지침
학교	교사	• 교사	• 학교 교육과정 • 교수 · 학습지도안 • 교수 · 학습자료	• 학교 실정, 학교 실태를 고려한 구체적 교육과정

2. 다문화 사회와 다문화 교육과정

현대 사회는 글로벌화와 이주의 확산으로 인해 점점 더 다문화적인 특성을 띠고 있다. 우리나라는 결혼 이주 여성, 산업 연수생으로 인한 다문화 인구의 유입으로 다문화학생도 크게 늘었다. 일부 시에는 국제학교가 아닌 일반 학교임에도 불구하고 다문화학생의 비율이 90%에 도달하는 학교가 나타나고 있으며, 특정 지역에서는 대부분의 학교가 20% 정도의 다문화학생이 재학 중이다. 저출산으로 인하여 학생 수는 줄고 있지만 다문화학생 수는 늘고 있어서 다문화학생의 비율은 크게 늘고 있다. 2022년 다문화학생 통계를 살펴보면, 다문화학생 수는 2013년의 55,780명에서 2022년에 160,056으로 3배 가까이 늘었지만, 전체 학생 수는 2013년 6,489,349명에서 2022년 5,332,044명으로 줄어들었다. 따라서 다문화학생의 비율은 2013년 0.9%에서 2022년에는 3.0%로 크게 높아졌다. 다문화학생 중에는 한국어가 능숙한 학생부터 일부 부족한 학생, 전혀 한국어를 할 수 없는 학생 등 언어적 다양성도 다양하다. 중도입국의 시기도 다양하여 모국의 언어가 능숙한 학생부터 모국어도 능숙하지 않은 학생들도 다양하다. 일부 학생은 한국어와 모국어 모두 능숙하지 않은 경우도 상당하다. 우리나라 교실에서는 소위 피부색만 다양해진 것은 아니며, 언어적 다양성도 크게 높아졌다.

이러한 변화는 교육과정의 설계와 실행에 있어 새로운 방향성을 요구하며, 특히 교육과정이 다문화적 맥락에 맞추어 재구성되어야 할 필요성을 강조한다. 그 이유는 교육 목표를 설정하는 데 중요한 자원인 사회와 학습자가 다문화사회로 변화했기 때문이다. 학습은 학습자의 문화적, 사회적 맥락에 큰 영향을 받는 것은 널리 알려졌다(National Academies of Sciences, Engineering, and Medicine, 2018). 예를 들어서 학습에 대한 인식은 문화권마다 다르다(Clegg et al., 2017). 자기가 속한 집단이 학생에게 바라는 기대에 따라서도 학습의 효과는 달라진다(Keller et al., 2009). 우리 사회는 단일한 문화적, 민족적 특성을 지닌 공동체에서 다문화적 특성을 갖춘 사회로 이미 변화하였다. 다양한 문화, 언어, 가치관을 가진 사람들이 공존하는 현실을 교육과정에 반영해야 한다. 다문화적 맥락에서의 교육 목표는 다양한 문화적 배경을 존중하고 상호 이해와 협력을 촉진하며, 공존과 통합을 위한 역량을 함양하는 데 초점을 맞춰야 하며, 이와 같은 교육 목표가 새롭게 추가되어야 한다. 뱅크스(Banks, 2014)는 다문화 교육의 5가지 목적을 제시한다. 첫째, 다른 문화 관점을 이해함으로써 자신에 대한 이해를 높이는 것이다. 둘째, 학생이 주류 중심에서 벗어나 자신의 문화적, 민족적, 언어적 대안을 찾도록 하는 것이다. 셋째, 학생이 자문화, 주류문화, 타 문화가 공존하는 사회에서 필요한 역량을 키우는 것이다. 넷째, 소수 집단이 겪는 다양한 문제를 최소화하는 것이다. 다섯째, 전 지구적인 인재가 되기 위한 읽기, 쓰기, 수리적 사고를 증진하는 것이다. 교실이 다문화로 변화함으로써 새로운 교육 목표가 생기게 되고, 그에 따라 교육과정과 교사의 교수 방법에도 큰 변화가 있다. 국가, 지역과 학교, 개인 교사 수준에서 다양하게 이루어지는 다문화 교육에서 어떤 교육 목표에 중점을 두는지 살펴보는 것도 의미 있다.

교육 목표 설정의 또 다른 핵심 자원인 학습자는 점점 더 다문화적인 배경을 가진 학생으로 변화한다. 다문화학생은 각기 다른 문화적 경험과 언어적 배경, 가정 환경을 가지고 있으며, 교육에 대한 가치관도 다양하다. 특히, 우리나라 다문화가정이 대부분 저소득층이고, 낮은 자존감과 교육적 관심이 있으므로 교육과정은 다문화학생들의 정체성과 자긍심을 강화하고, 그들의 문화적 배경을 학습 환경에 통합함으로써 교육의 질과 효과성을 높이는 방향이어야 한다.

다문화사회로의 전환은 교육 현장에서도 실질적인 변화를 요구하고 있으며, 다문화학생이 밀집한 지역교육청과 학교에서는 이를 반영한 다양한 교육과정을 적극적으로 개발하고 있다. 예를 들어 다문화학생들을 위한 한국어 특별 교육은 학습자의 언어 능력을 강화하여 정규 교육과정에 적응할 수 있도록 돕는 프로그램이다. 다문화학생들이 한국어 의사소통 능력을 갖추고, 학문적 학습에 필요한 언어적 기초를 마련하도록 지원한다. 또한, 생활 적응 교육은 다문화학생이 우리 사회에 원활하게 적응할 수 있도록 실질적인 생활 기술과 사회적 규범을 가르치는 데 초점을 맞춘다. 기초 교과 교육은 학업성취도를 높이기 위해 다문화학생들에게 맞춤형 지원을 제공하며, 이는 학생들이 기본 학문적 역량을 갖추고 정규 교육과정에 성공적으로 참여할 수 있도록 돕는다. 한편, 다문화학생의 학습 및 사회적 적응을 체계적으로 지원하기 위해 다문화 연구학교의 수도 일부 지역에서 늘어나고 있다. 다문화 연구학교는 다문화 교육에 대한 효과적인 방법과 모델을 개발하고, 이를 지역사회와 공유하며 확산하는 역할을 수행한다. 연구학교는 교사와 학생, 학부모가 함께 참여하여 다문화학생의 요구를 반영한 혁신적인 교육과정을 실험하고 정착시키는 데 기여하고 있다.

3. 국가 교육과정에서의 다문화 요소

다문화사회로의 전환은 국가 수준 교육과정 설계에 큰 영향을 미치고 있다. 우리나라는 다문화사회로의 전환에 맞추어 국가 수준의 교육과정에서 다문화 교육의 내용을 확대하고 있다. 2015 개정 교육과정에서 다문화교육과 관련된 내용을 많이 포함하였으며, 최근에 이루어진 2022 개정 교육과정에서는 관련 내용이 더 많이 확대되었다. 이 절에서는 국가 수준의 교육과정에서 다문화교육과 관련된 내용을 살펴본다.

먼저 직전 교육과정인 2015 개정 교육과정의 총론을 살펴보면 다양한 영역에서 다문화교육과 관련된 내용을 확인할 수 있다. 2015 개정 교육과정의 총론 'Ⅱ. 학교 급별 교육과정 편성 · 운영의 기준'의 '1. 기본 사항'에는 범교과 학습 주제를 지역사회 및 가정과 연계하여 지도하도록 강조한다. 그 내용 중에는 다문화 교육이 명시적으로 포함되어 있다. 'Ⅲ. 학교 교육과정 편성 · 운영'에는 '4. 모든 학생을 위한 교육기회의 제공'에 다문화 교육에 관한 구체적인 교육 활동을 제안한다. 먼저 교육 활동 전반에 종교, 이전 거주지, 인종, 민족 등에 관한 편견을 가지지 않도록 지도함을 강조한다. 귀국 학생, 다문화가정 학생 등이 학교에서 충실한 학습 경험을 누릴 수 있도록 필요한 지원을 강조한다. 특히 다문화가정 학생을 위한 특별 학급을 운영할 때 한국어 능력을 고려하여 교육과정을 조정할 수 있도록 하고 있다. 'Ⅳ. 학교 교육과정 지원'의 '2. 교육청 수준의 지원'에서는 지역교육청도 귀국자 및 다문화가정 학생의 교육 경험의 특성과 배경을 고려하여 교육을 지원하도록 명시하였다.

2022 개정 교육과정에서는 중점 교육 목표에 포용을 명시하였고, 다문화교육과 관련된 내용이 더 많이 포함되었다. 2022 개정 교육과정의 총론의 'Ⅰ. 교육과정 구성의 방향'에 '포용성과 창의성을 갖춘 주도적인 사람'을 인재상으로 규정하였다. 또한 학습자의 특성과 학교 여건에 적합한 학습이 이루어질 수 있도록 강조하였다. '2. 추구하는 인간상과 핵심역량'에는 '지역 · 국가 · 세계 공동체의 구성원에게 요구되는 개방적 · 포용적 가치와 태도로 지속 가능한 인류 공동체 발전에 적극적이고 책임감 있게 참여하는 공동체 역량'을 제시하였고, 이 내용은 다문화교육과 밀접하게 관련된다. 'Ⅱ. 학교 교육과정 설계와 운영'의 '2. 교수 · 학습'에는 학생의 능력, 적성, 진로를 고려하여 학습 활동과 방법을 다양화하고, 학교의 여건과 학생의 특성에 따라 다양한 학습 집단을 구성하여 학생 맞춤형 수업을 활성화할 것을 강조하면서, 다문화가정 배경 등의 다양성을 이해하고 존중하도록 교수학습을 구성하여 편견과 고정관념, 차별이 생기지 않도록 함을 강조한다. '4. 모든 학생을 위한 교육기회의 제공'에도 학생이 종교, 이전 거주지, 인종, 민족, 언어 등에 관한 고정관념이나 편견을 가지지 않도록 지도함을 강조하며, 학습자의 개인적 특성이나 사회 · 문화적 배경에 의해 교육의 기회와 학습 경험에서 부당한 차별을 받거나 소외되지 않도록 함을 강조한다. 2015 개정 교육과정과 마찬가지로 다문화 가정 학생을 위한 특별 학급의 설치와 운영, 한국어 교육과정의 구성도 학교의 특성, 학생과 학부모의 요구에 따라 운영할 수 있도록 하였다. 'Ⅳ. 학교 교육과정 지원'에서 '2. 학습자 맞춤교육 강화'에는 다문화가정 학생을 위한 필요 지원 방안으로 국가와 지역교육청 모두가 지원하도록 명시하였다.

우리나라의 국가 수준의 교육과정에서는 이미 다문화적 요소가 상당함을 알 수 있다. 2022 개정 교육과정에서는 '포용성'을 교육과정 총론의 기본 방향으로 설정하였다. 뱅크스(2014)는 다문화 교육이 교육과정의 한 영역으로 확실히 자리 잡았음을 강조하고 있다. 우리나라의 교육과정에서도 다문화 교육은 확실히 자리 잡은 것으로 이해된다. 하지만 교육과정의 문서상에서만 다문화 교육과정이 강조되는지, 실제로 교육과정을 실천하는 곳에서도 이루어지고 있는지를 확인해야 한다. 학교 현장에서 이루어지고 있는 다문화 교육이 편견과 고정관념, 차별이 생기지 않도록 함을 강조하는지, 사회 · 문화적 배경에 의해 교육의 기회와 학습 경험에서 부당한 차별을 받거나 소외되지 않는지를 확인할 필요가 있다. 다음 절에서는 다문화 밀집 지역교육청과 고등학교에서 실제 일어나고 있는 다문화 교육을 통해 국가 수준의 다문화교육 과정이 실제 어떻게 이루어지는지 살펴본다.

4. 다문화 밀집 지역교육청과 고등학교의 다문화 교육과정: 안산시와 원곡고 사례

전국에서 다문화 인구의 비율이 가장 높은 곳은 경기도이다. 경기도 중에서 다문화 인구의 비율이 가장 높은 시는 안산시이다. 또한 다문화 인구와 그에 따른 다문화학생의 비율은 계속 증가하고 있다. 2021년 안산시의 전체 학생 수 69,819명 중 다문화학생이 5,539명으로, 전체 학생 대비 다문화학생 비율은 7.93%로 나타났다. 2022년에는 전체 학생 수가 67,870명으로 감소했으나, 다문화학생 수는 6,240명으로 증가하여 비율은 9.19%로 상승하였다. 마찬가지로 2023년에도 전체 학생 수가 66,889명으로 감소했음에도 불구하고 다문화학생 수는 7,364명으로 증가하며 전체 학생 대비 비율은 11.01%에 도달하였다. 2023년 기준 안산시에 있는 다문화학생의 현황을 보면 다문화가정의 국내 출생 학생이 2,467명으로 전체 다문화학생의 33.5%를 차지하고 있으며, 다문화가정의 중도입국 학생은 401명으로 5.7%를 차지하고 있다. 특별한 점은 부모 모두 한국인이 아닌 외국인 학생은 4,476명으로 가장 큰 비중을 차지하며, 전체 다문화학생의 60.8%를 구성하고 있다.

안산시가 공개한 2024년 11월 외국인 주민 현황을 보면 100명 이상인 국적은 총 30개이다. 한국계 중국인(조선족)이 49.8%, 중국인 11.6%, 우즈베키스탄 10.1%, 한국계 러시아인(고려인) 7.5%, 카자흐스탄이 3.8%이다. 영주권으로 거주하는 인구는 12.2%, 방문 중으로 동거 중인 인구는 12.0%, 방문취업은

〈표 2-2〉 2024 안산 상호문화교육 기본 계획(안)

중점 방향	프로그램	설명
어울림: 다양성을 존중하며 어울림으로 하나되는 학교	1) 다문화 특별학급 운영 지원	다문화특별학급, 한국어학급의 설치를 지원하고, 다문화특별학급 네트워크 구축하여 운영함.
	2) 다문화 교육 사업교 지정 및 운영 지원	다문화국제혁신학교, 세계시민학교, 징검다리학교 등의 학교 운영 지원
	3) 다문화 교육 정책 연구학교 운영 지원	다문화학생 맞춤형 교수 학습방법 연구, 다문화학생 진로역량 강화, 언어역량강화를 위한 교수방법 개발 연구를 지원
	4) 모든 학생이 함께하는 찾아가는 상호문화 어울림 체험교실 운영	문화 감수성 신장을 위해 찾아가는 세계문화 체험 기회 제공
	5) 초 · 중 · 고 학교급별 교육과정 연계 학교 상호문화교육 활성화	학생과 교사를 위한 상호문화(다문화)교육과 연수 운영
소통: 소통과 공감으로 성장하는 공동체	1) 마을 자원 연계 통역 지원 사업 운영	러시아어 통역 인력을 수시로 지원하여 소통을 강화하는 지원
	2) 다문화학생 · 학부모 소통을 위한 번역 지원	다문화가정 학생과 학부모, 학교 간 소통을 위한 번역을 지원하고, 번역 자료를 공유
	3) 다문화학생 맞춤 교육을 위한 한국어교육 교재 지원	
	4) 다문화특별학급 이중언어도서 지원	다문화특별학급 이중언어도서 지원(러시아어, 중국어 등)으로 다문화학생 정체성 안정 지원 및 이중언어 역량 강화
	5) 교직원 의사소통역량 함양을 위한 다국어 교실 운영	
	6) 찾아가는 심리상담지원 프로그램 운영	
	7) 온라인 한국어교육 콘텐츠 운영	
	8) 찾아가는 이음 한국어교실 프로그램 운영	
미래: 함께 만들어가는 행복한 미래	1) 안산 상호문화교육 지원단 운영	
	2) 다문화감수성 신장을 위한 문화다양성 이해 연수	다문화 교육 업무담당교사, 관리자, 학부모 대상의 다문화 교육에 대한 연수
	3) 다문화학생 지역 대학 연계 학습 · 진로 멘토링	지역 대학과 연계한 다문화학생 한국어, 기초교과, 진로 멘토링
	4) 다문화가정 학부모 연수 프로그램 운영	중도입국가정 공교육 진입 안내, 학교생활 적응 안내, 학교폭력예방교육 등 지원으로 학부모 참여와 이해 제고
	5) 선주민-이주민 이음프로그램 운영	선주민 가족과 이주민 가족 간 다양성 이해를 위한 체험 프로그램 운영

9.8%이다. 유학 또는 연수가 4.3%이며, 난민 인구도 2.8%에 달한다. 안산시의 대부분의 학교에는 다문화학생이 있으며, 2024년 현재 다문화학생이 70%가 넘는 일반 공립 중학교도 2곳이 있다. 그중 관산중학교는 일반공립중학교임에도 불구하고 다문화학생의 비율이 90%가 넘는다.

경기도 안산교육지원청의 다문화 교육은 '2024 안산 상호문화교육 기본 계획'에서 확인할 수 있다. 안산시의 상호문화교육 방향을 '다양성을 존중하고 소통과 공감으로 성장하며 함께 내일을 만들어가는 교육'으로 정의하고, '어울림', '소통', '미래'의 세 가지를 중요 목표로 설정하였다. 어울림은 '다양성을 존중하며 어울림으로 하나되는 학교', 소통은 '소통과 공감으로 성장하는 공동체', 미래는 '함께 만들어가는 행복한 미래'를 방향으로 설정하였다.

경기도 안산시 단원구에 위치한 공립고등학교인 원곡고등학교는 안산시의 일반계 고등학교 중에서 가장 오래된 학교이다. 1983년에 개교하였으며, 2024년에는 정부의 자율형 공립고에 선정되어 현재는 자율형 공립학교이다. 원곡고등학교는 안산교육지원청의 상호문화교육 기본 계획의 다문화 교육 정책 연구학교 운영 지원에 따라 '다문화학생 진로 역량 강화를 위한 지역사회 협력 모델 개발'를 수행하고 있다. 원곡고등학교가 위치한 경기도 안산시 단원구 원곡동은 주민의 70% 이상 외국인이며, 2023년 원곡고의 다문화학생의 비율은 3학년은 10.2%, 2학년은 14.4%, 1학년은 20.8%로 최근 다문화학생이 빠르게 늘고 있다. 원곡고등학교는 지역사회와 유기적으로 연계된 진로 역량 강화 프로그램을 설계하고 운영하는 것을 목표로 다문화 연구 학교에 선정되었으며, 대부분의 교원이 이 사업에 참여하고 있다.

원곡고등학교 다문화학생의 진로 지도를 강화하고자 하는 이유는 다문화학생의 진로 지도가 일반학생에 비하여 시급하다는 자체 조사 결과에 따른다. 2022학년에 한국인 학생의 4년제 대학 진학률은 52.4%이지만 다문화학생의 경우는 67.9%로 다문화학생의 4년제 대학 진학률이 높았다. 그 이유는 한국인 학생은 재수를 선택하는 비율이 높았으나 다문화학생은 재수를 선택하지 않고 바로 대학에 진학하기 때문이다. 졸업 후 바로 취업하는 비율도 다문화학생은 19.5%으로 한국인 학생의 6.6%로보다 크게 높았다. 다문화학생은 한국 학생에 비해 재수보다는 수준에 맞는 대학에 바로 진학하려고 하며 졸업 후 바로 취업을 하고자 하는 비율이 높으므로 고등학교를 졸업하기 전에 진로 지도가 필요하다. 또한 진로에 대한 동기가 없으면 다문화학생의 경우 학습에 대한 높은 동기를 형성하지 못하여 무기력한 학교생활로 이어질 수 있다.

원곡고등학교가 2023년부터 '다문화학생 진로 역량 강화를 위한 지역사회 협력 모델 개발' 연구를 통해 다양한 교육과정을 개발하였다. 표는 다문화학생의 진로 역량 강화를 위한 다양한 교육내용을 보여준다. 다문화학생의 언어 지원, 진로 진학 지원, 심리 정서 지원과 학부모 교육을 제공한다. 특히 진로 진학은 다문화학생의 입시 상담을 강화하고, 다문화학생에게 적합한 교육과정을 개발하는 교사의 전문적 학습공동체를 지원한다. 또한 다문화학생이 학교 생활에 적응하고 소외받지 않도록 다문화 축제 등과 같은 다양한 심리 및 정서를 지원하는 프로그램을 운영하고 있다.

〈표 2-3〉 다문화학생 진로 역량 강화를 위한 교육내용

지원 영역	주요 내용
언어 지원	이중언어 교사가 운영하는 한국어 교실 수업
	한국어 평가 강좌 및 한국어 기초 문해력 강의
	이중언어 말하기 대회 행사 운영
	교과 주요 용어를 영어, 중국어, 러시아어로 번역
	교과 용어 학습을 위한 강좌 운영
진로 진학	진로 프로그램, 대학 학과 체험 등 자기 성찰 및 진로 탐색 실습
	대학 입시의 외국인 전형/다문화 전형 안내
	지역사회 진학 전문가 상담 프로그램 운영
	입시 관련 외국인 전형 담당자 지정 운영
	다문화 교육과정과 교육을 위한 공개 수업과 전문적 학습공동체
	지역 대학 연계 진로 진학상담 실시
	지역 대학교와 진로 진학 협의체 구성
심리 정서	다문화학생의 심리 정서 상담 실시
	원어민 중심의 세계문화 체험 실시
	다문화 어울림 활동 및 다문화 축제
학부모 교육	지역 연계 안산 글로벌 청소년 센터 협의체 구성

원곡고등학교에서 진행하는 '교사의 수업나눔 협의회'는 다문화 아이디어가 적용된 수업을 기획하고 수업 속에서 다문화학생에게 나타나는 교육적 효과를 공유하는 프로그램이다. 활동한 자료를 일부 살펴보면 다문화학생을 위해 다양한 교육내용을 개발하고 있음을 확인할 수 있다. 예를 들어 영어, 중국어, 일본어와 같은 언어 교과에서는 다양한 문화 속 올바른 예절 사례 학습을 교육에 적용하고 있다. 대화 시 눈 맞춤, 노약자 배려 등과 같은 한국의 문화를 이해하고 각 국가의 문화를 함께 공유하는 수업을 하면서 언어 교육을 수행한다. 이때 에듀테크를 활용하여 온라인에서 문화간 다른 예절 사례

탐색하는 활동도 하였다. 교사는 학생들의 경험 및 사례를 수업에 활용하여 학생들의 흥미 및 동기를 높일 수 있었다고 하였다. 사회와 진로 교과에서는 민주 선거 4대 원칙이 지켜지지 않는 여러 나라를 소개하는 내용으로 학생들의 관심을 이끌었다. 미국에서 있었던 흑인의 참정권 제한, 일부 국가에서 있었던 여성의 참정권 제한 등을 학습 소재로 하였다. 이 학습을 통해 다양성 존중하는 태도, 다문화 감수성을 증진하려고 하였다. 수학과 정보 교과에서는 다문화학생들의 학습을 촉진하기 위해 협동학습 교수법을 적용하였다. 협동학습과 게임적 요소를 접목하여 형성평가 문항을 풀이하는 활동을 수행하였다. 학생들의 상호 이해를 높이고, 언어 능력이 낮은 학생이 평가에 적극 참여할 수 있도록 하는 교육적 효과를 얻었다. 다문화교육과 관련된 학생들의 활동도 다양하다. '어 · 울 · 림 프로젝트 봉사활동'은 이중언어가 가능한 학생들이 한국어 능력이 부족한 학생들을 위해서 학습 자료를 번역하여 다문화학생에게 제공하는 봉사활동이다. 이 과정을 통해 이중언어 학습자는 이중언어 능력을 강화하고, 한국어 능력이 낮은 학생들은 학습 결손을 줄일 수 있는 이중적인 효과를 얻고 있다.

원곡고등학교의 다양한 프로그램을 뱅크스(2014)에서 제시한 다문화 교육의 5가지 차원으로 구분하여 살펴보고자 한다. 먼저 내용 통합이다. 내용 통합은 '교사가 자신의 교과나 학문 영역에 등장하는 주요 개념, 원칙, 일반화, 이론을 설명하기 위해 다양한 문화 및 집단의 사례와 내용을 활용하는 것'으로 요약된다. 원곡고등학교는 문화와 밀접하게 관련된 언어 교과, 사회교과 등에서 학생의 문화적 요소를 수업에 적극 활용하고 있음을 확인할 수 있다. 이와 같은 수업은 다문화학생의 문화를 수용하기보다는 주로 한국과의 차이를 통해 한국을 이해하게 하는 목적이 더 두드러진다. 일부 교사는 자칫 문화적 요소에 대한 언급이 다문화학생에게 불편함을 초래할 수 있음도 우려하였다. 두 번째는 지식 구성 과정이다. 지식 구성 과정은 '특정 학문 영역에 내재하는 문화적 가정, 준거들, 관점, 편견 등이 해당 학문 영역에서 지식이 형성되는 과정에 어떠한 영향을 미치는지를 학생들이 이해하고, 조사하고 판단할 수 있도록 교사가 돕는 것'이다. 원곡고등학교에서 운영한 다문화 교육 프로그램에서 이와 같은 요소는 없었다. 일부 교과에서 다문화학생을 위하여 각 국가의 문화적 관점을 소개하고 있으나 교과서와 국가 수준의 평가를 중심으로 수업을 운영하고 있기 때문에 지식 구성의 관점에서 다문화 교육은 이루어지지 않고 있다. 세 번째는 편견 감소이다. 편견 감소는 '학생의 인종적 태도의 특징 및 그것이 교수법이나 교재에 의해 어떻게 변화될 수 있는지에 중점을 두는 것'이다. 원곡고등학교가 다문화학생이 한국 사회에 융화되고 그들의 문화와 전통을 존중받을 수 있도록 하는 다양한 다문화 축제, 어울림 활동 등이 해당한다. 다문화학생들의 이중언어 역량을 활용하여 갓 입국한 학생의 학습을 지원하고, 지역사회에 봉사하게 하는 활동도 편견 감소에 핵심이다. 네 번째는 공평한 교수법이다. 공평한 교수법은 '교사가 다양한 인정, 민족, 사회계층 집단에서 온 학생들의 학업성취도를 향상시키기 위하여 수업을 수정하는 것'을 의미한다. 교사들은 일부 다문화학생이 가지는 낮은 언어 능력을 지원하기 위한 특별 교실을 운영하고, 협동학습과 이중언어 학습장을 개발하는 등을 통해 언어적 능력이 낮은 학생을 지원하고 있다. 또한 교사들은 학생의 출신 지역으로 인하여 사회적 편견이 발생하지 않도록 상당히 조심하는 태도를 가지고 있다. 마지막으로 학생의 역량을 강화하는 학교 문화와 조직이다. 이 차원은 '다문화학생과 교직원이 적극적인 상호작용으로 학교 문화를 구성하는 것'을 의미한다. 다문화학생을 위한 다문화 연구학교를 운영하고 다문화 교육을 경쟁력으로 하여 자율형 공립고 2.0을 운영하는 것을 통해 이 부분을 확인할 수 있다. 다문화학생의 역량을 최대화하고 원하는 삶을 살 수 있도록 적극적으로 지원하는 문화를 조직하는 것을 확인할 수 있다.

안산교육지원청과 원곡고등학교의 다문화 교육과정을 살펴보면 다문화학생을 지원함과 동시에 다문화적 상황을 지역의 경쟁력을 높이는 새로운 자원으로 인식하고 있음을 확인할 수 있다. 이 지역은 외국인 근로자를 통해 지역의 산업적 기초를 마련하였으며, 현재 외국인 근로자의 의존도는 더 높아지고 있다. 그들은 외국인이 정주하기 좋은 환경을 제공함으로써 국제적인 경쟁력을 키우고자 한다. 학생들이 가지고 있는 모국의 능력을 지원하고 한국어 능력을 강화하여 이중언어 학습자로 양성하여 미래의 인적 자원으로 활용하는 방안도 다문화 교육을 하나의 자원으로 인식하고 있는 대목이다. 구체적으로 뱅크스(2014)의 다문화학교의 8가지 특징을 활용하여 안산교육지원청과 원곡고의 사례를 살펴보고자 한다. 먼저 교사는 다문화학생들에게 높은 기대를 가지고 있다. 그들은 학생들이 한국어 능력을 기르면 이중언어능력을 활용하여 다양한 분야에서 경쟁력이 있는 인재로 성장할 것으로 생각하고 있다. 교육과정과 교사의 수업 방법은 다문화학생에게 맞춰져 있었으며, 학교는 운영 과정에서 학생들의 1언어를 모두 존중하고 지원하고 있었다. 수업 내용은 다문화적 요소를 고려하고 있으며, 여러 가지 역량에 따라 특별반 등도 적절하게 운영하고 있었다. 다문화학생들이 소외되지 않고 긍정적인 직업 목표를 가질 수 있도록 다양한 프로그램을 제공하였다. 원곡고등학교의 사례는 이미 우리나라의 학교와 교사의 교육 내용이 다문화 교육 관점에서 적절하며, 타당함을 확인할 수 있다.

다문화 학교의 8가지 특징(Banks, 2014)

- 교사는 학생에게 높은 수준의 기대를 가진다.
- 공식적인 교육과정에 다양한 문화 집단을 고려한다.
- 수업 양식은 학생의 학습 특성에 부합한다.
- 학생의 1언어를 존중한다.
- 수업 교재는 다양한 문화적 배경을 반영한다.
- 평가는 학생의 문화적 다양성을 고려하고, 영재반 등 특별반은 적절한 비율로 유지한다.
- 학교 문화와 잠재적 교육과정은 문화적, 민족적 다양성을 반영한다.
- 다양한 인종에 대해 높은 기대 수준과 긍정적인 직업 목표를 달성하도록 돕는다.

다음은 뱅크스(2014)에서 제안하고 있는 다문화 학교의 평가 지표를 원곡고등학교에 적용하여 판정한 결과이다. 판정은 상중하 3단계로 하였다. 전체적으로 교육내용에 관해서는 수준이 낮지만, 다문화학생을 위한 교사와 직원의 태도는 우수하다.

〈표 2-4〉 다문화 학교 평가 지표(Banks, 2014)

다문화 학교 척도	원곡고
1. 학교 정책은 사회의 민주적, 문화적, 성적 다양성을 반영하고 있는가?	중
2 전반적인 학교 문화(잠재적 교육과정을 포함하여)가 다민족적이고 다문화적인가?	중
3. 학교가 선호하는 학습 양식은 학생들의 학습 양식을 반영하고 있는가?	상
4. 학교는 학생들 및 보다 넓은 사회에서 구사되는 언어들과 방언을 반영하고 인정하는가?	중
5. 학교 활동, 프로그램, 계획 수립에 있어 다양한 민족적. 문화적 배경을 지닌 부모들을 참여시키는가?	중
6. 학교 상담 프로그램은 사회의 민족적 다양성을 반영하는가?	상
7. 학교가 사용하는 평가 과정은 다문화적인가? 민족적으로 볼 때 공정한가?	하
8. 수업자료의 민족적, 문화적, 성적 편향을 평가하고 있는가?	하
9. 공식 교육과정과 학습 과정은 다민족적이고 다문화적인가? 다양한 민족적, 문화적 관점에서 사건과 상황, 개념을 바라보도록 하는가?	하
10. 학교의 교수 양식과 동기부여 시스템은 학생의 민족적, 문화적 다양성을 반영하는가?	중
11. 모든 직원들의 태도, 인식, 믿음, 행동이 민족적으로나 인종적으로 사려 깊은가?	상
12. 체계적이고, 포괄적이며, 지속적인 다문화 직원 훈련 프로그램을 필수 과정으로 실시하고 있는가?	상
13. 학교 교직원들(행정 직원, 교사, 상담 교사, 보조 교사들)이 다민족적이고 다문화적인가?	하
14. 학교의 전반적인 분위기가 인종적. 민족적, 문화적, 언어적 차이에 대해 긍정적으로 대응하는가?	상
15. 학교의 모임이나 휴일이 사회의 민족적, 문화적 다양성을 반영하는가?	중
16. 학교 점심 식단은 다양한 민족 집단들의 음식을 감안하여 식사를 준비하는가?	상
17. 게시판, 체육 시간, 음악, 그 외 게시물이나 활동들이 민족적, 문화적 다양성을 반영하는가?	상

5. 다문화 상황에서의 교수법

교수법은 교육의 목적을 효과적으로 달성하기 위해 교수자가 학습자에게 지식을 전달하거나 기술을 익히게 하고 태도를 형성하도록 돕는 방법과 전략을 의미한다. 교수법은 학습 내용의 성격과 목표에 따라 설계되고 실행되며, 학습자의 특성과 학습 환경에 맞게 다양한 방식으로 조정할 수 있다. 교수법은 단순히 지식을 전달하는 것뿐만 아니라 학습자가 주도적으로 학습 과정에 참여하도록 돕는 데 중점을 둔다. 교수법은 상당히 다양하며 다양한 범주로 구분된다. 교수법을 구분하는 기준은 교육 철학, 수업의 통제권, 학습 성취, 수업 규모, 제시 형태 등이 있다(한정선, 2008). 이와 같은 기준으로 볼 때 교수법은 강의, 토의, 실험 또는 탐구, 협동학습, 시범, 게임 기반 학습 등 다양하게 구분된다. 최근에는 비대면 교수법, 면대면 교수법 등과 같이 디지털 환경에 따라서도 교수법을 구분한다. 이 중에서 강의법은 가장 흔하게 이루어지는 교수법으로 교사가 지식을 전달하는 방법이다. 우리나라 대부분의 교실에서 가장 흔한 교수방법이다. 또한 강의법은 일부 시각적인 자료를 활용하기도 하지만 대부분 교사의 언어적 설명을 중심으로 이루어진다. 토의법은 학생들이 서로 의견을 나누며 생각을 구조화하고 논증을 통해 사고력을 학습하는 방법이다. 토의법은 학생중심적이며, 학생의 언어적 상호작용으로 이루어지기 때문에 학생의 학습동기, 언어적 역량에 따라 그 효과가 크게 달라질 수 있다. 탐구학습법은 학습자가 문제를 인식하고, 다양한 해결 방법을 고안하여 문제를 해결하면서 새로운 지식을 학습하는 방법이다. 탐구학습은 사고력 중심의 탐구학습도 있지만 많은 경우 실험 등과 같은 핸즈온 활동을 포함한다. 협동학습법은 그룹으로 서로 협동하여 개념을 이해하거나 문제를 해결하는 방법이다. 협동학습은 비슷한 수준의 학생끼리 모둠을 구성할 수도 있지만 수준이 다양한 학생끼리 모둠을 구성하여 교육 효과를 높일 수 있다. 프로젝트 기반 학습은 실제적인 문제를 해결하는 과정을 통해 다양한 지식, 기능, 역량을 학습하는 방법이다.

다양한 교수법이 있지만 대부분의 교수법은 언어적, 문화적 상호작용을 전제로 이루어진다. 따라서 다문화학생이 학습에서 겪는 가장 큰 어려움도 언어 능력의 한계, 문화적 차이일 것이다. 그러므로 다문화 교육에서는 이 두 가지를 고려하여 교수법을 적용해야 한다. 언어 능력이 부족한 학생에게 교수법을 적용할 때는 학습 효과를 높이고 학습자가 소외되지 않기 위해 다양한 요소를 고려해야 한다. 가장 먼저 해야 할 일은 학생의 현재 언어 능력으로 이해할 수 있는 학습 자료를 제공해야 한다. 두 번째는 언어적 소통의 의존도를 낮추기 위해 그래픽, 동영상, 이미지 등의 시각적 자료를 적극적으로 활용해야 한다. 학생이 학습 내용을 표현할 때에도 글쓰기나 말하기에만 의존하지 말고 그림 등의 시각적 표현을 통해 자신을 표현할 수 있도록 다양한 방식을 허용해야 한다. 세 번째는 복잡한 문장 구조나 추상적인 표현을 피하고, 간단하고 명료한 언어로 수업을 진행해야 한다. 필요한 경우 학생의 모국어나 익숙한 언어를 보조적으로 활용할 수 있다. 네 번째는 언어 능력이 우수한 학생과 부족한 학생을 함께 묶어 협동학습을 진행하면 상호작용을 통해 학습 효과를 높일 수 있다. 동료 간 피드백은 학습자가 언어 능력을 자연스럽게 향상시키는 데 도움이 된다.

언어 능력이 부족한 학생의 학습동기와 학습에 관한 스트레스도 고려해야 한다. 언어 한계로 인해 자신의 생각을 효과적으로 표현하지 못하는 경우 상당한 스트레스가 발생할 수 있다. 학생이 좌절감을 느끼지 않도록, 학생이 표현할 수 있는 시간을 주거나 언어적 실수를 하더라도 친절하게 고쳐주면서 격려해야 한다. 새로운 개념을 이해하고 언어적 능력을 향상시키기 위해 학생에게 충분한 학습 시간과 반복 기회를 제공해야 한다. 만약 학생의 언어 능력이 학습을 할 수 없는 수준이라면 필요에 따라 추가적인 언어 학습을 제공하고, 이후에 맞춤형 학습 프로그램을 제공할 필요가 있다.

문화인 차이가 있는 경우 학생의 배경과 가치관, 학습 스타일이 서로 다르므로 이를 고려하여 교수법을 적용해야 한다. 먼저 학생의 문화적 배경에 따라 선호하는 학습 방식이 다를 수 있다. 일부 문화권에서는 교사 중심의 강의형 수업을 선호할 수 있다. 그룹 활동이나 협동학습에 대한 인식도 다를 수 있다. 두 번째로 문화마다 의사소통 방식이 다르며, 비언어적 신호(제스처, 표정 등) 역시 다르게 해석될 수 있다. 어떤 문화에서는 눈을 맞추는 것이 존중의 표현이지만, 다른 문화에서는 불편함을 주는 행동일 수 있다. 세 번째는 교수자의 편견과 고정관념을 최소화해야 한다. 교수자가 무의식적으로 특정 문화나 그룹에 대한 고정관념이나 편견으로 부정적인 표현을 할 수 있고 그것이 교사와 학생 간 상호작용에 부정적인 영향을 미칠 수 있다. 과학, 사회, 역사 등의 학습 주제들이 특정 국가나 종교의 관점에 따라 불편할 수 있다. 사전에 이와 같은 내용들은 민감하게 살펴서 교수과정에 고려되어야 할 것이다. 네 번째는 학생이 속한 문화권에 따라 학습의 목적과 동기가 다를 수 있다. 부모의 교육열, 학생의 교육에 대한 관심이 해당 학생의 문화권에 따라 다르다. 이와 같은 정보는 진학 지도에도 영향을 준다. 마지막으로 수업 중에 있을 수 있는 다문화적 갈등을 적절하게 해결해야 한다. 최근 국가 간 전쟁이나 갈등으로 인하여 학생 사이에도 그런 갈등이 존재할 수 있으므로 다양한 문화와 국가적 배경이 다른 학생들 사이에서 오해나 갈등이 발생하지 않는지 관찰할 필요가 있다.

1) 다문화 교육에서의 교수법 사례: 트랜스랭귀징(translanguaging)

우리나라 다문화학생이 가지는 가장 큰 어려움은 언어이다. 언어적 발달을 마치고 이주하면 자신의 모국어는 능숙하지만 새로운 환경에서 사용해야 하는 제2언어는 능숙하지 않다. 여러 언어적 배경이 있는 학생이 모이면 대부분의 학생은 공통언어는 능숙하지 않지만, 각자의 모국어는 능숙한 상황이 된다. 학생 간의 의사소통은 능숙하지 않은 제2언어로 해야 할 때 자신이 익숙한 모국어와 익숙하지 않은 제2언어를 함께 사용해야 하는 경우가 있다. 이와 같은 상황에서 효과적인 의사소통을 위해 학생이 언어가 아닌 그림이나 제스처와 같은 다른 모드로 소통할 수도 있다. 이 절에서는 트랜스랭귀징(언어 전환)을 활용한 교수법을 소개함으로써 다문화교육에 어떻게 활용될 수 있는지 논의한다. 트랜스랭귀징은 학습에서 추론이나 다양한 표현을 위해 이미지, 글쓰기, 말하기, 행동과 같은 다양한 모드를 유연하고 유동적으로 사용하는 것을 말한다. 트랜스랭귀징에 관한 연구는 언어적으로 다양한 환경에서의 교육에서 필연적으로 맞닥뜨리는 상황에서 일어나는 현상으로, 언어 전화에 관한 실증 연구는 이중언어 교실에서 많이 이루어져 왔다. 이 절에서는 언어적으로 다양한 환경에서 트랜스랭귀징을 활용하여 어떻게 학습이 이루어지고, 그것을 어떻게 학습 효과를 높이는 데 활용하는지 또는 학습에서 어떤 장애가 되는지 몇 가지 선행연구를 통해 확인하고자 한다.

Pierson et al.(2021)은 과학적 모델링과 트랜스랭귀징에 관한 연구를 수행하였다. 그들은 이중언어의 상황에서 교육은 언어의 다양성을 억제하고 학문적 불평등을 초래하는 것을 강조한다. 트랜스랭귀징 관점에서 정해진 언어는 정치적, 사회적으로 구성된 것임을 전제로 하며, 언어는 언제나 변화될 수 있고 진화할 수 있다고 믿는다. 특히 그들은 학생이 과학적 모델링을 수행하면서 멀티 모달 관점에서 트랜스랭귀징이 일어난다고 보았다. 다양한 표현 양상을 사용하도록 학생들에게 격려하면 학생은 자신의 아이디어를 주체적으로 표현할 수 있으며, 디자인, 언어, 내용에 대한 학습도 효과적으로 이루어질 수 있다. 특히 과학 모델링에서 과학자 역시 다양한 모드를 활용하여 현상을 설명하고 구성한다. 그러므로 다양한 모드를 활용한 과학적 모델링은 학문적 관점에서도 타당하다.

이 연구에서 탐색한 교실에서 교사는 자신의 수업에서 트랜스랭귀징이 무엇인지 직접 가르치지는 않았다. 교사는 다양한 언어적, 비언어적인 자원을 활용하여 가르치고 학생도 그렇게 하도록 지원했다. 이 수업 이전에는 학생이 영어 외의 언어를 사용하거나 비언어적 표현을 사용하는 일이 없었다. 교사는 학생에게 컴퓨터 코드, 그래프, 슬라이더 등과 같은 계산 모델에 포함된 다양한 모드를 확인하도록 하고, 각각의 표현 양상이 가지는 학문적 가치를 이해하도록 했다. 또한 교사는 학생들이 사용하는 언어(영어, 스페인어, 한국어)에도 탐색했다. 학생들이 공유한 단어를 반복하고 생소한 단어를 발음하도록 도와주며 언어 간의 차이를 구별하고 다양한 언어로 표현할 수 있도록 지원했다. 또한 학생들에게 자신의 기여와 다른 학생들의 기여를 다시 말해보게 함으로써 학생들이 기여의 가치를 인식하도록 도왔다. 이 연구에서 확인한 몇 가지 의미 있는 일은 다음과 같다.

스페인어를 모국어로 하고 영어를 배우는 카를로스와 루이스, 그리고 영어만 사용할 수 있는 단일언어 학생인 션이 함께 학습한다. 카를로스는 두 언어 모두 철자에 자신감이 없어 비언어적 모드를 적극적으로 활용한다. 루이스는 자신이 구성한 과학적 모델에 문장을 많이 활용한다. 루이스는 처음에는 주로 스페인어를 사용했지만, 이후 영어와 스페인어를 혼합해 사용하다가 점차 영어로 번역한다. 이렇게 만들어진 모델은 단일언어 학생인 션이 이해할 수 있다. 이 과정에서 루이스는 영어와 스페인어를 혼합해 사용하며 과학적 아이디어를 표현하는 데 도움을 받았다. 결국 학생들은 다양한 언어와 시각적 모드를 활용하여 과학 아이디어를 모델링하였다.

다음은 이중언어 학생 제니퍼와 헤수스, 그리고 단일언어 학생 베카의 사례이다. 이 그룹에서는 학생들이 서로 다른 언어를 담당했다. 베카는 영어, 제니퍼는 스페인어, 헤수스는 컴퓨터 코드를 담당하였다. 학생들은 아이디어와 언어 표현 간의 일대일 대응을 시도하였다. 제니퍼는 번역기를 활용하여 자신의 번역을 수정했지만 시간이 지나면서 번역에 의존하지 않고 자신의 언어 레퍼토리의 정당성에 대한 확신을 키워나갔다. 또한 제니퍼는 스페인어에 없는 '먹이사슬'이라는 단어를 표현하기 위해서 언어 발달의 기회를 만들 수도 있었다. 학생들은 텍스트로 작성된 정보를 다른 표현 방식(다이어그램, 컴퓨터 시뮬레이션 등)으로 변환하는 과정도 경험하였다. 학생들이 닫힌 생태계를 구성해보는 활동에서 제니퍼는 구피 물고기가 탄소 순환에 중요한 역할을 한다는 내용을 영어로 번역하여 다른 학생에게 전달했고, 이 내용은 팀이 구성한 과학적 모델에 포함되었다. 이 과정에서 학생들은 과학 정보와 개념을 다양한 방식으로 재구성하며 학습 내용을 심화시켰고, 언어적 장벽은 점차 낮아졌으며 팀 내 협업을 강화하였다.

Pierson et al.(2021)의 연구는 다양한 언어 환경에서 필연적인 트랜스랭귀징과 다중모드의 통합적 사용이 과학적 모델링 학습을 더욱 효과적으로 이끌어 갈 수 있음을 강조한다. 이와 같은 다양한 언어적 사용이 단일 언어(영어) 중심 STEM 교실에서도 이중언어 학습자뿐 아니라 단일언어 학습자에게도 학습 기회를 확장할 수 있는 효과적인 방법임을 보여준다. 트랜스랭귀징은 학생이 서로 다른 언어와 모드를 활용해 개념을 재구성하고, 학습 경험을 더욱 풍부하게 만드는 데 기여했다. 다중모드는 학생들에게 과학적 모델링에서 중요한 다양한 표현 방식을 탐구하고 활용할 기회를 제공하며, 복잡한 개념을 더 잘 이해하도록 지원했다.

다음은 Langman(2014)이 수행한 트랜스랭귀징과 학생의 정체성에 관한 사례이다. 한 교사는 유전학 수업에서 자신의 금발 머리와 학생들의 검은 머리를 비교하며 유전자 개념을 설명한다. 자신의 머리카락 색이 열성 유전자(homozygous recessive)이며, 학생은 자신들의 검은색 머리카락이 우성 유전자(dominant trait)로 나타나는 결과라고 설명한다. 이 과정에서 학생들은 유전자 조합을 시각화하는 Punnett Square를 사용하였다. 유전학 수업에서 우성과 열성 개념에서 시각적 자료의 활용은 매우 효과적이다. 학생은 자신의 가족의 머리 색을 이야기하면서 유전 개념을 형성하였다. 이 수업에서 우성과 열성이라는 과학 용어에 대한 이해보다는 과학 용어를 학생의 삶과 연결하는 방법으로 이해하였다.

두 번째 사례는 영어를 사용하지 못하지만 매우 똑똑한 학생에 관한 이야기이다. 아프가니스탄에서 이민 온 학생은 대학에 갈 수 있을 만큼의 지적 재능이 있지만, 영어 능력으로 인해 표준화된 시험을 통과하지 못할 가능성이 있었다. 이 학생은 과학 역량이 뛰어났지만 언어 단어 중심의 표준화된 시험은 이러한 학업적 잠재력을 확인하지 못하였다. 이 상황에서 교사는 학생들에게 시험에서 모르는 단어가 있더라도 '블라블라'라는 단어로 대체하여 설명하는 방법을 가르쳤고 단어의 종속되지 않고 자신의 생각을 표현할 수 있는 능력을 기르도록 하였다. 이와 같은 방법을 통해 학생은 과학적 현상에 대한 의미를 이해하고 그것을 설명하는 능력을 기를 수 있었으며, 궁극적으로 단어 이해도 촉진하여 학습이 효과적으로 이루어질 수 있었다. Langman(2014)의 연구는 교사가 하나의 언어와 모드에 집중하지 않고 트랜스랭귀징을 인식하고, 이를 학습 과정에서 더욱 체계적으로 활용하면 언어적 유연성, 학생들의 정체성 형성, 학습 참여, 학업 성취를 높일 수 있음을 강조한다.

다음은 우리나라의 사례이다. 학생의 작은 성공과 그것을 통한 자존감을 기르는 미술 수업을 강조하는 신경아 교사 사례이다. 우리나라에서 가장 다문화 인구가 밀집한 곳은 경기도 안산시이다. 안산시에 위치한 공립학교 중에서 가장 다문화가 밀집된 학교는 관산중학교이다. 관산중학교는 여러 요인에 의하여 특이하게 다문화학생의 비율이 높아진 사례이다. 2024년 현재 관산중학교에는 90% 이상의 학생이 다문화학생이며, 약 80%의 학생이 한국어를 익숙하게 사용하지 못하거나 전혀 사용하지 못한다. 이 학교의 미술 교사인 신경아 교사는 학생의 삶을 미술 수업에 적용하여 언어가 다르더라도 교사와 학생들이 서로를 알아가고 이해할 수 있도록 미술 수업을 진행한다. 가족이 즐겨 먹는 음식을 그리고 소개하는 활동, 학생의 모국에서 가졌던 신기한 물건이나 동물을 그림으로 소개하는 활동 등을 미술 수업에 활용한다. 이 수업을 통해 학생들에게 '작은 성공'을 경험하게 하려고 전시 공간을 만들어 학생들의 작품을 전시한다.

〈표 2-5〉 신경아 교사의 가족의 식탁 프로젝트

프로젝트의 구성	프로젝트의 구성
1. 다문화 거리 식재료 탐방 2. 장 봐온 음식 맛보며 그리기 3. 가족의 식탁 소개하기	4. 모국의 음식을 초크아트로 표현하기 5. 모국의 음식을 점토로 표현하기 6. 전시회 준비 7. 전시 관람
 	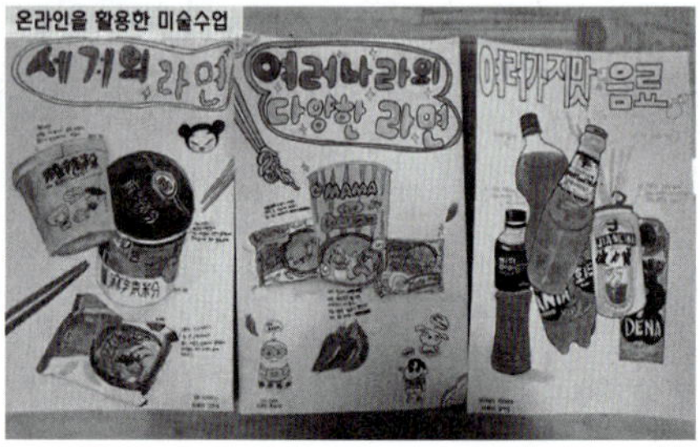

관산중학교 미술실은 그렇게 넓은 공간이 아니다. 하지만 교사는 항상 마이크를 활용하여 강의한다. 교사는 마이크를 활용하여 천천히 학생에게 한국어로 말한다. 뒤쪽에 있는 학생도 교사의 음성이 매우 선명하게 잘 들린다. 말하고 듣는 능력이 부족한 학생을 위한 방법이다. 미술실에는 다양한 미술도구가 있다. 미술 도구들은 모두 투명한 통에 담겨있다. 통에 안에 도구가 보이기 때문에 통에 들어 있는 도구와 통에 붙은 이름을 보면서 자연스럽게 단어 학습이 된다. 또한 도구의 이름을 모르더라도 쉽게 도구를 찾을 수 있다. 교실 한쪽 구석에 있는 큰 화면의 모니터를 활용하여 교사가 사전에 준비한 영상이나 다양한 시각 자료를 학생에게 보여준다. 화면 영상은 교사가 운영하는 유튜브에서 다시 확인할 수 있다. 영상은 상당히 흥미로우면서 학생들에게 공감을 일으킨다. 학생들은 한국말을 잘 몰라도 어떤 내용인지 쉽게 이해한다. 수업 내용은 다문화학생에게 적합한 내용으로 구성된다. 가족

의 식탁 수업 프로젝트와 같이 음식과 문화를 활용하여 미술 수업에 접목한 수업은 다문화학생이 자신의 정체성을 이해하고 정서적인 발달을 도모하게 한다. 전시된 많은 작품을 통해 자존감을 높이면서 스스로의 가치를 인식하게 해준다. 다양한 시각적 자료를 활용하여 언어적 능력이 부족한 학생도 자신의 역량과 정체성을 확인할 수 있도록 하는 교수법은 트랜스랭귀징의 관점에서 의미 있게 이해된다. 우리 모두는 영어 학습이 얼마나 어려운지 이해하고 있다. 지식을 구성하고 학습할 수 있는 수준의 언어 능력을 갖추는 데에는 상당한 시간이 요구된다. 그 과정에서 그들이 활용하고 있는 제1언어를 존중하고 그것을 활용하는 것은 다문화 교육에서 중요하다.

2) 유전학 교육과정의 비판과 비판 중심의 유전학 교수법

이 절에서는 현재 우리나라 교육과정에 포함된 내용 요소 중에서 다문화에 관한 편견을 조장하는 유전학 단원의 문제점을 고찰하고, 비판 중심의 유전학 교수법에 관한 사례이다. 이 사례는 서울대학교 생물교육연구실에서 진행 중인 연구 중 일부이다(박승아, 하민수, 연구 중). 한국 중학교의 유전학 교육과정은 유전학 개념의 이해에 중점을 두고 있다. 하지만 일부 학습 내용이 다문화 교실에서 다루어지기에는 부적절한 내용 요소가 있다. 특히 학생의 다문화 소양, 포용 역량의 형성에 반하는 유전자 본질주의적, 인종본질주의적 관점을 강화시킬 수 있는 내용요소도 상당수 포함되어 있다(Donovan, 2022). 유전적 본질주의는 인종이 유전적이며, 인종에 따라 신체적, 인지적, 행동적 특징이 다를 수 있다는 믿음이다(Dar-Nimrod et al., 2011). 이와 같은 인종에 관한 믿음은 과학적으로 타당하지 않다. 하지만 이런 믿음은 본질주의적 편향과 밀접하게 연결되어 성숙한 유전적 추론 능력이 없는 학생에게 쉽게 나타난다 (Lynch et al, 2019). 실제로 유전학적 관점에서 인간의 형질은 상당히 복잡하나 유전학 학습이 그런 다양하고 복잡한 내용을 포괄적으로 가르치지 않기 때문에 유전자 본질주의, 인종 본질주의와 같은 순진한 추론 양상을 학생들이 가지게 된다. 그리고 그런 사고가 다문화사회에 학생들이 가져야 하는 인종에 대한 과학적 이해와 포용 능력을 가지지 못하게 한다. 특히 유전학 학습 중에서 멘델 중심의 유전학 학습이 이런 순진한 사고를 강화한다고 알려졌다 (Donovan, 2022; Meyer et al., 2020).

이와 같이 현재 멘델 유전학 중심의 교육과정을 확장하여 표현형의 다양성과 환경과의 상호작용이 더욱 강조된 유전학 학습을 제안한다. 멘델 유전학 원리 중심의 유전 학습은 전형적인 지식 중심, 문제 풀이 중심의 학습으로 원리를 바탕으로 예외 없는 문제 풀이가 가능하여 학생이 다양하고 창의적인 사고를 할 수 없게 만든다. 하지만 유전적 다양성과 환경과의 상호작용이 강조된 유전학 학습은 불확실성이 높아 학생의 창의성과 문제해결력이 강조되는 역량 중심의 수업이 가능하다. 또한 토론 중심의 수업으로 운영이 가능하여, 유전학과 관련된 다양한 잘못된 생각에 대한 비판적 사고도 촉진한다. 이와 같은 수업 방법은 2022 개정 교육과정에서 강조한 역량 중심 수업과 일치한다. 이 수업은 크게 유전의 복잡성 인식, 표현형의 다양성, 유전학 리터러시를 강조한다. 유전의 복잡성 인식은 멘델 유전학에서 강조하는 우열의 법칙의 한계를 이해하게 한다. 실제 우열의 법칙은 우리 삶에서는 거의 볼 수 없는, 모델 생물에서만 나타나는 현상임에도 그것이 전부로 인식하게 되면 유전자가 곧 본질이라는 잘못된 개념을 형성할 수 있다. 유전의 복잡성을 인식하게 되면 다양한 유전적 현상을 더욱 자연스럽게 이해할 수 있게 되어 유전학 개념의 확장에 더욱 유리하다. 두 번째 표현형적 다양성의 중요성이다. 유전학의 중요 개념 중 하나는 생물에서 다양성이 어떻게 생성되는지 이다. DNA에서 일어나는 무수한 변이와 유전과정에서 일어나는 다양한 현상을 통해 생물학적 다양성이 생성되고, 생물 다양성이 생물학의 핵심이다. 이와 같은 개념을 통해 학생들은 다양성의 가치를 이해하고, 서로를 존중할 수 있다. 마지막은 유전학 리터러시 교육이다. 한때 인간이 행한 인종청소와 같은 끔찍한 역사는 잘못된 유전학에 대한 이해에서 비롯되었다는 사실을 학생들이 이해하고, 어떻게 우리가 유전학을 이해하고 활용해야 하는지를 이해한다. 이런 학습을 통해 소위 모습으로 차별하는 우리 사회의 다양한 면을 비판하고 그것을 유전학으로 이해하도록 한다. 다음은 현재 유전학 교육과정을 변형한 비판적 유전학 교수학습 지도안의 예시이다.

3) 비판적 유전학습(서울대학교 생물교연구실)

교 과 명	과학		대 상	중학교 3학년
대 단 원	V. 생식과 유전		소 단 원	5. 사람의 유전
차 시	1		학습 방법	토의 수업
학습 목표	- 우성과 열성 형질이 뚜렷이 나뉘지 않는 경우도 있음을 예시를 들어 설명할 수 있다. - 우열의 원리가 잘못 적용된 역사에 대해 자신의 생각을 표현할 수 있다. - 표현형의 다양성을 다문화와 연결지어 설명할 수 있다.			
준 비 물	교 사	ppt, 진단, 형성 평가 문제 등		
	학 생	필기구		

단계	학습내용	교수-학습 활동		시간(분)	자료 활용 및 유의점
		교 사	학 생		
도입	멘델의 유전 법칙 복습	- 교사는 이제껏 배웠던 멘델의 유전 법칙을 복습하는 진단 평가 문제를 냄. - 학생들에게 답을 간단하게 물어보며 복습하는 시간을 가짐.	- 문제를 스스로 풀어봄. - 교사의 질문에 대답하며 복습함.	3	학생들이 스스로 인출할 수 있도록 질문의 단계를 설정
	토의	- 교과서에 나온 인간의 우성과 열성 형질을 대조하는 표를 제시하며 '정말 우성과 열성은 뚜렷이 구분될까?' 질문	- 적극적으로 자신의 생각을 표현함.	2	
전개	낫모양 적혈구 빈혈증	- 우열이 확실하지 않은 예시로서 겸상 적혈구 빈혈증 유전자를 예시로 듦.(영상) - 말라리아의 유무에 따라 어떻게 유전자 빈도가 달라지는지에 대한 데이터를 제시하고, 왜 이렇게 되었는지 모둠별 토의하게 함. - 모둠별 토의가 끝난 후, 전체 학급 단위에서 공유하는 시간을 가짐. - 우열의 원리를 강조하기 보다는 한 유전자에는 다양한 기능이 있으며,	- 처음에는 스스로 생각해보고, 그 내용을 바탕으로 유전자의 우열의 의미와 표현형적 다양성의 중요성에 대해 모둠별로 생각을 표현함. - 전체 학급별 토의를 할 때, 다른 모둠의 의견을 경청함.	12	처음에는 스스로 생각해볼 시간을 주고, 토의 시간을 제공함

단계	학습내용	교수-학습 활동		시간(분)	자료 활용 및 유의점
		교 사	학 생		
		환경에 따라 유리한 유전자가 다를 수 있음을 정리함.			
	표현형의 다양성	- 다양한 부리 모양을 가진 핀치새가 있으며, 그들이 서로 다른 먹이를 먹는다는 영상을 보여주고 느낀점을 토의하게 함. - 다양한 인간 인종을 보여주고, 왜 다양한 표현형의 인간이 생겨났을지, 과연 인종이란 개념이 과학적으로 올바른 것인지 토의하게 함.	- 학생들은 다양한 부리 모양을 한 핀치새가 있으므로 먹이가 겹치지 않아 생존에 유리했다고 설명. - 모둠별로 인종의 다양성에 대해 생각해보고, 과학적으로 올바르지 않은 이유에 대해 이야기함.	12	
	우생학	- 유전학이 표현형의 다양성을 인정하지 않았을 때를 제시함. - 세계 제 2차대전 당시 우생학과 현대의 미디어에서의 유전학이 어떻게 다루어지는지를 비교하여 데이터를 제시함.	- 과거 우생학과 현대의 미디어가 유전학을 다루는 방식이 어떻게 다른지, 표현형의 다양성의 중요성을 모둠별로 토의함.	12	
정리	성찰	- 오늘 배우고 느낀 점에 대해 자유롭게 말하는 시간을 줌.	- 모둠별로 배운점에 대해 자유롭게 말하는 시간을 가짐.	4	

참고문헌

소경희(2017). 교육과정의 이해. 파주: 교육과학사.

한정선, 김영수, 주영주, 강명희, 조일현, 이정민(2008). 21세기 교사를 위한 교육방법 및 교육공학. 파주: 교육과학사.

Banks, J. A. (2014). 다문화 교육 입문. 모경환 등 역. 파주: 아카데미프레스.

Clegg, J., Wen, N., Legare, C., Gauthier, I., and Cowan, N. (2017). Is non-conformity WEIRD? Cultural variation in adults' beliefs about children's competency and conformity. Journal of Experimental Psychology: General, 146(3), 428-441.

Dar-Nimrod, I., & Heine, S. J. (2011). Genetic essentialism: on the deceptive determinism of DNA. Psychological bulletin, 137(5), 800.

Donovan, B. M. (2022). Ending genetic essentialism through genetics education. Human Genetics and Genomics Advances, 3(1).

Keller, H., Borke, J., Staufenbiel, T., Yovsi, R.D., Abels, M., Papaligoura, Z., Jensen, H., Lohaus, A., Chaudhary, N, Lo, W., and Su, Y. (2009). Distal and proximal parenting as alternative parenting strategies during infants' early months of life: A cross-cultural study. International Journal of Behavioral Development, 33, 412-420.

Langman, J. (2014). Translanguaging, identity, and learning: Science teachers as engaged language planners. Language Policy, 13, 183-200.

Lynch, K. E., Morandini, J. S., Dar-Nimrod, I., & Griffiths, P. E. (2019). Causal reasoning about human behavior genetics: Synthesis and future directions. Behavior Genetics, 49, 221-234.

Meyer, M., Roberts, S. O., Jayaratne, T. E., & Gelman, S. A. (2020). Children's beliefs about causes of human characteristics: Genes, environment, or choice?. Journal of Experimental Psychology: General, 149(10), 1935.

National Academies of Sciences, Engineering, and Medicine. 2018. How People Learn II: Learners, Contexts, and Cultures. Washington, DC: The National Academies Press. https://doi.org/10.17226/24783.

Pierson, A. E., Clark, D. B., & Brady, C. E. (2021). Scientific modeling and translanguaging: A multilingual and multimodal approach to support science learning and engagement. Science Education, 105(4), 776-813.

PART Ⅱ

다양한 다문화 교수법

Chapter

03

미디어 비평을 활용한 다문화 교수 방법

은지용
서울대학교 사회교육과 교수

다문화 사회 교수방법론

오늘날 미디어는 에스닉(ethnic) 집단과 같은 다문화적 배경을 가진 집단에 대한 부정적 이미지를 재현하는 경향이 강하다. 이를 고려할 때, 미디어 속에서 이주민 등 소수집단이 부정적으로 재현되는 과정과 그 내용에 대해 청소년들이 비판적으로 성찰하는 교육적 경험은 학교 시민 교육의 측면에서 매우 중요하다. 본 장은 이와 같은 문제의식을 기반으로 미디어 비평을 활용한 다문화 교수 모델을 구안하고 적용 사례를 제시하고자 한다.

1. 미디어 비평과 다문화 교육

1) 미디어의 영향과 미디어 비평의 필요성

미디어는 대중들이 특정 이슈나 사건을 이해하는 데 필요한 각종 메시지를 전달하는 역할을 수행한다. 그런데 미디어가 전달하는 메시지 속에는 특정한 관점이 반영되어 있기에 미디어 수용자인 대중들은 미디어가 어떤 관점을 가지고 무엇을 어떻게 재현해 내는가에 따라 대상을 바라보는 인식과 태도가 달라질 수 있다. 즉, 대중들이 미디어가 생성한 메시지를 수동적으로 받아들일 경우에 오류가 있거나 부정확한 의미를 지닌 메시지의 영향을 받아 세상에 대한 자신의 관점이나 신념을 제대로 형성할 수 없게 되는 문제가 발생한다(Potter, 2019: 150-155; Harshman, 2018: 109). 특히 미디어는 종종 소수자 집단에 해를 끼치는 메시지를 대중들에게 전달하고, 대중들이 이러한 메시지를 정상적이고 의문의 여지가 없는 것으로 인식하게 함으로써 소수집단에 대한 지배와 복종의 시스템을 유지하는 역할을 수행하기도 한다(Joanou, 2017: 41). 이처럼, 미디어가 특정 소수집단에 대한 편견적 시각이 반영된 메시지를 수용자에게 전달할 경우 이들 집단은 정체성이 부정되고 차별과 혐오의 대상으로 인식될 우려가 있는 반면, 미디어가 다양한 소수집단의 정체성을 이해하고 존중하는 시각이 반영된 메시지를 수용자에게 전달할 경우 이들 집단의 정체성은 상생과 공존의 대상으로 인식될 수 있다. 이는 미디어가 송출하는 상징과 의미 규칙을 통해 생성되는 특정한 대상에 대한 부정적 메시지를 비판적으로 분석하는 과정, 즉 미디어 비평이 필요함을 시사한다.

[참고] 미디어가 소수집단 인식에 미치는 영향: 미디어 효과 이론을 중심으로

- 문화 배양 이론(cultivation theory): 미디어가 묘사하는 현실은 실재하는 현실과 다르지만, 미디어 수용자들이 장시간 동안 미디어에 노출될 경우 이를 실제 현실처럼 인식하는 경향이 있으며, 이는 태도나 행동에도 영향을 미친다고 본다(정재철, 2020; Bryant et al., 2013). 예를 들어, 특정 소수집단에 의한 범죄 사건이나 행동을 많이 보도하는 뉴스나 드라마에 많이 노출된 시청자들은 적게 노출된 시청자들에 비해 세상이 해당 집단에 의한 범죄에 더욱더 위험하게 노출되어 있다고 인식하는 경향이 있다는 것이다.

- 프레이밍 이론(framing theory): 개별 미디어가 각자의 관점에 따라 현실의 어떤 측면은 선택 및 강조하되, 다른 측면은 누락 및 무시하는 보도 성향을 지니고 있으며, 이러한 보도 성향의 영향을 받아 수용자들도 특정한 이슈를 다루는 각 미디어가 지닌 관점에 입각해서 해당 이슈가 지닌 의미를 파악한다고 본다(Entman, 1993, 2007; 오미영 · 정인숙, 2021; Bryant et al., 2013). 예를 들어, 장애에 대한 인간적 한계 프레임은 장애를 한계로 바라봄으로써 장애인을 사회에 의존적인 존재로 인식하도록 하는 반면, 인간적 다양성 프레임은 장애를 인간이 지닌 다양한 조건 중 하나로 간주하여 장애인을 비장애인과 동등한 주체로 인식하도록 한다는 것이다.

2) 미디어 비평의 개념 및 의의

미디어 비평은 다양한 방식으로 미디어가 송출하는 메시지에 내재된 상징과 의미 규칙을 비판적으로 분석하는 것으로, 특히 미디어와 대중, 정보, 권력 사이의 관계에 초점을 맞추어 미디어 메시지의 이면에 작용하는 권력과 통제의 구조 속에 은폐된 가정에 도전해서 문제점을 비판적으로 탐구하는 작업을 의미한다(Joanou, 2017: 41). 미디어 비평을 통해 대중들은 미디어 메시지에 내재된 정보의 구성 요소를 체계적으로 분석하고, 미디어 메시지에 내재된 상징과 의미 규칙을 해석하며, 증거 및 윤리적 가치를 기반으로 미디어 메시지의 타당성을 평가한다(Vande Berg, Wenner, and Gronbeck 2004, 222; Joanou 2017, 41). 또한 그 과정 속에서 미디어 메시지의 배후에 있는 권력과 통제의 구조 속에 은폐된 가정에 이의를 제기하고 미디어, 대중, 정보 및 권력 간의 관계에 초점을 맞춰 다양한 문제와 이슈를 비판적으로 탐구한다(Sperry 2012, 57; Kaun 2014, 497-500).

미디어 비평에서 '비평'의 개념을 고차 사고력의 측면에서 접근하면, 비평은 곧 비판적 사고력을 발휘하는 활동으로 볼 수 있다. 여기서 비판적 사고는 "정보를 분석하고 비판적으로 평가하는 능력"(Boostrom, 2005: 15) 혹은 "무엇을 해야 하거나 무엇을 믿어야 하는 것에 대한 이성적인 의사결정을 내리는 능력"(Slavin, 2012: 242)으로 정의된다. 따라서 비판적 사고력을 구성하는 주요 구성 요소들(Buskist & Irons, 2008: 50; Lawrence et al., 2008: 25-26; Moore & Parker, 2012: 3)을 참고하여 미디어 비평의 세부 구성 요소를 단계별로 구분하면 다음과 같다. 첫째, '정보 분석' 단계에서는 미디어 정보의 출처를 탐색하고, 관련 사건의 전반적인 전개 과정을 파악하며, 미디어 정보의 사실과 의견을 구분한다. 둘째, '의미 해석' 단계에서는 미디어가 제공하는 정보를 사실적 측면과 허구적 측면에서 내용 및 그 의미를 파악하고 그 속에 숨겨진 가정이나 의도를 추론한다. 셋째, '평가 및 재조직' 단계에서는 미디어 정보 속에 반영된 주장의 논리적 모순을 평가하고, 문제 해결에 도움이 되는 대안을 제시한다.

한편 미디어 비평의 의미를 시민 교육의 차원에서 접근하면, 미디어 비평은 청소년들이 미디어 텍스트 속에 담긴 인종, 성, 계급 등과 관련한 다양한 유형의 편견들을 탐구하여 비판적으로 인식하도록 하고, 이를 통해 자신을 둘러싼 세상에 대해 사고하고 느끼며 반응하는 방식을 변화시킴으로써 책임감 있는 시민으로 성장하도록 도움을 줄 수 있다는 점에서 의의가 크다 (Semali, 2000: 87). 즉, 미디어 비평 활동은 청소년들로 하여금 미디어가 송출하는 정보의 진위를 정확하게 분석하고, 미디어 정보가 지닌 논리적 모순과 그 속에 담긴 다양한 유형의 편견을 발견하며, 그러한 모순과 편견의 이면에 숨어 있는 의도를 추론하도록 독려함으로써 민주적 공동체의 발전에 역행하는 의식, 이념, 관행, 제도 등에 대해 의문을 제기하고, 그것을 개선하기 위한 실천적 노력을 경주하는 시민으로 성장시킨다는 점에서 의의가 있다.

3) 미디어 비평과 비판적 다문화 교육

현대사회에서 개별 시민은 지배적인 공공 담론에 상당한 영향을 받는다. 문제는 지배적인 담론이 미디어를 통해 유포되면서 대중들이 세상을 인식하는 방식에 막강한 영향력을 행사한다는 점이다. 이와 같은 측면을 고려했을 때, 특권 세력이 지지하는 특정 문화적 지식에 기반하고 있는 단일 문화에 입각한 담론에 의해 소수집단의 정체성이 부정적이고 왜곡된 방식으로 재현되고 소외되는 과정을 비판하는 관점(Locke, 2010: 88-89)의 필요성이 제기된다.

미디어가 소수집단의 정체성을 부정적이고 왜곡된 이미지로 재현한 국내외 사례를 살펴보면 다음과 같다. 첫째, 미디어를 통해 소수집단에 대한 부정적 여론이 형성되어 이들 집단의 이중 문화적 정체성 형성에 도움을 준 정책이 제한되었던 해외 사례를 들 수 있다. 즉, 1990년대 미국 캘리포니아 주에서 이민자 급증 현상이 언론을 통해 사회적 이슈로 보도되면서 국가 정체성을 위협한다는 여론이 형성되었으며, 그 결과 이중 언어 교육 지원법이 주민 투표를 통해 철폐되는 상황에까지 이르게 되었다(Torres & Mercado, 2010: 267-269). 둘째, 미디어를 통해 특정 종교 집단에 대한 왜곡된 이미지가 형성되어 해당 종교가 편견과 차별의 대상으로 형상화된 국내외 사례를 들 수 있다. 서구 사회의 경우, 특히 텔레비전에서 무슬림을 보도할 때 오리엔탈리즘, 이슬람 혐오(Islamophobia)와 같은 일차원적인 인식을 드러내며, 많은 무슬림들을 위험 집단으로 이미지화함으로써 다양한 차별의 희생자로 만들었다는 사실이 의도적으로 간과되었다(Karis, 2014: 50-51). 한국의 경우, 최근 인도네시아 출신의 미등록 이주 노동자를 IS 추종자로 확정하는 듯한 언론 보도가 발표되면서 '무슬림 이주민들은 잠재적인 테러리스트'라는 편견을 형성하는 데 영향을 미쳤던 사례가 있다(정혜실, 2018: 33). 셋째, 국내 이주민 중 큰 비중을 차지하는 중국동포에 의한 특정한 범죄 행위를 선정적으로 보도함으로써 이들을 예비 범죄자로 재현하거나 예멘 난민의 제주도 입국 당시 난민 심사의 문제점을 집중적으로 보도함으로써 이들을 한국 사회의 안정을 위협하는 부담스러운 존재로 재현한 국내 사례를 들 수 있다(신예원·마동훈, 2019: 47-52; 정혜실, 2018: 32). 넷째, 미디어를 통해 이주민들을 사회적 약자로 재현한 국내 사례를 들 수 있다. 즉, 한국의 주요 언론들은 사회의 주류인 선주민들의 도움이 있어야 이주민들이 사회에 잘 적응할 수 있다는 논리가 반영된 온정적 관점의 기사를 많이 수록함으로써 국내 거주 이주민들을 사회적 약자의 이미지로 묘사하였다(이미선·최진봉, 2016: 71).

[참고] 미디어의 소수집단 재현 방식

- 상징적 소멸(symbolic annihilation): 미디어가 현실을 재구성하는 과정에서 소수집단의 비중과 역할을 실제보다 축소해서 재현하거나 아예 재현하지 않거나 혹은 왜곡해서 재현하는 방식을 말한다(Tuchman et al., 1978; 홍지아, 2019). 예컨대, 영화나 뉴스에 등장하는 조선족 노동자를 예비 범죄자로 재현하거나 동남아시아 출신 결혼이주여성을 한국어 구사 능력이 부족하고 가정 폭력을 당하는 무력한 피해자로 재현하는 경우를 들 수 있다.

- 타자화(othering): 미디어가 소수집단의 주체성을 지워버리고 객체의 지위로 인식되도록 재현하는 것을 말한다(양정혜, 2007; Grossberg et al., 1998). 예컨대, 이주민을 독자적인 권한과 책임을 지는 주체가 아닌 보호와 도움을 받거나 주류 사회에 통합되어야 하는 대상으로 재현하는 경우, 혹은 그들을 한국 사회의 안정을 위협하는 존재로 재현하는 경우 등이 이에 해당한다.

- 반영 가설(reflection hypothesis): 미디어가 주류 사회의 지배적 가치가 반영된 대상을 이상적인 모델로 재현하는 것을 말한다(Tuchman et al., 1978). 예컨대, 헌신적 모성을 지닌 여성의 모습을 이상적인 모델로 설정하고 자식의 행복을 위해 자신의 행복을 양보하거나 포기하는 어머니상을 이상적인 모습으로 묘사한다는 경우가 이에 해당한다(홍지아, 2019).

이와 같은 사례에 대한 문제 의식을 보다 분명히 하기 위해서 비판적 미디어 및 문화 연구(critical media & cultural studies) 입장에서 소수집단에 대한 미디어 담론을 바라보는 비판적 관점에 주목할 필요가 있다. 비판적 미디어 및 문화 연구(critical media & cultural studies) 관점에 따르면, 성차별주의, 인종차별주의, 동성애 혐오 등과 같이 소수집단에 대한 편견과 차별을 조장하는 텍스트를 비판적으로 분석하는 과정이 필요하며, 이를 위해 대중들이 미디어의 재현 내용 및 방식을 비판적으로 해독(decode)하는 방법을 익힘으로써 능동적이고 현명한 미디어 소비자가 될 수 있도록 안내하는 것이 중요하다(Kellner, 2009: 20-21).

미디어 비평은 미디어가 텍스트를 중립적이고 투명하게 전달하는 것이 아니라는 점에 주목하여 미디어 텍스트에 내재한 특정한 관점이나 이데올로기, 상업적 이해관계 등을 비판적으로 검토하는 데 주안점을 둔다(Share, 2009: 127). 한편, 다문화 교육 관점(모경환·임정수, 2011; Banks, 2007; Nieto, 2013; Daniel, 2008)에서는 다양한 소수집단의 문화적 정체성에 대한 존중감을 기르고 이들의 정체성에 대한 편견과 차별적 관행을 비판적으로 성찰하는 능력을 함양하는 것을 목표로 한다. 결과적으로, 다문화 교육 관점에 입각한 미디어 비평은 민주주의 이념 및 사회 정의의 관점에서 인종차별주의, 종교차별주의, 성차별주의, 계급차별주의(classism), 동성애 혐오증, 그 밖의 억압적이고 편견적 관점이 반영된 사회의식 및 관행을 비판적으로 분석함으로써 이러한 다문화적 편견과 차별이 발생하는 이유와 맥락을 발견하도록 안내할 수 있다(Hammer, 2009: 171; Kellner & Share, 2019: 13)는 점에서 교육적 의의가 크다.

2. 미디어 비평을 활용한 다문화 교수 방안

1) 미디어 비평을 활용한 다문화 교수 모델

(1) 교육 목표: 비판적 다문화 시민성 함양

미디어 비평을 활용한 다문화 교육의 목표는 비판적 다문화 시민성을 신장시키는 것이다. 여기서 비판적 다문화 시민성은 인권 의식과 정의감에 기초하여 미디어 속 소수집단의 문화에 대한 편견적 이미지에 의문을 제기하고, 이러한 메시지들이 누구에 의해 어떤 의도로 형성되었는지를 근거와 맥락을 통해 비판적으로 분석할 수 있는 능력, 그리고 이러한 능력을 토대로 소수집단 차별 문제를 해소하기 위해 노력을 실천하는 태도를 포괄하는 시민적 자질을 뜻한다.

(2) 교육 내용 선정 준거

미디어 비평에 기반한 비판적 다문화 교육을 수행하기 위해서는 수업 시간에 다루어야 할 내용을 선정하는 준거가 마련될 필요가 있다. 여기서는 크게 미디어 비평의 소재 측면과 학교 교과 교육과정 측면으로 구분하여 그 준거를 다음과 같이 제시하고자 한다.

① 미디어 비평의 소재 측면: 미디어 속 소수집단 재현 관련 문제나 쟁점

미디어 비평을 활용한 다문화 교육에서는 일차적으로 무엇을 미디어 비평의 대상으로 삼을 것인가가 중요하다. 다문화 교육의 목표를 고려한다면, 미디어를 통해 재현되는 소수집단의 모습과 이것이 초래할 수 있는 불평등, 차별 관련 문제 및 쟁점을 그 대상으로 선정할 필요가 있다. 이에 따르면, 특정 소수집단에 대한 편견과 차별적 관점이 반영되어 대중들이 이들에 대해 왜곡되거나 과장된 이미지를 형성할 가능성이 높은 문제 상황이나 이들을 대상으로 수행되는 정책을 둘러싼 사회적 이슈를 수업의 소재로 선정할 수 있다.

② 학교 교과 교육과정 측면: 교과 교육과정의 범위 및 수준의 적합성

상술한 바와 같이 미디어 속 소수집단과 관련된 문제나 쟁점을 소재로 선정하되, 그것이 교과 교육과정에 적합해야 실제 수업에서 수행될 수 있다. 따라서 교과 교육과정에 적합하도록 소수집단 관련 문제나 쟁점의 범위 및 수준을 조정할 필요가 있다. 특히 교과 교육과정의 적합성을 고려할 때 소수집단 관련 문제나 쟁점의 소재와 관련성이 높은 단원의 성격, 관련 주제의 범위와 수준에 대한 검토가 필요하다. 예컨대, 문화적 편견과 차별, 대중매체와 대중문화, 문화 다양성과 문화 이해의 태도, 다문화사회, 사회적 소수자 등과 같은 단원 주제와의 연관성을 면밀하게 검토하여 소수집단 관련 문제나 쟁점 소재를 최종적으로 조정할 필요가 있다.

(3) 교수 · 학습 활동: 핵심 질문 및 비판적 탐구 활동

미디어 비평에 기반한 비판적 다문화 교육의 모델의 중핵은 교수 · 학습 활동 부분이다. 여기서는 크게 미디어 텍스트의 정보 분석, 미디어 텍스트의 의미 해석, 미디어 텍스트에 대한 비판적 평가 등 세 가지 차원에서 학생들의 비판적 탐구 활동을 촉진하는 데 도움이 되는 비판적 질문과 이에 대응되는 학생의 탐구 활동을 소개하고자 한다.

① 정보 분석 측면: 미디어 텍스트의 구성 요소 분석

미디어 텍스트의 정보 분석 차원에서 "미디어 텍스트를 구성하는 기초 정보는 무엇인가?"라는 핵심 질문이 제기된다. 이 질문은 학생들에게 미디어 텍스트에 담긴 기초적인 정보를 탐색해서 분석하는 활동을 수행하도록 요구한다. 학생들은 미디어가 송출하고자 하는 정보의 출처를 탐색하며, 사건이나 문제 상황에 관여된 인물, 집단의 행위, 그리고 관행 등을 포함한 전반적인 서사 구조를 파악한다. 또한 미디어 텍스트에 제시된 정보를 사실과 의견으로 구분한다(Kellner, 2009: 20-21; Potter, 2019: 16-22; Sperry, 2012: 57). 예컨대, 소수집단에 대한 편견 소지를 지닌 정보를 전달하는 미디어 텍스트가 인용하고 있는 정보원의 내용과 정확성을 탐색해 보고, 미디어 텍스트에 담긴 소수집단 관련 사건이나 쟁점의 배경과 전개 과정을 포함한 서사 구조를 파악하며, 미디어 텍스트에 진술된 내용을 사실과 의견으로 구분한다.

② 의미 해석 측면: 미디어 텍스트의 재현 내용 분석

미디어 텍스트의 의미 해석 측면에서는 "미디어 텍스트는 무엇을, 왜 재현하고 있는가?"라는 핵심 질문이 제기된다. 이 질문은 학생들에게 미디어 텍스트에 내포된 의미를 해석하는 활동을 요구한다(Butler, 2020: 25; Semali, 2000: 95). 학생들은 우선 미디어 텍스트를 통해 재현되는 이미지가 무엇인지 파악하고, 재현된 이미지와 관련된 사실적 측면과 허구적 측면을 분석한다. 이는 일부 사실적 측면을 왜곡하거나 과장했을 때 부정적인 이미지 생성이 이루어질 수 있기 때문에 필요한 과정이다. 또한 미디어 텍스트에 반영된 이데올로기적 관점을 해석함으로써 미디어 텍스트가 재현하고자 하는 의미가 무엇인지 찾아낸다. 이 과정에서 미디어 텍스트를 통해 전달하고자 하는 의도가 무엇인지 추론할 수 있다. 예컨대, 미디어 텍스트를 통해 소수집단이 어떤 이미지로 재현되고 있는지 파악하고, 부정적 이미지로 재현되고 있다면 일부 사실적 측면이 왜곡되거나 과장된 것은 아닌지 비판적으로 분석한다. 나아가 미디어 텍스트 속에 담긴 이데올로기적 관점은 무엇인지 해석하고, 이를 통해 이들에 대한 특정한 이미지를 형성시키려는 의도가 무엇인지 찾아낸다.

③ 평가 및 재구성 측면: 미디어 텍스트의 문제점 평가 및 개선 방안 구안

미디어 텍스트에 대한 평가 및 재구성 측면에서는 "미디어 텍스트가 지닌 문제점은 무엇이며, 이를 어떻게 개선할 수 있는가?"라는 핵심 질문이 제기된다. 이 질문은 학생들에게 미디어 텍스트에 반영된 이데올로기적 관점을 인권 및 정의의 관점에서 비판하면서 문제점을 도출하도록 요구한다(Kellner & Share, 2019: 13; Share, 2009: 141). 그리고 도출된 문제점에 대한 해결 방안을 구상하여 미디어 텍스트를 개선된 관점에서 재구성케 한다. 예컨대, 미디어 텍스트를 통해 소수집단을 편향되거나 왜곡된 시선으로 바라보는 메시지가 대중에게 전달될 때 어떤 문제점이 발생할 수 있는지 추론해 보고, 이러한 문제점을 해소할 수 있는 텍스트 재구성 방안을 스스로 구안해보도록 안내한다.

상술한 내용을 토대로, 미디어 비평을 활용한 다문화 교수 모델을 도식화하면 [그림 3-1]과 같다(Eun, 2023: 138).

교육 목표
■ 비판적 다문화 시민성: 소수집단을 향한 편견 및 차별 현상에 대한 비판적 사고 역량 함양

↑

교수 · 학습 활동		
차원	**핵심 질문**	**비판적 탐구 활동**
정보 분석	■ 미디어 텍스트를 구성하는 기초 정보는 무엇인가?	■ 소수집단 관련 미디어 텍스트에 담긴 기초 정보를 분석함 – 소수집단 관련 미디어 텍스트가 인용한 정보의 출처와 정확성을 탐색함 – 서사 구조(소수집단 관련 사건이나 쟁점과 전개 과정)를 파악함 – 소수집단 관련 미디어 텍스트에 제시된 내용을 사실과 의견으로 구분함
의미 해석	■ 미디어 텍스트는 무엇을, 왜 재현하고자 하는가?	■ 소수집단 관련 미디어 텍스트에 내포된 의미를 해석함 – 소수집단이 어떤 이미지로 재현되는지 파악함 – 소수집단의 재현 이미지와 관련된 사실적 측면과 허구적 측면을 분석함 – 소수집단이 부정적 이미지로 재현된 경우 사실적 측면에서 왜곡이나 과장이 있는지 분석함 – 소수집단의 재현 이미지에 반영된 관점과 의도가 무엇인지 추론함
평가 및 재구성	■ 미디어 텍스트가 지닌 문제점은 무엇이며, 어떻게 개선할 수 있는가?	■ 소수집단 관련 미디어 텍스트를 평가하고 재구성을 시도함 – 소수집단 관련 미디어 텍스트에 반영된 관점의 문제점(편향이나 왜곡)을 인권 및 정의의 관점에서 비판함 – 미디어 텍스트의 문제점을 개선하여 재구성함

↑

교육 내용 선정 준거
■ 미디어 비평의 소재 측면: 다문화적 배경을 가진 집단에 대한 미디어 재현 관련 문제나 쟁점 ■ 학교 교과 교육과정 측면: 교과 교육과정의 범위 및 수준의 적합성

[그림 3-1] **미디어 비평을 활용한 다문화 교수 모델**

2) 미디어 비평을 활용한 다문화 교수 모델 적용의 실제

(1) 미디어 비평을 활용한 다문화 수업 관련 교육과정 및 주제 사례

미디어 비평을 활용한 다문화 교수 모델 적용이 가능한 관련 교과 교육과정(학교급, 교과목, 단원명, 성취기준) 및 통합 수업 주제 사례를 제시하면 〈표 3-1〉과 같다.

〈표 3-1〉 **미디어 비평 활용 다문화 교수 모델 적용이 가능한 관련 교육과정 및 통합 수업 주제 사례**

<table>
<tr><th>학교급</th><th>교과목</th><th>단원명</th><th>성취기준</th><th>통합 수업 주제 사례</th></tr>
<tr><td rowspan="3">초등학교</td><td>사회</td><td>(3) 사회 변화와 다양한 문화</td><td>[4사03-02] 우리 사회에 다양한 문화가 확산되면서 나타나는 긍정적 효과와 문제를 분석하고, 나와 다른 사람이나 집단의 문화를 존중하는 태도를 기른다.</td><td rowspan="3">〈통합 주제〉
• "미디어 속 외국 문화 및 이주민에 대한 편견 찾기"</td></tr>
<tr><td>도덕</td><td>(3) 사회 · 공동체와의 관계</td><td>[4도03-02] 디지털 사회에서 발생하는 다양한 문제를 살펴보고, 해결 방안을 탐구하여 정보통신 윤리에 대한 민감성을 기른다.
[6도03-04] 다른 나라 사람들이 처한 여러 가지 상황을 종합적으로 이해하고 해결 방안을 탐구하며 인류애를 기른다.</td></tr>
<tr><td>국어</td><td>(6) 매체</td><td>[6국06-02] 뉴스 및 각종 정보 매체 자료의 신뢰성을 평가한다.</td></tr>
<tr><td rowspan="3">중학교</td><td>사회</td><td>(2) 다양한 문화의 이해</td><td>[9사(일사)02-02] 우리 주변에서 활용되는 미디어들을 탐색하고, 미디어를 통해 경험하는 다양한 문화와 정보를 비판적으로 검토한다.
[9사(일사)02-03] 여러 집단에서 나타나는 다양한 문화 사례들을 조사하고, 문화를 이해하는 바람직한 태도에 대하여 토의한다.</td><td rowspan="3">〈통합 주제〉
• "이주민을 소재로 다룬 미디어(영화, 드라마, 웹툰 등) 비평"</td></tr>
<tr><td>도덕</td><td>(3) 사회 · 공동체와의 관계</td><td>[9도03-02] 외집단에 대한 편견을 비판적으로 분석하고, 타문화 · 타종교 · 타인종을 존중해야 하는 이유에 근거하여 차이와 다양성에 대한 열린 마음을 기른다.</td></tr>
<tr><td>국어</td><td>(6) 매체</td><td>[9국06-05] 매체 자료의 재현 방식을 이해하고 광고나 홍보물을 분석한다.
[9국06-06] 사회 · 문화적 맥락을 고려하여 매체 자료의 공정성을 평가한다.</td></tr>
<tr><td rowspan="2">고등학교</td><td>통합사회 1</td><td>(4) 문화와 다양성</td><td>[10통사1-04-04] 다문화사회의 현황을 조사하고, 문화적 다양성을 존중하는 태도를 바탕으로 갈등 해결 방안을 모색한다.</td><td rowspan="2"></td></tr>
<tr><td>통합사회 2</td><td>(1) 인권보장과 헌법</td><td>[10통사2-01-03] 사회적 소수자 차별, 청소년의 노동권 등 국내 인권 문제와 인권지수를 통해 확인할 수 있는 세계 인권 문제의 양상을 조사하고, 이에 대한 해결 방안을 모색한다.</td></tr>
</table>

학교급	교과목	단원명	성취기준	통합 수업 주제 사례
	사회와 문화	(3) 일상 문화와 문화 변동	[12사문03-02] 미디어의 효과에 대한 이해를 바탕으로 미디어가 생산하는 메시지를 비판적으로 분석하고 대안적 메시지 생산에 능동적으로 참여한다. [12사문03-03] 하위문화와 주류 문화의 관계에 대한 이해를 바탕으로 다문화사회의 이주민 문화에 대한 서로 다른 관점을 비교하고, 이주민 문화가 갖는 의의에 기초하여 문화 다양성을 증진하기 위한 방안을 제시한다.	〈통합 주제〉 • "미디어 속 이주민 등 소수 집단의 재현 방식 및 내용 탐구" • "난민 문제 등 이주민 관련 쟁점에 대한 미디어 텍스트 비평" • "국가 및 민족 간 갈등 사례에 대한 뉴스(신문)별 보도 관점 비교"
	사회문제 탐구	(2) 일상생활과 사회문제	[12사탐02-02] 청소년의 미디어 이용 과정에서 나타나는 문제점을 조사하고, 원인과 해결 방안을 제시한다.	
	현대사회와 윤리	(5) 문화와 경제생활의 윤리	[12현윤05-03] 다문화 이론을 통해 문화의 다양성을 존중해야 할 필요성을 인식하고 종교 갈등, 이주민 차별 등과 같은 다문화 관련 문제의 해결 방안을 제시할 수 있다.	
	윤리문제 탐구	(2) 시민의 삶과 윤리적 탐구	[12윤탐02-03] 사회적 차별 표현 사례를 조사하고, 이를 바라보는 다양한 관점을 이해하여 윤리적 해결 방안을 제시할 수 있다. [12윤탐02-04] 배타적 민족주의의 확산과 난민 문제를 탐구하고, 이를 해결할 수 있는 방안을 제시할 수 있다.	
	공통국어 2	(6) 매체	[10공국2-06-01] 매체 비평 자료를 비판적으로 수용하고 자신의 관점을 담아 매체 비평 자료를 제작한다.	
	매체 의사소통	-	[12매의01-03] 영화, 게임, 웹툰 등의 매체 자료가 현실을 재현하는 방식을 분석하며 생산자의 의도나 관점을 파악한다. [12매의01-04] 디지털 매체 환경에서 매체 생산자의 관점을 파악하고 매체 자료의 신뢰성을 판단한다.	

〈표 3-1〉에 제시된 바와 같이 2022 개정 교육과정에는 미디어 비평을 활용한 다문화 교수 모델을 적용할 수 있는 내용 요소들이 다수 존재한다. 그중에서도 주요한 내용 요소를 학교급 및 교과별로 구분하여 제시하고, 이를 아우를 수 있는 통합 수업 주제를 예시하면 다음과 같다.

첫째, 초등학교 교육과정에서는 '문화적 편견 및 차별'(사회), '다른 나라 사람들이 처한 어려움에 대한 해결 방안 탐구'(도덕), '뉴스 및 정보 매체 자료의 신뢰성 평가'(국어) 등의 내용 요소를 다루고 있다. 이러한 내용 요소들을 반영한 통합 수업 주제 사례로는 "미디어 속 외국 문화 및 이주민에 대한 편견 찾기"를 구안해 볼 수 있다.

둘째, 중학교 교육과정에서는 '미디어를 통해 경험하는 다양한 문화에 대한 비판'과 '문화를 이해하는 바람직한 태도'(사회), '외집단에 대한 편견 분석 및 타문화 · 타종교 · 타인종에 대한 존중'(도덕), '매체 자료의 재현 방식 분석'과 '매체 자료의 공정성 평가'(국어) 등의 내용 요소를 다루고 있다. 이들 내용 요소를 엮을 수 있는 통합 수업 주제 사례로는 "이주민을 소재로 다룬 미디어(영화, 드라마, 웹툰 등) 텍스트 비평"을 제시할 수 있다.

셋째, 고등학교 교육과정에서는 '다문화적 현황 조사 및 문화적 다양성 존중 태도'(통합사회1), '사회적 소수자의 차별 문제'(통합사회2), '미디어 메시지에 대한 비판적 분석'과 '이주민 문화에 대한 서로 다른 관점 비교 및 문화 다양성 증진 방안'(사회와 문화), '청소년의 미디어 이용 과정에서 나타나는 문제점'(사회문제 탐구), '이주민 차별 문제'(현대사회와 윤리), '사회적 차별 표현 사례 조사 및 윤리적 해결 방안'과 '배타적 민족주의 확산과 난민 문제 탐구'(윤리문제 탐구), '매체 비평 자료 제작'(공통국어2), '매체 자료의 현실 재현 방식 분석'과 '매체 생산자의 관점 파악 및 매체 자료의 신뢰성 판단'(매체 의사소통) 등의 내용 요소를 다루고 있다. 이와 같은 내용 요소들을 한 데 아우를 수 있는 통합 수업 주제 사례로는 “미디어 속 이주민 등 소수집단의 재현 방식 및 내용 탐구”, “난민 문제 등 이주민 관련 쟁점에 대한 미디어 텍스트 비평”, “국가 및 민족 간 갈등 사례에 대한 뉴스(신문)별 보도 관점 비교” 등을 구안해 볼 수 있다.

(2) 미디어 비평을 활용한 다문화 교수 모델 적용의 실제

〈표 3-1〉에 제시된 학교급별 통합 수업 주제 사례를 참고하여 미디어 비평에 기반한 비판적 다문화 수업의 교수 · 학습 과정안을 예시하면 다음의 〈표 3-2〉와 같다(Eun, 2023: 141 일부 수정 반영). 해당 교수 · 학습 과정안은 고등학생을 대상으로 개발되었다.

〈표 3-2〉 **교수 · 학습 과정안 사례: 고등학교**

<table>
<tr><th>학습 주제</th><td>미디어 속 이주민 등 소수집단의 재현 방식 및 내용 탐구</td></tr>
<tr><th>학습 소재</th><td>이주민을 소재로 삼아 제작한 국내 영화 및 드라마 비평</td></tr>
<tr><th>학습 목표</th><td>이주민 소재의 영화 텍스트를 비판적으로 분석하고 평가할 수 있다.</td></tr>
<tr><th>학습 과정</th><td>교수 · 학습 활동</td></tr>
<tr><th>(1)
정보 분석</th><td>• 개인 또는 모둠별로 탐구하고 싶은 이주민 유형을 선정한다.
- 예: 중국 동포, 비백인 결혼 이주 여성, 탈북민 등
• 앞서 선정한 이주민 유형을 소재로 다룬 영화 혹은 드라마 텍스트를 탐색하여 선정한다.
- 예: '청년 경찰', '범죄 도시'(중국 동포), '마이 리틀 히어로', '완득이'(결혼 이주 여성), '무적자', '무산일기'(탈북민) 등
• 텍스트에 대한 정보 분석을 유도하는 핵심 질문을 제기한다.
- " 텍스트는 무엇으로 구성되어 있나요?"
• 영화 텍스트의 세부 정보를 분석한다.
※ 이하 예시는 영화 '청년 경찰' 혹은 '범죄 도시' 속 중국 동포를 탐구할 경우를 가정함.
• 영화 텍스트의 출처(예: 영화의 모티브가 되는 중국 동포 관련 범죄 사건)를 찾아본다.
• 영화의 서사 구조(예: 인물의 행위와 동기, 사건의 전개 과정 및 결과)를 파악한다.
• 영화의 소재와 관련된 사실(예: 실제 중국 동포의 범죄율, 중국 동포 밀집 지역인 대림동, 가리봉동의 조직 범죄 현황, 폭력 조직 실태)과 의견(예: 중국 동포 밀집 지역에 대한 시민들의 인식)을 구분한다.</td></tr>
<tr><th>(2)
의미 해석</th><td>• 영화 텍스트에 내포된 의미 해석을 유도하는 핵심 질문을 제기한다.
- "영화 텍스트는 무엇을 재현하고 있나요?"
• 영화 텍스트에 내포된 의미를 해석한다.
- 재현 이미지(예: 범죄자)를 파악한다.
- 재현 이미지와 관련된 사실적 측면(예: 실제 중국 동포의 범죄율, 중국 동포 밀집 지역인 대림동, 가리봉동의 조직범죄 현황, 폭력 조직 실태)와 허구적 측면(예: 중국 동포 밀집 지역의 범죄 지역화, 이와 관련된 시민들의 의식)을 분석한다.
- 영화 텍스트에 반영된 관점(예: 민족우월주의)과 의도(예: 중국 동포에 대한 위험성 공표, 중국 동포의 집단 거주에 대한 우려 표명)를 추론한다.</td></tr>
<tr><th>(3)
평가 및
재구성</th><td>• 영화 텍스트를 비판적으로 평가하도록 유도하는 핵심 질문을 제기한다.
- "영화 텍스트에 내재된 문제점은 무엇이고, 이러한 문제점을 어떻게 개선할 수 있나요?"
• 영화 텍스트를 비판적으로 평가한다.
- 영화 텍스트에 반영된 가치나 이데올로기의 문제점(예: 중국 동포에 대한 범죄적 이미지 고착화, 중국 동포에 대한 혐오와 차별 조장)을 보편적 인권 및 정의의 관점에서 비판한다.
- 영화 텍스트의 문제점을 개선하여 재구성하도록 한다.</td></tr>
</table>

〈표 3-2〉는 〈표 3-1〉에서 고등학교 학습 주제로 제시된 '미디어 속 이주민 등 소수집단의 재현 방식 및 내용 탐구'를 중심으로 교수·학습 과정을 작성한 것이다. 이 수업 구성안에서는 학습자가 탐구 대상으로 삼을 이주민 유형을 자율적으로 선정할 수 있는 기회를 부여하고 있지만, 수업의 전반적인 진행의 방식을 예시하기 위해 특히 '중국 동포에 대한 서사가 등장하는 영화 탐구'를 주요 소재로 삼아 핵심적인 교수·학습 활동을 제시하였다. 참고로 '중국 동포'의 경우 '우리 민족'과 '이주민'의 경계 사이에서 포섭과 배제를 동시에 경험하는 이중적인 존재로서 국내의 일상 환경에서 쉽게 접할 수 있는 대상이라는 점에서 탐구의 의의를 지닌다. 더불어 〈청년경찰〉, 〈범죄도시〉 등의 영화가 제작되기 이전 시기에 중국 동포에 의해 발생한 특정 범죄가 한국의 미디어를 통해 지나치게 선정적으로 부각되었고, 그 결과 중국 동포에 대한 범죄적 이미지가 낙인화되었음을 감안한다면, 중국 동포에 의한 '범죄'를 소재로 삼은 영화를 비판적으로 분석하는 것은 중요한 학습의 과정이 될 수 있다.

'미디어 속 이주민 등 소수집단의 재현 방식 및 내용 탐구'를 주제로 미디어 비평에 기반한 다문화 교수·학습 활동을 진행할 때 그 단계는 다음과 같다. 먼저, '정보 분석' 단계에서는 영화의 모티브가 되는 중국동포 관련 범죄 사건을 찾아본다. 또한 영화 속 등장 인물의 행위와 사건의 전개 과정 및 결과를 포함하는 서사 구조를 파악한다. 그리고 영화의 소재와 관련된 실제 중국동포의 범죄율, 중국동포 밀집 지역의 조직 범죄 현황 및 실태와 같은 사실과 이들의 밀집 지역에 대한 시민들의 인식과 같은 의견을 구분한다. '의미 해석' 단계에서는 영화 텍스트에 나타난 범죄자와 같은 이주민의 재현 이미지를 파악한다. 또한 재현 이미지와 관련된 실제 중국동포의 범죄율, 해당 지역의 조직범죄 현황과 같은 사실적 측면과 해당 지역의 범죄 지역화, 관련

시민들의 의식과 같은 허구적 측면을 분석한다. 그리고 영화 텍스트에 내포된 민족 우월주의와 같은 이데올로기적 관점을 분석하고, 중국 동포의 폭력성, 중국동포 집단 거주의 위험성 공지와 같은 정보의 의도가 무엇인지 추론한다. '평가 및 재구성' 단계에서는 영화 텍스트에 반영된 가치나 이데올로기의 문제점, 즉 중국 동포에 대한 범죄적 이미지 고착화, 중국 동포에 대한 혐오와 차별 조장이라는 문제점을 비판하고, 이에 대한 해결 방안을 구상하여 개선된 영화 스토리를 재구성하도록 한다.

참고문헌

교육부(2022). 국어과 교육과정. 교육부 고시 제2022-33호[별책 5].

교육부(2022). 도덕과 교육과정. 교육부 고시 제2022-33호[별책 6].

교육부(2022). 사회과 교육과정. 교육부 고시 제2022-33호[별책 7].

모경환·임정수(2011). 사회과 다문화 교육의 현황과 과제. 교육문화연구, 17(1), 261-290.

신예원·마동훈(2019). 국내 미디어에 재현된 '예멘 난민'의 양면: <조선일보>와 <한겨레신문> 보도에 대한 비판적 담론 분석. 미디어 경제와 문화, 17(2), 31-80.

양정혜(2007). 소수 민족 이주여성의 재현. 한국여성커뮤니케이션학회, 7(0), 47-77.

오미영·정인숙(2021). 커뮤니케이션 핵심이론. 서울: 커뮤니케이션북스.

이미선·최진봉(2016). 언론에 나타난 이주민 이미지의 변화. 지역과 커뮤니케이션, 21(1), 53-76.

정재철(2020). 매스미디어의 기능과 효과. 한국언론정보학회(편), 현대사회와 매스커뮤니케이션(pp. 124-144). 경기: 한울.

정혜실(2018). 이주민, 인종 차별과 혐오의 대상이 되다: 미디어 속의 이주민. 가톨릭 평론, 16, 31-43.

홍지아(2019). 미디어가 재현하는 여성과 남성. 김명혜 외(편). 핵심 이슈로 보는 미디어와 젠더. 서울: 이화여자대학교출판문화원.

Banks, J. S.(2007). *Educating citizens in a multicultural society.* New York: Teachers College Press.

Boostrom, R.(2005). *Thinking: The foundation of critical and creative learning in the classroom*. New York: Teachers College Press.

Bryant, J., Thompson, S. & Finklea, B. W.(2013). *Fundamentals of media effects.* 배현석 역(2016). 미디어 효과의 기초: 이론과 연구. 경기: 한울아카데미.

Buskist, W. & Irons, J.(2008). Simple strategies for teaching your students to think critically? In D. S. Duun, J. S. Halonen, & R. A. Smith(Eds.), *Teaching critical thinking in psychology: A handbook of best practices*(pp. 23-33). West Sussex: Blackwell Publishing Ltd.

Butler, A.(2020). *Educating media literacy: The need for critical media literacy in teacher education.* Brill, The Netherlands: Sense Publishers.

Daniel, C. L.(2008). From liberal pluralism to critical multiculturalism: The need for a paradigm shift in multicultural education for social work practice in the United States. *Journal of*

Progressive Human Services, 19(1), 19-38.

Entman, R. (1993). Framing: Toward clarification of a fractured paradigm. *Journal of Communication*, 43(4), 51–58.

Entman, R. (2007). Framing bias: Media in the distribution of power. *Journal of Communication*, 57(1), 163–173.

Eun, J. Y. (2023). A media criticism-based approach for designing critical multicultural instruction in social studies curricula. *Pedagogy, Culture & Society*, 31(1), 129-146.

Grossberg, L., Wartella, E., & Whitney, D.(Eds.). (1998). *Media making: mass media in a popular culture*. Thousand oaks, CA: Sage.

Hammer, R.(2009). "This won't be on the final": Refections on teaching critical media literacy. In R. Hammer & D. Kellner(Eds.), *Media/Cultural studies: Critical approaches*(pp. 164-193). New York: Peter Lang Publishing, Inc.

Harshman, J.(2018). Developing global citizenship through critical media literacy in the social studies. *The Journal of Social studies research*, 42, 107-117.

Joanou, J. P.(2017). Examining the world around us: Critical media literacy in teacher education. *Multicultural Perspectives*, 19(1), 40-46.

Karis, T.(2014). Television, Islam, and the invisible: narratives on terrorism and immigration. In D. A. Macey, K. M. Ryan, & N. J. Springer(Eds.), How television shapes our worldview: media representations of social trends and change(pp. 47-66). Maryland: Lexington Books.

Kaun, A.(2014). I really don't like them!-Exploring citizens' media criticism. *European Journal of Cultural Studies,* 17 (5), 489–506.

Kellner, D.(2009). Toward a critical media/cultural studies. In R. Hammer & D. Kellner(Eds.), *Media/Cultural studies: Critical approaches*(pp. 5-24). New York: Peter Lang Publishing, Inc.

Kellner, D. & Share, J.(2019). *The critical media literacy guide: Engaging media and transforming education.* Brill, The Netherlands: Sense Publishers.

Lawrence, N. K., Serdikoff, S., Zinn, T. E., & Baker, S. C.(2008). Have we demystified critical thinking? In D. S. Duun, J. S. Halonen, & R. A. Smith(Eds.), *Teaching critical thinking in psychology: A handbook of best practices*(pp. 23-33). West Sussex: Blackwell Publishing Ltd.

Locke, T.(2010). Critical multiculturalism and subject English. In S. May & C. E. Sleeter(Eds.), *Critical multiculturalism: Theory and praxis*(pp. 87-98). New York: Routledge.

Moore, B. N. & Parker, R.(2012). *Critical thinking.* New York: McGraw-Hill Companies, Inc.

Nieto, S.(2013). *Finding Joy in teaching students of diverse backgrounds: Culturally responsive and socially just practices in U.S. classrooms.* Portsmouth, NH: Heinemann.

Potter, W. J.(2019). *Media literacy*. California: Sage Publication, Inc.

Semali, L. M.(2000). *Literacy in multimedia America: integrating media education across the curriculum.* New York: Falmer Press.

Share, J.(2009). Young children and critical media literacy. In R. Hammer & D. Kellner(Eds.), *Media/Cultural studies: Critical approaches*(pp. 126-151). New York: Peter Lang Publishing, Inc.

Slavin R. E.(2012). *Educational Psychology: Theory and practice*. Boston: Pearson Education, Inc.

Sperry, C.(2012). Teaching critical thinking through media literacy. Science Scope, Summer, 56-60.

Torres, M. & Mercado, M.(2010). The need for critical media literacy in teacher education core curriculum. *Educational Studies*, 39(3), 260-282.

Tuchman, G. Daniels, A.K. & Benet, J.(1978). *Hearth and home: Images of women in the mass media*. New York: Oxford University Press.

Vande Berg, L. R., Wenner, L. A., & Gronbeck, B. E.(2004). Media literacy and television criticism: Enabling an informed and engaged citizenry. *American Behavioral Scientis*t, 48(2), 219-228.

Chapter

04

역할극과 협동학습을 활용한 다문화 수업

임정수
서울대학교 사회교육과 강사

역할극과 협동학습은 다양한 학생들과 협업하는 가운데 다양한 문화와 관점을 접할 수 있는 경험을 제공한다. 학습자들은 역할극과 협동학습을 통해 협동, 경쟁, 갈등과 같은 사회적 상호작용에 필요한 사회적 기능을 기를 수 있다.

1. 역할극

1) 역할극의 의미와 다문화교육적 의의

역할극은 "참여자들이 특정한 상황이나 시나리오 속의 '역할'을 맡음"(Greco, 2009:157)으로써 교육적 효과를 달성하려는 교수-학습 방법이다. 역할극을 통해 학습자는 실제 현실 세계보다는 안전하고 통제된 여건 속에서 특정한 상황에 처한 인물들의 동기, 감정, 선택, 행동을 경험해 볼 수 있는 기회를 갖는다.

역할극은 다음과 같은 핵심적인 특징을 갖는다(Van Ments, 1999). 첫째, 학생이 협동적인 상호작용을 경험할 수 있는 참여적인 교수-학습법이다. 둘째, 새로운 참여 방법이나 문제 해결책, 다양한 의사소통 방식의 시도를 권장하는 교수-학습법이다. 셋째, 학생들이 감정적, 사회적 제약으로부터 벗어날 수 있도록 생생한 학습 분위기를 조성한다. 넷째, 일상적인 행동이나 상황에 대해 재고해볼 수 있는 기회를 제공한다.

역할극은 복잡하고 추상적인 쟁점을 쉽게 이해할 수 있도록 하고, 신념, 태도, 가치, 도덕적 판단이 관여되어 있어서, 학생들이 감정적이기 쉬운 사안을 다룰 때 효과적이다, 학생들은 기존의 관점에서 벗어나 다양한 대안적 시각들을 접해봄으로써 문화적 다양성에 대해 보다 수용적이고 사려 깊은 태도를 기를 수 있다(Beal, Bolick, & Martorella, 2009:149-150).

2) 교수 · 학습 단계

역할극의 교수 · 학습 단계는 다양하게 구조화될 수 있다. ① 주제 정하기, ② 시나리오 상세화하기, ③ 역할 배정하기, ④ 실연하기, ⑤ 정리 및 논의(debriefing)의 5단계(Beal et al., 2009: 150-152)로 구조화할 수도 있고, ① 학급의 관심을 집중시키기, ② 참여자를 선정하기, ③ 사전준비 하기, ④ 관찰자를 준비시키기, ⑤ 실연하기, ⑥ 토의 · 토론과 평가하기, ⑦ 재실연하기, ⑧ 토의 · 토론과 평가하기, ⑨ 경험교환 및 일반화하기 등으로 보다 세분화할 수도 있다(윤기옥 외, 2001). 구체적인 수업 단계는 수업 주제나 활용 가능한 시간 등에 따라 다양할 수 있으나, 역할극의 실연을 기준으로 하여 실연을 앞두고 준비하는 단계, 실연이 이루어진 후 정리하고 보고하는 단계로 구분하여, 각 단계별 구체적인 활동을 정리하면 다음과 같다.

① 준비하기

- 극화할 상황을 선택하기
- 시나리오 구상하기

- 실연자 정하고 역할 배정하기
- 무대, 소품 등 준비하기
- 관객 준비시키기
- 재현 대상 상황과 관련 인물들에 대해 조사하기

역할극의 소재로는 보통 인물의 결단과 행동을 요구하는 문제 상황을 선정한다. 다문화 수업을 위한 역할극의 주제로는 다른 언어나 종교, 생활 양식을 배경으로 설정하여 다른 문화를 간접 경험해 볼 수 있는 상황, 다문화화로 인한 한국 사회의 변화를 압축적으로 보여주는 - 다문화학생의 전학, 친인척의 국제결혼 등 - 상황, 상이한 문화 집단의 접촉에서 일어날 수 있는 갈등 상황, 문화적 소수자의 입장에서 소외나 차별을 경험할 수 있는 상황 등을 활용할 수 있다. 다문화 현상과 관련된 시사 문제를 활용하여 관련 당사자들의 상황을 극화시켜본다거나, 이주민의 이주 경험을 다룬 대중문화 콘텐츠를 부분 활용하여 극의 소재로 활용할 수 있다.

시나리오를 구상하고 극을 준비하는 과정에서 상황에 관련된 인물들의 다양한 입장과 각 입장에 따른 감정과 내면적 갈등을 충분히 탐색해보도록 한다. 상황과 인물에 대해 충분히 이해한 다음 적절한 인물의 결정 및 행동을 극의 시나리오에 작성한다.

② 실연하기

진지한 분위기 속에서 극을 실연한다. 분위기가 산만해지거나 장난스러워지지 않도록 극을 실연하는 학생들은 인물 역할에 몰입하도록 한다.

③ 정리 및 논의(debriefing)

실연자들과 관객들이 모여 역할극을 실연하고 관람하는 가운데 느낀 감정과 생각하는 바를 서로 공유한다.

3) 유의점

역할극은 자칫 학습 활동이 아니라 수업 중의 오락거리로 간주되기 쉽다. 역할극의 수업 목표가 효과적으로 달성되기 위해서는 사전에 면밀하게 준비되어야 하며, 수업 진행이 진지하고 학습 목표 달성을 늘 염두에 두고 전개되어야 한다.

① 역할극을 처음 시행할 때는 덜 논쟁적이고 덜 민감한 사안을 다루는 것이 좋다.

② 극 실연뿐 아니라 준비단계에서도 학생의 참여가 적극적으로 이루어지도록 한다. 극 주제 선정, 시나리오 작성, 역할 배분 등등에서 학생들이 주도적인 역할을 수행할 수 있는 경험을 제공한다.

③ 극 중 학생들의 의사 결정과 감정 표현에 대해 수용한다. 교사의 개입을 최소화하고 상황과 인물에 대한 학생들의 이해가 충분히 반영되어 극이 구성되도록 한다.

④ 관객의 중요성을 주지시키고 해야 할 일을 구체적으로 안내한다. 가령, 극을 통해 새롭게 배운 점, 느낀 점, 궁금한 점 등을 기록하게 하거나 자신이 역할극 속 등장인물의 상황이라면 어떤 선택으로 하고 어떻게 행동할 것인지 등을 생각해 보도록 한다.

⑤ 실연 중에 진지한 분위기가 유지되도록 한다. 실연자가 긴장하여 실수하거나, 웃기는 장면이 나오거나, 관객이 장난스럽게 반응하는 상황에서는 자칫 극이 중단될 수 있다. 실연자와 관객 모두 극 속 상황에 진지하게 몰입하도록 안내한다.

⑥ 극중 상황 및 인물이 고정관념적으로 재현되거나, 관객들이 고정관념적으로 받아들이지 않도록 유의한다. 정리 및 논의 단계에서 극의 고정관념적 측면을 비평하도록 하거나, 극과 관련한 학습자 자신의 고정관념을 발견하고 검토하도록 하고, 대안적 대사나 행동을 구상해보도록 하는 등, 고정관념의 발견과 비판적 접근이 도모되도록 한다.

⑦ 정리 및 논의(debriefing) 단계를 효과적으로 계획하고 시행한다. 역할극의 교육적 효과를 극대화하기 위해서는 시연 후 정리 및 보고 단계를 잘 활용해야 한다. 충분한 시간을 두고 실연자의 소감 이야기하기, 관객의 소감과 질문받기, 관련 교과 내용과 사회적 현안 이야기하기 등의 시간을 갖는다. 주요 논의 내용은 다음과 같다.

- 실연자들의 논의 내용: 역할극에서 좋았던 점은 무엇인가? 만약 자신이 맡은 극 속 인물의 행동이나 선택에 변화를 주고 싶다면 어떤 점인가? 그 이유는 무엇인가?
- 관객들의 논의 내용: 좋았던 점은 무엇인가? 극 중 인물의 선택과 행동에 대해 어떻게 생각하는가? 만약 자신이 역할극 속의 인물이라고 한다면 어떻게 행동할 것인가?

정리 및 논의 단계에서 교사는 되도록 학생들에게 충분한 논의 시간을 제공하고, 학습자들 간에 질의응답과 피드백이 교환되도록 한다. 학생들의 논의 내용이 비판적이거나 평가에 치중하지 않도록 안내한다. 학생들 간의 논의가 충분히 이루어진 이후, 필요하다면 교사의 피드백을 제공한다. 이 경우에도 역할극에 대한 비판보다는 성공적인 측면에 중점을 둔다.

4) 적용사례

교수학습지도안

교 과 명	통합사회	대 상	고등학교 1학년
대 단 원	Ⅶ. 문화와 다양성	소 단 원	4. 다문화 사회와 문화적 다양성의 존중
차 시	3/3	학습 방법	문답법, 역할극
학습 목표[1]	- 이주민이 한국 사회에서 접하기 쉬운 문제 상황을 이해하고 이를 해결할 수 있는 방안을 제시할 수 있다. - 다양한 문화를 인정하고 관용하는 자세를 갖는다.		
준 비 물	교 사	관객용 체크리스트	
	학 생	역할극에 필요한 의상과 소품	

단계	학습내용	교수-학습 활동 및 내용	시간(분)	자료 활용 및 유의점
	주의 환기 및 전시 학습 상기	• 인사와 학습 분위기 조성 • 전시 학습 내용 상기 - 이주민 증가 양상과 주요 이유 - 이주민 증가로 인한 주요 변화		
도입	학습 활동 안내	• 지난 시간이 완성한 역할극 대본을 토대로 이번 시간에 지원한 학생들이 역할극을 시연함을 알림 • 관객 역할을 하는 학생들에게 체크리스트 배부	8	역할극의
	학습 목표 제시	• 학습 목표 - 이주민이 한국 사회에서 접하기 쉬운 문제 상황을 이해하고 이를 해결할 수 있는 방안을 제시할 수 있다. - 다양한 문화를 인정하고 관용하는 자세를 갖는다.		

1) 『2022 교육과정』 관련 성취기준: [10통사 1-04-04] 다문화 사회의 현황을 조사하고, 문화적 다양성을 존중하는 태도를 바탕으로 갈등 해결 방안을 모색한다.

단계	학습내용	교수-학습 활동 및 내용	시간 (분)	자료 활용 및 유의점
전개	실연 준비하기	• 무대와 관객석 배치 정리 • 무대 구성 및 소품 준비	5	
	역할극 실연	**〈역할극 주제 예시〉** • 다문화 가정 자녀가 가정 및 학교에서 겪는 어려움 • 이주민이 경험하기 쉬운 일상 생활에서의 차별 • 이주민 지원 정책에 대한 찬반 논쟁 • 다문화학생이 전학을 오거나, 외국인이 가족이 되었을 때 나타나는 다양한 반응 등을 활용한 역할극을 전 차시에 미리 구성하였다가 실연	10	역할극용 의상 및 소품, 관객용 체크리스트
	정리 및 논의	• 배우 역할을 맡은 학생들이 좋았던 점과, 개선하고 싶은 점, 자신이 맡은 인물의 내면과 행동에 대한 해설, 만약 재시연을 한다면 어떻게 바꾸고 싶은지 등을 발표 • 관객 역할을 맡은 학생들은 가장 공감하거나 거리감을 느끼는 극중 인물, 시나리오에서 수정하고 싶은 부분, 자신이라면 어떤 인물을 역할을 맡고 싶으며 만약 그 역할을 맡는다면 어떤 선택이나 행동을 할 것인지 등을 발표 • 역할극 중 상황과 유사한 개인적 경험이나 사회 현상 사례를 찾아보기 • 문제 상황을 해결하기 위한 개인적 노력과 사회적 대책 제안하기	20	교사는 학생들의 논의가 원활하게 진행될 수 있도록 질문을 제시하되, 평가나 판단은 자제한다
정리	내용 요약	• 역할놀이를 통해 배우고 느낀 점 요약해보기	7	
	차시 예고	• 차시 예고하기		

2. 협동학습

1) 협동학습의 의미와 다문화교육적 의의

협동학습은 "소규모로 구성된 학습 집단이 구성원 간의 협동적 상호작용을 통해 공동의 학습목표를 달성함으로써 집단원 모두에게 유익한 학습효과를 얻게 하는 수업 전략"(모경환 외, 2024: 229)이다.

협동학생은 전통적인 교수-학습에서는 성취 기회를 갖지 못했던 학생들의 학업 성취를 향상시킬 뿐 아니라 성별, 능력, 장애, 인종 등 다양한 차이를 넘어서 학생들이 상호 협력 관계 맺는 경험을 제공한다. 즉, 협동학습은 성공적인 사회구성원으로서 살아가는 데 필요한 중요한 자질들을 길러준다(Borich, 2013). 첫째, 다른 사람들과 지식과 정보를 교환하는 가운데, 나름의 견해와 관점을 형성하게 된다. 이는 장기적으로 한 개인의 행동을 좌우할 태도와 가치의 발달로 이어진다. 둘째, 협동학습은 긍정적인 상호작용을 통해 친사회적 행동을 학습할 수 있는 기회를 제공한다. 셋째, 자신과 다른 견해와 관점을 접하게 되면서 비판적으로 생각하고, 합리적으로 추론하는 능력을 익히며, 자기중심적 사고에서 벗어나 객관적 입장을 취하려는 태도를 익힌다. 넷째, 타인과의 상호작용을 경험하면서 자기 자신의 태도, 가치, 능력 등을 명료하게 인식하여 통합된 정체성을 획득하게 된다. 다섯째, 학습에 적극적으로 참여하도록 하여 비판적 사고력, 문제해결력, 의사결정력 등, 고차 사고 능력 향상에 도움을 준다.

학생들이 소집단을 형성하여 과제를 수행한다고 해서 협동학습이 이루어지는 것은 아니다. 협동학습(cooperative learning)은 다음 네 가지 특징을 가진다(Grant & Sleeter, 2012: 126-127).

첫째, 이질적인 구성원들로 모둠을 형성한다. 성, 인종, 민족적 배경, 언어, 학업 성취 수준 등의 측면에서 다양한 학생들이 모둠을 구성하도록 한다. 이를 통해 학생들이 자신과는 다른 학생들과 어울리고 과제를 수행해보는 경험을 제공한다. 협동학습 상황에서 학생들의 다양성은 과제를 수행하는데 유용한 자산이 된다. 각자가 가진 상이한 기능들이 상호 보완적으로 작용하여 과제를 수행하는 데 이롭게 작용한다.

둘째, 바람직한 협동학습을 위해서는 모둠 내의 구성원들이 각자 명료한 역할을 수행하도록 해야 한다. 모둠 활동에서 가장 흔한 학생들의 불만은 과업은 균등하게 배분되지 않고 특정 학생이 과중한 부담을 지게 된다는 점이다. 특정 학생에게만 편중되지 않고 모든 학생들에게 각자 과제를 부여하는 방식은 다양할 수 있다. 우선 구성원 각각에게 전체 과제 수행과 관련하여 해야 할 일을 사전에 세분화한 다음, 분담하여 맡기는 방법이다. 혹은 모든 학생들에게 동일한 과제를 부여하는 경우라면 최종 모둠별 결과 발표 단계나 모둠별 평가 단계에서 모둠 구성원 중 임의의 한 명이 모둠 전체를 대표하여 발표하거나 평가받도록 함으로써 활동 과정에서 구성원 모두가 주어진 바를 성실하게 수행하도록 할 수도 있다.

셋째, 구성원들이 상호 의존적인 관계를 형성해야 한다. 모둠 단위로 주어지는 과제를 수행하기 위해서는 서로 논의하고 아이디어를 교환하고 도울 수 밖에 없도록 과제를 설계해야 한다.

넷째, 협동의 방법이 학습 내용에 포함되어야 한다. 즉, 수업 중에서 명시적으로 교사가 학생들이 서로 협력하는 기술과 그룹 활동을 수행하는 기능을 가르쳐야 한다. 서로 순서를 지키고, 동료의 말을 정확하게 이해하고, 도움을 요청하는 등을 행동은 학습이 필요한 기술이다. 과제와 관련된 정보나 도움뿐 아니라 협업에 필요한 사회적 기능도 중요한 수업의 요소가 되어야 한다.

2) 교수 · 학습 단계

(1) 학생 집단 성취 모형(Student Teams-Achievement Division: STAD)

Slavin(1978)의 학생 집단 성취 모형은 쉽고 간단하게 수업에 적용할 수 있는 협동학습의 고전적 모델이다.

〈교수-학습 단계〉

- 이질적인 학생들 4~5명으로 모둠 구성
- 교사가 강의나 토의를 통해 새 단원 내용 소개
- 모둠원들이 서로 도와가면 교사가 나누어진 문제를 푸는 과정을 통해 단원 학습 내용 복습(모든 문제를 다 풀 수 있도록 시간을 충분히 제공)
- 개인별로 퀴즈 풀기
- 개인별 성적을 토대로 팀 성적 산출
- 모둠점수의 게시와 보상

STAD 모형은 '향상점수제'라는 보상구조가 특징이다. 향상점수제를 개인별 기본점수를 기준으로 하여 본 차시에 실시한 시험 결과에서 향상된 정도에 따라 점수를 부여하는 방식이다. 학습자의 절대적인 성취수준이나 다른 학습자와의 비교를 통해 평가를 받는 것이 아니라, 본 차시 학습에서의 향상 정도에 따라 모둠에 기여할 수 있다. 즉, 개별적인 노력을 통해 소속 모둠의 성공에 도움을 줄 수 있는 기회가 균등하게 주어지므로, 학습 동기 및 구성원 간의 협력 동기가 촉진될 수 있다.

(2) 팀경쟁학습(Teams-Games-Tournament: TGT)

성취과제 분담학습과 비슷하지만, 학습활동 이후에 개인별 퀴즈 풀이가 아니라 학습 내용과 관련된 게임을 한다는 점에서 차이가 있다.

(3) 직소모형(Jingsaw Ⅱ)

직소 모형은 미국의 민권 운동기 이후, 다양한 인종의 학생들이 같은 학교에 다니게 되는 가운데, 인종간 긴장을 해소하기 위한 협동학습 기법으로 개발되었다(Aronson et al., 1978).

〈교수-학습 단계〉

- 이질적인 학생들로 모둠을 구성(4~6명)
- 학습주제를 4~6개의 소주제로 구체화하고, 모둠 내에서 각각 맡을 소주제를 분담
- 같은 소주제를 맡은 학생들끼리 모여 '전문가 집단'을 구성한 후, 공유하는 주제를 같이 연구
- 소주제 학습이 끝난 후, 다시 본래의 모둠으로 복귀하여 각자 전문가 집단에서 연구한 내용을 공유
- 전체 주제에 대하여 형성평가를 실시한 후, 향상 점수에 따라 모둠별

보상을 제공

(4) 팀 보조 개별학습(Team-Assisted Individualization: TAI)

협동학습 구조 안에 개별학습의 특징을 결합한 것이 특징이다.

〈교수-학습 단계〉

- 진단 검사 혹은 이전 성취 점수를 반영하여 각 학생별로 개별화된 학습 자료를 마련하여 제공
- 각자 개별화된 학습 내용을 공부
- 성취 수준이 상이한 학생들로 모둠 구성
- 모둠내에서 서로의 학습 상황을 상호 검토하고 수정하도록 협업

(5) 집단탐구모형(Group Investigation: GI)

집단탐구모형(Sharan & Sharan, 1994)은 직소 모형에 비해 보다 복잡한 문제나 쟁점을 심층적으로 학습할 수 있다는 장점이 있다. 직소 모형에서는 소주제의 교사의 수업계획에 따라 정해지는 데 비해, GI에서는 학생들이 주도하여 주제를 구성하고 그 결과를 보고하는 방식을 정할 수 있다. 다만, 사전에 모둠 활동에 능숙한 학생들인 경우에 효과적으로 시행될 수 있다.

〈교수-학습 단계〉

- 주제 선정
- 주제에 대한 흥미를 기준으로 모둠을 형성
- 교사의 도움을 받으면서 주제를 탐구

- 교사의 도움을 받으면서 프레젠테이션 준비
- 학급 앞에서 프레젠테이션
- 사전에 정해져 있던 평가 기준에 따라 평가

3) 유의점

(1) 긍정적인 상호의존성이 작용하는 학습 주제 선정과 활동 구조 설계

개별 학습보다 협동 학습이 더 성공적이고 효과적인 학습 경험이 될 수 있도록 해야 한다. 즉, 학습자들이 개별적으로 학습할 때보다 협동할 때 더 성공적, 효율적으로 학습할 수 있도록 학습의 내용 및 활동의 구조가 계획되어야 한다.

(2) 명료한 역할 분담

모둠 역할 분담을 둘러싼 논란은 모둠 내 갈등의 주요 요인이자, 학습자들이 협동학습을 기피하는 주요 이유 중 하나이다. 모둠의 공동 과제를 수행할 때, 모둠원 각자가 맡아야 하는 책임이 명료해야 한다. 직소모형의 경우처럼 각 구성원이 완수해야 할 역할이 소주제 별로 명확하게 구획되어 있는 모형을 활용하는 것이 좋은 해법이 될 수 있다. 사전에 역할 분담이 명확하게 구조화되어 있지 않아서 학생들이 논의를 통해 역할을 분담을 구분하고 배분해야 하는 경우에는, 모둠원들이 역할 배분에 대해 논의하는 과정에서 협의와, 타협, 양보 등의 원칙이 잘 지켜지도록 적절하게 안내한다.

(3) 모둠의 구성

한정된 시간 안에 효과적인 협동이 이루어질 수 있는 모둠의 규모는 4~6명이다(Cohen, 1994). 모둠 당 인원인 너무 적으면 협동의 과정에서 경험할 수 있는 다양한 사람들과의 교류가 한정적일 수밖에 없으며, 너무 많으면 역할을 효과적으로 분담하기 어렵고, 무임승차자가 발생할 수 있으며, 자료를 공유하기 어렵고, 논의와 의사결정에 시간이 많이 걸릴 수 있다. 한편으로 전체 모둠의 개수도 고려해야 한다. 모둠의 수가 너무 많으면 교사가 모둠 활동을 모니터링하기 어렵고, 모둠별로 발표를 진행하거나 피드백을 제공하는 데 많은 시간이 소요된다.

모둠 구성은 수업 목표와 관련하여 예외적인 경우가 아니라면, 학업성취도, 학습 양식, 흥미, 학습 적극성 정도, 성별, 문화적 배경 등이 최대한 다양하게 구성되도록 하는 것이 좋다. 다문화 교육을 위한 협동학습은 실제 사회의 다양성을 반영하여 모둠이 구성되도록 해야 한다.

(4) 적극적으로 사회적 기술 가르치기

교과 내용뿐 아니라 사회적 기술 자체가 교수-학습의 주요 내용이 되어야 한다. 협동학습에서 학습자들이 학습할 수 있는 구체적인 협동 기술의 목록으로 아래의 예를 들 수 있다(Borich, 2013). 학생들에게 모둠 활동의 원칙으로 명확하게 제시하고, 필요한 경우 평가를 위한 체크리스트로 활용한다.

- 모둠활동을 돕기 위해 정보와 지식을 제공하기
- 전체 모둠 앞에서 자신의 감정을 솔직하게 기꺼이 말하기
- 도움이 필요한 동료에게 개인적인 조력과 후원을 제공하기
- 물리적인 지원들(책, 유인물, 각종 기록물)을 동료들과 공유하기

- 동료들이 말한 내용을 정확하게 자신의 말로 표현하기
- 동료들이 중요한 공헌을 했을 때 이를 인정하기
- 문화적, 인종적, 개인별 차이를 인정하고 받아들이기

4) 적용사례

교 과 명	사회		대 상	중학교 3학년
대 단 원	2. 다양한 문화의 이해		소 단 원	3) 다양한 문화를 대하는 바람직한 태도
차 시	3/4		학습 방법	직소모형
학습 목표[2]	-탐구를 통해 문화별로 다양한 일상 생활 양식의 차이를 발견할 수 있다. -다양한 생활 양식의 가치를 인정하고 존중하는 태도를 갖는다.			
준 비 물	교 사	전문가 활동지, 개인 활동지, 태블릿		
	학 생			

단계	학습내용	교수-학습 활동	시간(분)	자료 활용 및 유의점
도입	전시학습 확인	• 다문화 한국 사회의 이해 -이주민 증가의 원인과 양상 -다문화화로 인한 사회적 변화 -다양한 문화 집단과의 만남 증가	7	
	동기 유발	• 문답법을 통해 학생들 간의 생활 습관 차이를 서로 확인 -얼마나 늦어야 지각인가요? -방 청소는 누가 하나요? 얼마나 자주 하나요? 대략적인 순서는 어떤가요? -반려 동물이 있나요? 키운다면/키우지 않는다면 그 이유는 무엇인가요? -감기에 걸렸을 때는 어떻게 하나요?		
	학습 목표 제시	**〈학습 목표〉** 탐구를 통해 문화별로 다양한 일상 생활 양식의 차이를 발견할 수 있다. 다양한 생활 양식의 가치를 인정하고 존중하는 태도를 갖는다.		
전개	모집단 활동	• 학습 주제 확인 다양한 문화별로 일상 생활 양식의 차이를 알아보자. • 모집단 형성 • 활동지 배부와 소주제 분담	5	전문가 활동지, 개인 활동지

2) 『2022 교육과정』 관련 성취기준: [9사(일사)02-03] 여러 집단에서 나타나는 다양한 문화 사례들을 조사하고, 문화를 이해하는 바람직한 태도에 대하여 토의한다.

단계	학습내용	교수-학습 활동	시간(분)	자료 활용 및 유의점
		〈소주제 구성〉[3] ① 시간 개념의 문화적 차이 ② 청소 방식의 문화적 차이 ③ 반려 동물의 문화적 차이 ④ 감기 치료법의 문화적 차이		
	전문가 활동	**〈전문가 활동〉** • 같은 소주제를 맡은 학생들끼리 모여 전문가 활동 전개 • 각자 최소 1개의 문화권이나 국가를 골라 해당 문화 양식의 특성을 조사한 다음, 서로 공유하기 • 모집단에 돌아가서 어떤 내용을 어떻게 전달할지 논의	13	전문가 활동지
	모집단의 재소집	• 전문가 집단에서 정리한 내용을 모집단의 구성원에게 전달 • 다른 조원이 전달해주는 내용을 개인 활동지에 정리 • 서로 질문과 응답을 주고받으며 학습	15	개인 활동지
정리	정리 및 평가하기	• 인상 깊었던 내용과 더 궁금한 점 발표 • 느낀 점 나누기	5	
	차시 예고	• 차시 예고하기		

3) 문화인류학자 Hall(1976)은 문화를 빙산에 비유하였다. 문화 요소 중 행동, 관습, 상징물처럼 가시적인 부분은 마치 빙산의 꼭대기처럼 미미한 일부에 지나지 않는다. 믿음이나 신념, 사고 체계처럼 보다 중요하고 광범위한 요소는 수면 아래 자리한다고 보았다.
문화의 가시적이고 명료한 측면에는 언어, 공휴일, 음악, 미술, 의복, 식문화 등이 있다. 다른 문화를 접했을 때 쉽게 확인되는 내용들이다. 문화의 비가시적인 영역에는 암묵적인 규칙, 신념과 세계관 등이 속하며 이는 집단 내에 공유되고 당연하게 여겨진다. 가령, 시간 개념, 감정 표현 방식, 비언어적 의사소통 방식, 동물과의 관계, 음식의 개념, 자녀 양육 방식, 위생관념, 의사결정 방식, 일의 방식(개인적 · 경쟁적인가 아니면 집단적 · 협동적인가), 신앙, 권위에 대한 태도, 가족에 대한 태도 등은 문화의 심층에 속한다.
다문화교육에서 '다양한 문화'에 대한 교수-학습은 자칫 피상적 문화에 대한 이해에 그치기 쉽다. 그러나 학교, 지역사회, 일터와 같은 일상생활의 영역에서 다른 문화 구성원과의 접촉이 늘어나는 다문화 사회에서는 평범한 일상을 좌우하는 암묵적인 규칙이나 당연한 관습이나 가치와 같은 심층 문화에 대한 이해가 더욱 중요하다.

참고문헌

모경환·한춘희·허수미(2024). 사회과 교육론 및 지도법. 교육과학사.

Aronson, E., Blaney, N., Stephan, C., Sikes, J., & Snapp, M.(1978). *The Jigsaw Classroom.* Beverly Hills, CA:Sage.

Beal, C., Bolick, C. M., & Martorella, P. H. (2009). *Teaching Social Studies in Middle and Secondary Schools*(5th ed.). Germany: Allyn & Bacon/Pearson.

Borich, G. D. (2011). Effective Teaching Methods: Research-based Practice(7th ed.). United Kingdom: Pearson/Allyn & Bacon.

Cohen, E. (1994). Restructuring the classroom: Conditions for productive small groups. *Review of Educational Research*, 64(1), 1-35.

Grant, C. A., Sleeter, C. E. (2012). *Doing Multicultural Education for Achievement and Equity*(2nd ed.). United Kingdom: Taylor & Francis.Borich,

Greco, M. (2009). The use of role-playing in learning. In T. Connolly, M. Stansfield, & L. Boyle (Eds.), *Games-based learning advancements for multi-sensory human computer interfaces: Techniques and effective practices* (pp. 157-173). Hershey, PA: Information Science Reference.

Hall, E. T. (1976). *Beyond Culture*. Garden City, NY: Anchor Press.

Shaftel, F. R., & Shaftel, G. A. (1982). *Role playing in the curriculum*. Englewood Cliffs, NJ: Prentice-Hall.

Sharan, Y., & Sharan, S.(1994). Group investigation expands cooperative learning. *Educational Leadership, 20*, 17-21.

Slavin, R. E. (1978). Cooperative learning & cooperative school. *Educational Leadership,* 45(3), 7-13.

Van Ments, M. (1999). *The Effective Use of Role Play*. London: Kogan Page.

Chapter

05

다문화 수업에서 문화 · 예술의 활용

이경윤
서울교육대학교 사회과교육과 교수

다문화사회 교수방법론

1. 서론

우리 사회는 지난 몇십 년간 급격한 사회적 변화를 겪으며 다문화사회로서의 면모를 갖추게 되었다. 우리나라에서 다문화 인구는 2015년 887,804명, 2018년 1,008,520명, 2023년 1,191,768명으로 점차 증가하고 있는 추세이다(국가통계포털, 2024). 이처럼 이주민, 외국인 노동자, 결혼이민자 등 다양한 사람들이 한국 사회의 중요한 구성원으로 자리 잡았다. 이러한 변화는 단순히 인구 구성에만 그치지 않고, 교육, 문화, 경제 등 다양한 영역에서 새로운 도전 과제를 부여한다. 이 중에서도 특히 다문화가정을 위한 다문화 교육의 필요성이 꾸준히 증가하고 있다.

다문화 교육은 학생들이 다양한 문화적 배경을 이해하고 차이를 존중하며, 민주적이고 평등한 사회의 구성원으로 성장하도록 돕는 것을 목표로 한다(Banks, 2018). 그러나 다양하게 이루어지는 다문화 교육에도 불구하고 현재 많은 다문화학생들이 어려움을 겪는 것으로 나타난다. 선행 연구들에 따르면 다문화 가정의 학생들은 자아 정체성의 혼란과 함께 학교생활에서의 부적응, 또래 관계의 어려움, 학업 성취도 저하 등의 어려움을 겪고 있다(이순배·김순환, 2020; 유경애, 2015; 이현주·조영희, 2024 등).

이러한 문제를 해결하기 위해서는 우리나라에서 다문화 교육의 방향성을 재정립하고, 학생들에게 다양한 문화적 경험을 제공하는 동시에 상호 이해를 높이는 교육적 접근을 도입할 필요가 있다. 이러한 측면에서 문화 · 예술은 다문화 교육에서 언어적 장벽을 넘어 효과적인 교육적 도구로 활용될 수 있다. 왜냐하면 문화·예술은 언어를 초월하여 감정과 메시지를 전달할 수 있는 매체로, 학생들이 다양한 문화를 자연스럽게 체험하고, 서로 다른 배경을 가진 사람들을 이해하는 데 중요한 역할을 하기 때문이다.

특히, 문화·예술은 다문화 교육에서 특정 문화나 사회적 배경에 대해 단순히 정보 전달에 그치지 않고, 그 문화의 가치, 역사, 사회적 맥락을 깊이 이해하도록 돕는다. 학생들은 이러한 과정을 통해 자신이 속한 문화와 다른 문화의 차이를 비교하며, 문화적 다양성의 가치를 깨닫고 차이를 존중하는 태도를 기를 수 있다. 이처럼 문화·예술은 단순한 취미활동이나 즐거움을 주는 것을 넘어, 사회적 상호작용을 촉진하기 위한 중요한 매개체로 작용하며, 다문화 교육에서 필수적인 역할을 수행할 수 있다. Greene(1995)은 다문화 교육에서 문화와 예술이 학생들의 상상력과 공감 능력을 자극하여 다양한 배경을 가진 사람들과의 연대를 형성하는 데 도움을 준다고 강조하였다.

본 연구에서는 다문화 교육에서 문화·예술 활용의 필요성에 대한 인식을 바탕으로 문화·예술을 활용한 다문화 교육의 교육적 의의와 효과를 검토하고, 이를 실제 교육 현장에서 효과적으로 적용할 수 있는 구체적인 방안을 제시하고자 한다. 이를 통해 문화·예술이 다문화 교육에서 보다 효과적이고 실질적인 교육적 접근 방식으로 자리 잡을 수 있도록 기여하고자 한다.

2. 다문화교육에서 문화·예술 활용의 이론적 정당성

본 연구에서 문화 · 예술이란 다문화 수업에서 활용할 수 있는 문화와 예술 형태의 교수 · 학습 방법을 의미하며 음악, 무용, 미술, 문학 등 다양한 형태의 활동을 포함한다. 본 장에서는 다문화 수업에서 문화 · 예술을 적용해야 하는 이론적 정당성을 비고츠키(Vygotsky, 1978)의 사회문화이론과 올포트(Allport, 1954)의 접촉 이론을 근거로 제시하고자 한다.

1) 비고츠키(1978)의 사회문화이론

비고츠키(Vygotsky, 1978)의 사회문화이론은 다문화 수업에서 문화 · 예술을 활용해야 하는 이론적 근거를 제공한다. 이 이론에 따르면 사고와 언어, 문화적 요소들이 서로 영향을 주고받으며 학습이 이루어진다. 또한 학습은 사회적 맥락 안에서 이루어지며, 학생들은 자신이 속한 사회의 문화적 자원을 활용하여 학습 과정을 심화한다.

본 장에서는 비고츠키(1978)의 사회문화이론을 바탕으로, 다문화 수업에서 문화와 예술을 활용하는 것이 학생들이 다양한 문화적 배경을 이해하고 사회적 통합을 이루는 데 어떻게 기여하는지 설명하고자 한다. 첫째, 다문화 교육에서 비계로서 문화 · 예술의 가능성이다. 비고츠키(1978)는 학습이 혼자 이루어지는 것이 아니라, 타인과의 사회적 상호작용을 통해 이루어진다고 강조했다. 특히 그는 근접 발달 영역(ZPD, Zone of Proximal Development) 개념을 제시하였는데, 이는 학생이 혼자서 해결할 수 있는 문제를 타인의 도움으로 해결할 수 있는 잠재적 능력을 의미한다. 즉, 교사나 동료의 적절한 도움(비계)을 통해 학습자는 더 높은 수준의 이해와 기술을 습득할 수 있다.

다문화 교육에서 문화와 예술은 비계 역할을 수행할 수 있는 강력한 매개체로 작용한다. 문화 · 예술 활동은 학습자가 다른 문화적 배경을 가진 동료와 상호작용하며, 자신의 문화와 타인의 문화를 탐구할 수 있는 기회를 제공한다. 이를 통해 학습자는 자신의 근접발달영역 내에서 새로운 문화적 관점과 가치를 이해하고 내면화할 수 있다. 이러한 과정은 학습이 단지 개인의 노력만으로 이루어지는 것이 아니라, 교사나 또래와의 상호작용을 통해 이루어진다는 비고츠키(1978)의 주장을 뒷받침한다.

둘째, 사회적 상호작용 촉진 도구로써 문화 · 예술의 활용 가능성이다. 비고츠키(1978)는 공동체 학습 환경의 중요성을 강조하며, 학습이 개인적 과정이 아니라 사회적 상호작용을 통해 촉진된다고 주장하였다. 특히 예술적 표현은 학생들 간 언어적 장벽을 넘어설 수 있는 강력한 매개체가 된다. 예를 들어, 다양한 문화의 예술 작품을 감상하거나 함께 창작하는 활동을 통해 학생들은 서로 다른 문화적 배경을 가진 동료들과 상호작용할 기회를 갖는다. 이러한 경험은 학생들이 다문화적 정체성을 형성하고 상호 존중의 태도를 기르는 데 기여한다.

셋째, 언어적 · 비언어적 도구로써 문화 · 예술의 활용 가능성이다. 비고츠키(1978)는 언어와 사고의 관계에 대해, 언어가 사고를 형성하는 중요한 도구라고 보았다. 즉, 언어는 사고를 표현하는 매개체일 뿐만 아니라, 사고를 구조화하고 발전시키는 데 핵심적인 역할을 한다는 것이다. 또한 그는 사고가 사회적 상호작용을 통해 발전하며, 언어를 활용하여 다른 사람들의 사고를 이해할 수 있다고 주장하였다.

다문화 수업에서 문화 · 예술은 언어적, 비언어적 표현 도구로 효과적으로 활용될 수 있다. 예술 작품 감상이나 문화 · 예술 창작 활동은 학생들에게 언어적 제약을 넘어서 자신을 표현할 기회를 제공한다. 특히 예술은 감정, 생각, 이야기를 언어적 제약이 없이 전달할 수 있는 매개체이기 때문에, 언어 능력이 부족한 학생들이라도 문화적 차이를 넘어서 소통할 기회를 얻을 수 있다. 이를 통해 언어 능력이 부족한 학생들도 예술적 표현을 통해 자신의 감정과 생각을 나타내고 동시에 타인의 사고와 감정을 이해하는 경험을 할 수 있다.

결론적으로, 비고츠키(1978)의 사회문화이론은 다문화 교육에서 문화 · 예술을 활용하는 데 있어 이론적 정당성을 제공한다. 다문화 수업에서 문화 · 예술을 활용하는 것은 학생들이 다양한 문화적 배경을 이해하고 존중하는 데 중요한 역할을 한다. 문화 · 예술은 학습자의 근접발달영역을 확장하며, 상호작용을 통해 학습을 심화시키고, 문화적 도구로써 학습자가 다양한 문화를 이해하고 존중할 수 있도록 돕는다. 이를 통해 문화 · 예술은 다문화 교육에서 단순히 문화 간 차이를 인정하는 것을 넘어, 진정한 문화적 통합의 촉진을 도모하는 교육적 접근으로 기능할 수 있다.

2) 올포트(1954)의 접촉 이론

올포트(Allport, 1954)의 접촉 이론(Contact Hypothesis)은 집단 간 접촉이 적대감을 감소시키고 상호 이해를 증진하는 데 중요한 역할을 한다고 주장하는 이론이다. 그는 다양한 사회적 배경을 가진 사람들 간의 접촉이 고정관념을 극복하고 상호 이해와 존중을 증진시킬 수 있다고 보았다. 이 이론을 다문화 교육에 적용하면, 문화 · 예술을 활용하여 서로 다른 문화적 배경을 가진 사람들 간의 긍정적인 접촉을 촉진하는 것이 필수적임을 알 수 있다.

또한 올포트(1954)는 단순한 접촉만으로는 편견이 줄어들지 않으며, 편견 감소를 위해서는 특정 조건이 충족되어야 한다고 보았다. 이러한 조건은 다음과 같다. 첫째, 평등한 지위(Equal Status): 접촉하는 집단 간의 관계가 평등해야 한다. 둘째, 공통 목표(Common Goals): 서로 협력해야 달성할 수 있는 공동의 목표가 존재해야 한다. 셋째, 협력(Cooperation): 집단 간의 상호작용이 경쟁적이지 않고 협력적이어야 한다. 넷째, 사회적 · 제도적 지원(Support of Authorities, Law, or Custom): 권위자, 제도, 법 등이 이러한 접촉을 지지해야 한다.

올포트(1954)는 이러한 조건이 갖춰졌을 때, 접촉이 편견 감소와 상호 수용을 촉진한다고 주장했다. 접촉 이론은 다양한 연구를 통해 그 타당성이 입증되어 왔다. Pettigrew와 Tropp(2006)의 메타분석 연구에서는 713개의 연구 데이터를 분석한 결과, 집단 간 접촉이 편견 감소에 상당히 긍정적인 효과를 가져온다는 점을 확인했다. 특히 올포트가 제시한 조건이 충족될수록 접촉 효과가 더욱 강해진다는 점도 밝혀졌다. 또한 Brown와 Hewstone(2005)은 접촉이 단지 직접적인 편견 감소에만 그치지 않고, 간접적인 태도 변화와 사회적 관계 개선에도 기여한다고 설명했다. Wright 등(1997) 역시 문화 · 예술 활동이 사람들 간의 언어적 장벽을 극복하게 하며, 서로 다른 문화적 맥락에서 공감과 이해를 이끌어낼 수 있다고 주장했다. 이러한 연구들은 올포트(1954)의 이론이 집단 간 갈등을 완화하고 협력적 관계를 형성하는 데 강력한 도구로 작용할 수 있음을 보여준다.

다문화 교육에서 문화 · 예술의 활용은 올포트(1954)의 접촉 이론을 실천하는 데 효과적인 방법이 될 수 있다. 그 이유는 다음과 같다. 첫째, 문화 · 예술은 평등한 사회적 지위를 보장한다. 문화 · 예술 활동은 학생들이 출신 배경과 상관없이 동등한 환경에서 상호작용할 기회를 제공한다. 예를 들어, 공동으로 예술 작품을 창작하거나 다문화적인 음악을 연주하는 활동은 학생들이 상호 간에 평등한 관계를 형성할 수 있는 기반이 된다(Deardorff, 2009). 이러한 문화 · 예술 활동은 누구에게나 열려 있으며, 개인의 경제적 배경이나 사회적 지위와 무관하게 참여할 수 있다. 따라서 모든 학생이 평등한 조건에서 다문화 교육에 참여할 수 있으며, 이를 통해 접촉 이론에서 요구하는 평등한 사회적 지위를 실현할 수 있다.

둘째, 학습자 간 공동의 목표를 설정하여 협력을 유도할 수 있다. 올포트(1954)는 집단 간 협력이 중요하다고 강조했는데, 문화 · 예술은 공동의 목표를 설정하는 데 효과적인 수단이 될 수 있다. 예를 들어, 연극, 합창, 또는 미술 프로젝트와 같은 활동은 참가자들이 협력하여 목표를 달성하도록 유도한다. 이 과정에서 학생들은 각자의 문화적 배경을 바탕으로 아이디어를 공유하고, 협력적인 방식으로 문제를 해결하며 공동체 의식을 키워나갈 수 있다. 이러한 경험은 학생들이 서로를 더 잘 이해하고, 문화적 차이를 극복하는 데 중요한 역할을 한다.

셋째, 권위와 제도의 지지이다. 학교라는 제도적 환경은 올포트(1954)의 이론에서 강조하는 “사회적지지”를 제공하는 데 적합한 배경이 될 수 있다. 학교와 교육지원청은 다문화 교육의 중요한 교수 · 학습 방법으로 문화와 예술을 적극적으로 지원할 수 있는 위치에 있다. 교사와 학교 관계자들이 다문화 교육에서 문화와 예술의 중요성을 인식하고 이를 적극적으로 지지하는 환경을 조성하면, 학생들은 더욱 풍부한 학습 기회를 얻게 되고, 다문화사회에서 긍정적인 상호작용을 할 수 있는 기반이 마련된다.

이상의 논의를 종합하면, 올포트(1954)의 접촉 이론은 다문화 교육에서 문화 · 예술을 활용해야 하는 강력한 이론적 근거를 제공한다. 문화 · 예술은 학생들 간의 평등한 상호작용을 가능하게 하고, 공동의 목표 설정을 통한 협력과 감정적 공감을 이끌어내는 매개체로 작용한다. 또한, 학교라는 제도적 환경에서 이러한 활동을 권장함으로써 사회적, 제도적 지지도 제공할 수 있다. 따라서 문화와 예술을 통해 학생들이 서로의 문화를 이해하고 존중할 수 있는 기회를 제공하는 것은 다문화 교육에서 필수적인 접근이라고 할 수 있다.

3. 다문화 수업에서 문화·예술의 효과

지금까지 이루어진 다문화 수업에서 문화 · 예술 활용과 관련한 연구는 프로그램 개발과 효과성 검증에 관련된 것들이 대부분이었다. 다문화 수업에서 문화 · 예술을 활용하는 것은 학생들의 다문화 감수성 향상에 매우 효과적일 뿐만 아니라 학습 흥미도와 참여도를 높여준다. 선행 연구 분석을 통해 이러한 교육적 의의와 효과를 정리하면 다음과 같다.

첫째, 다문화 감수성의 증진이다. 다문화 감수성이란 문화 차이를 구별하고, 이해하는 능력을 의미한다(Hammer, Bennett & Wiseman, 2003). 여러 연구자들은 음악, 미술, 연극과 같은 문화 · 예술 활동이 다문화 감수성 증진에 효과가 있다고 밝혔다. 먼저 버나폴드 등(Burnaford et al., 2007)은 서로 다른 문화적 배경을 가진 학생들을 대상으로 미술과 음악을 통합한 프로젝트 학습을 실시한 결과, 학생들이 함께 예술 작품을 창작하는 과정에서 다른 문화에 대해 깊이 이해할 수 있게 되었다고 밝혔다 이러한 결과를 바탕으로 버나폴드 등(2007)은 문화 · 예술 활동을 통해 타문화에 대한 편견을 줄이고, 문화 다양성을 수용하는 태도를 형성할 수 있다고 강조하였다.

한편 채경희(2018)는 음악 창작 활동을 결합한 사회과 수업이 다문화적 감수성 함양에 효과적인지 살펴보고자 하였다. 이 연구에서 음악 창작 활동은 음악을 통해 사회적 소수자와 다른 인종의 관점을 취해보고 '타문화를 다양한 관점으로 바라보기' 캠페인 송을 제작하는 활동으로 구성하였다. 연구 결과, 음악 창작 활동을 활용한 사회과 수업은 강의식 수업에 비해 학습자의 다문화 감수성 함양에 더 효과적인 것으로 나타났다.

둘째, 다문화 수업에서 문화 · 예술의 활용은 학습 참여도와 흥미도를 높이는 데 효과적이다. 문화 · 예술 활동은 학습자들에게 흥미롭고 창의적인 방법으로 학습에 참여할 기회를 제공하며, 이는 높은 학업 성취도로 이어진다(Ruppert, 2006; Williamson & Zimmerman, 2009). 캐터롤(Catterall, 1997)은 약 25,000명의 중고등학생을 대상으로 다문화 수업에서 예술 활동을 실시하고, 예술 활동과 학업 성취도 간의 관계를 조사하였다. 그 결과, 예술 활동에의 참여도가 높은 학생들이 더 높은 학업 성취도를 얻은 것으로 나타났다.

이와 관련한 국내 연구는 김용희(2014)의 연구가 있다. 김용희(2014)는 영국 민속음악 프로그램을 구안하여 초등학교 5학년 학급에 적용한 후 결과를 분석하였다. 그 결과 첫째, 영국 민속음악 프로그램의 적용 결과 학생들은 영국 사회 및 문화, 그리고 제재곡에 대한 배경적 지식이 향상되었다. 둘째, 흥미 있는 제재곡과 학습활동을 사용하는 것이 학생들의 민속음악 프로그램 수업에 효과적이었다. 김용희(2014)의 연구는 다문화 수업에서 문화 · 예술 활용을 도입하는 것이 지식과 흥미, 참여도 향상에 기여한다는 것을 보여준다.

셋째, 문화적 정체성 및 자아존중감 형성에 도움을 준다. 다양한 문화 · 예술 활동에 참여하면서 학생들은 자기 문화에 대해 더 깊이 이해하고, 자아존중감도 높아진다. 그레이엄(Graham, 2009)은 다문화 수업에서 문화 저널리즘 프로젝트를 실시하였다. 문화 저널리즘이란 학생들을 지역사회로 보내 그곳에 사는 사람들의 경험과 이야기를 기록하는 접근 방식을 말한다. 이 연구에서 학생들은 이민자들의 삶의 경험에 대해 인터뷰한 후, 이민자들의 초상화를 사진으로 찍거나 그림으로 표현하였다. 또한 프로젝트 결과물은 갤러리에서 발표하였다. 그 결과 학생들은 이민자들이 직면한 어려움에 대해 새롭게 인식하게 되었으며, 자신과 자신의 문화에 대해 깊이 성찰하는 기회를 가질 수 있었다고 보고하였다.

안진숙과 김영순(2019)은 다문화가족지원센터에서 다문화 청소년을 대상으로 진행한 스토리텔링 그림책 창작 교육 프로그램을 실시하여 학생들의 변화를 관찰하였다. 연구 결과 학생들은 그림책을 완성하는 과정에서 성취감과 자존감이 높아졌으며, 다문화적 정체성과 자아존중감이 향상된 것으로 나타났다. 이러한 결과를 바탕으로 안진숙과 김영순(2019)은 기존 다문화 프로그램이 가진 한계를 뛰어넘는 방안으로 문화 · 예술을 활용한 프로그램 개발을 제안하였다.

넷째, 문화 · 예술 활동은 학생들 간 협력을 촉진하는 데 효과적이다. 문화 · 예술을 함께 창작하는 경험을 통해 학생들은 의사소통역량과 협업 능력을 함양할 수 있다. 버나폴드 등(2007)은 다문화 수업에서 미술과 음악을 통합한 프로젝트 기반 학습을 실시하였다. 이 연구에서 서로 다른 문화적 배경을 가진 학생들은 공통의 예술 작품을 창작하는 과정을 통해 팀워크를 발전시켰으며, 연구 결과 통합 예술 교육이 학생들 간의 상호작용이 활발해졌으며 협업 능력 역시 향상된 것으로 나타났다. 이러한 결과를 통해 버나폴드 등(2007)은 문화 · 예술 활동이 협력적 기술을 학습하고 실행할 수 있는 환경을 조성한다고 주장하였다.

한편, 정지은과 윤소민(2017)은 다문화 교육에서 문화 · 예술교을 도입하는 프로그램인 '국경 없는 문화 도시 천안 만들기'을 기획하고 실행하여 분석하였다. 이 프로그램에서는 다문화가정 학생들과 일반 가정 학생들이 함께 각 나라 문화를 체험하고, 다문화가정 친구들의 이야기를 공연으로 기획하고 표현하였다. 연구 참여자들을 심층 면담 결과, 연구자들은 이 프로그램에 참가한 학생들이 연극을 함께 준비하는 과정에서 공동체 의식 및 협동심이 함양되었음을 보고하였다.

지금까지 다문화 수업에서 문화·예술 활용의 교육적 의의와 효과를 확인하였다. 이처럼 다문화 수업에서 문화·예술은 단순한 학습 도구를 넘어, 학생들에게 문화적 차이를 이해하고 수용할 수 있는 능력을 키워줄 뿐만 아니라 학습 동기를 강화하는 강력한 매개체로 작용한다. 또한, 협력적 기술과 공동체 의식을 함양하는 데에도 기여한다. 다음 장에서는 실제 다문화 교육 현장에서 문화·예술을 어떻게 적용할 수 있는지를 살펴볼 것이다. 이를 통해 다문화 감수성을 바탕으로 한 창의적이고 포용적인 학습 환경을 조성할 수 있을 것이다.

4. 다문화 수업에서 문화·예술 활용의 실제

교육과정과 관련한 다문화 수업에서 문화 · 예술을 활용할 때 고려할 것은 수업 전개 방식과 내용이다. 먼저 본 연구에서 활용할 다문화 수업 모형은 조대훈과 박민정(2009)이 개발한 네 단계 수업 전략을 바탕으로 본 연구의 주요 교수 · 학습 방법인 문화 · 예술 활동을 접목하여 구성하였다. 메리필드(Merryfield, 2005)는 다문화교육과 세계시민교육의 관점을 결합하여 기존의 다문화교육과 차별화되는 네 가지 수업 단계를 제시하였다. 첫째, "제국주의 유산과 주류 지식 형성" 단계, 둘째, 주류 사회에서 주변화된(marginalized) 사회적 소수자의 삶과 목소리"에 대해 비판적으로 인식하기 단계, 셋째, "지속적이고 반성적인 간문화적인 경험학습(cross-cultural experiential learning)" 단계이다. 조대훈과 박민정(2009)은 메리필드(2005)의 다문화교육 3단계 교수전략을 바탕으로 한국에서 이루어지는 다문화 교육 상황에 맞추어 수정하였다. 네 단계는 첫 번째, 사회 · 문화적 신화 낯설게 보기, 두 번째, 타인(주변인)의 관점에서 세상 바라보기, 세 번째, 간문화적 글쓰기와 발표, 네 번째, 격려와 실천방안 모색이다.

본 연구에서는 조대훈과 박민정(2009)이 개발한 수업모형을 기반으로 문화 · 예술을 도입하기 위해 다문화 교육의 목표 및 문화 · 예술 활동의 특성을 반영하여 수정, 보완하였다. 그에 따른 수업모형 단계는 다음과 같다.

1단계: 주류 사회의 문화 · 예술 인식하기

↓

2단계: 타인(주변인)의 관점에서 세상 바라보기

↓

3단계: 문화 · 예술 활동 창작하기

↓

4단계: 실천 방안 모색하기

〈본 연구에서 활용한 수업 단계〉

한편, 뱅크스(Banks, 2018)에 따르면 초중등학교 및 대학 교육과정에 다문화 내용을 적용할 때 네 가지 접근법을 사용한다. 첫 번째는 기여적 접근법(contribution approach)으로, 이 접근법에서는 민족 및 문화 집단에 대한 내용이 주로 공휴일과 기념일을 다루는 데 그친다. 두 번째는 부가적 접근법(additive approach)으로, 교육과정의 기본적인 구조나 목적, 특징은 변화시키지 않고 문화와 관련된 내용을 교육과정에 추가하는 방식이다. 기여적 접근법과 부가적 접근법은 교육과정의 기본 구조에는 문제를 제기하지 않는다. 변혁적 접근법(trasformation approach)는 교육과정의 규준, 패러다임, 기본 가정을 변화시키고 학생들이 다른 관점에서 이슈나 개념을 조망해 볼 수 있도록 한다. 이 접근법에서 학생들은 다양한 민족과 문화의 관점에서 사건을 바라볼 수 있다. 마지막으로 사회적 행동 접근법(decision-making and social action approach)은 학생들이 의사 결정을 내리고 학습한 개념이나 문제와 관련된 개인적, 사회적, 시민적 행동을 할 수 있는 프로젝트를 수행하도록 한다.

뱅크스(2018)는 다문화 교육과정의 핵심 목표는 공감과 관심의 함양이며, 학생들이 사회적 행동에 효과적으로 참여하기 위해서는 지식뿐만 아니라 개인적, 사회적 행위에 헌신하는 마음을 가지고 사회적 행동에 효과적으로 참여해야 한다고 주장하였다. 이에 따라 본 차시에서 활용될 수업 내용은 변혁적 접근법과 사회적 행동 접근법을 적용하여 학생들이 주류의 관점이 아닌 다양한 관점에서 이슈를 바라보고, 실제로 시민 행동을 할 수 있는 내용으로 구성하고자 하였다.

이상의 논의에 따라 초등학교 성취기준을 분석하여 문화 · 예술 분야 중 문학 작품과 연극을 활용하여 교수학습지도안을 작성하였다. 본 차시에서 활용될 교과는 사회, 국어, 도덕이며, 2차시 수업을 통합하여 구성한 80분으로 설계되었다. 관련 성취기준은 다음과 같다.

〈본 차시와 관련된 성취기준〉

관련교과	성취기준
사회	[4사03-02] 우리 사회에 다양한 문화가 확산되면서 나타나는 긍정적 효과와 문제를 분석하고, 나와 다른 사람이나 집단의 문화를 존중하는 태도를 기른다.
국어	[4국05-02] 자신의 경험을 바탕으로 작품 속 세계와 현실 세계를 비교하여 작품을 감상한다
국어	[4국05-04] 감각적 표현에 유의하여 작품을 감상하고, 감각적 표현을 활용하여 자신의 생각이나 감정을 표현한다.
도덕	[4도02-03] 공감의 태도가 필요한 이유를 이해하고 도덕적 상상력을 바탕으로 대상과 상황에 따라 감정을 나누는 방법을 탐구하여 실천한다.

또한 본 차시에서 활용할 그림책은 바오 파이의 '또 다른 연못'이다. 이 그림책은 '칼데콧 아너상', '샬롯 졸로토상'을 비롯한 다수의 상을 받으며 문학적 가치를 인정받은 책이다. 새벽녘 베트남 이주민인 아빠와 아들이 연못에 가서 저녁에 가족들이 먹을 물고기를 잡는다는 이야기로, 책 전반에 걸쳐 짙은 파란색과 밝은 노란색을 사용해 고단한 현실과 따뜻한 희망을 동시에 표현하고 있다. 이 책을 읽으며 학생들은 이주민이 해외에서 느끼는 고향에 대

한 그리움과 가족 간의 사랑을 느낄 수 있다.

〈'또 다른 연못'의 표지〉

〈교수학습지도안〉

교 과 명	사회, 국어, 도덕 융합 2차시		대 상	초등학교 4학년
학습 목표	이주민의 삶에 대해 공감하고 그들의 삶을 연극으로 표현할 수 있다.			
준 비 물	교 사	그림책 〈또 다른 연못〉		
	학 생	색연필, 도화지, 그림책〈또 다른 연못〉, 연극에 필요한 의상 및 소품		

단계	학습내용	교수-학습 활동 교 사	교수-학습 활동 학 생	시간(분)	자료 활용 및 유의점
도입	동기 유발	• 이주민의 삶과 관련된 짧은 뉴스 동영상 보기 - 뉴스에서 이주민은 어떤 어려움을 겪고 있나요?	- 낯선 환경에서 높은 물가와 새로운 문화에 적응하기 힘들어하는 모습입니다.	4	뉴스 동영상
	학습목표 확인	• 학습문제 함께 읽기 - 학습 문제를 다 같이 읽어봅시다.	- 이주민의 삶에 대해 공감하고 그들의 삶에 대해 다양한 방식으로 표현할 수 있다.	1	
	그림책 읽기 및 이해	• 그림책 읽기 - 교사가 《또 다른 연못》을 낭독하거나, 학생들이 차례로 읽는다. - 이야기의 전개와 등장인물의 감정을 중심으로 읽는다	• 그림책 읽고 감상하기 - 교사와 돌아가며 그림책을 읽는다 - 그림과 글의 관계를 생각하며 감상한다 - 등장인물의 감정이 어떤지 생각해 본다	10	그림책 '또 다른 연못'
전개	주류 사회의 문화 · 예술 인식하기	• 주인공 가족이 미국에서 겪는 문화적 차이와 도전에 대해 질문하기 - 아빠는 연못에서 어떤 감정을 느꼈을까요? • 미국의 주류 문화(예: 미국의 가족 구조, 여가 활동, 음식 문화)와 이민자의 문화 간 차이를 알아보기 - 미국의 문화와 '또 다른 연못' 가족의 모국인 베트남의 문화에 대해 다른 점을 발표해 봅시다. • 미국 주류문화의 예술적 표현(예: 유명한 그림, 영화, 음악 등)을 소개하며, 그것이 주류 사회의 가치와 정체성을 어떻게 반영하는지 설명하기	- 새벽에 일어나서 힘들지만 아들과 함께 있어서 행복했을 것 같습니다. - 지금은 힘들어도 열심히 일해서 곧 가족들과 행복하게 살 수 있을 거란 희망을 가질 것 같습니다. - 미국의 문화와 베트남 문화의 차이에 대해 발표한다.	10	

단계	학습내용	교수-학습 활동		시간(분)	자료 활용 및 유의점
		교 사	학 생		
	타인(주변인)의 관점에서 세상 바라보기	• '또 다른 연못'을 다시 감상한 후 주인공 아빠와 아들이 겪은 감정을 떠올리기 - 그림책을 다시 읽으며 주인공의 감정을 이해해 봅시다. - 아빠와 아들은 같은 상황에서 다른 감정을 느꼈을까요? 왜 그렇게 느꼈을까요? • '〈그림책〉 또 다른 연못'을 바탕으로 이주민의 삶 연극으로 표현하기 - 연극 대본 작성 및 공연 - 그림책에서 읽었던 이야기나 학생들이 만든 이야기를 바탕으로 연극 대본을 작성. - 역할: 학생들이 직접 이주민, 다문화 가정의 구성원이 되어 감정을 표현하며 연습.	- 아들은 새벽에 일어나는 것이 힘들다고만 생각한 반면, 아버지는 책임감을 느꼈을 것 같습니다. • 연극 대본 준비 및 역할극 하기 - 모둠별로 연극 대본을 준비한다 - 대사를 연습하고 무대를 꾸민다 - 모둠별로 연극 발표를 한다	25	※ 이야기 속 주인공의 관점에서 세상을 바라볼 수 있게 안내한다.
	문화 · 예술 활동 창작하기	• 문화 · 예술 장르를 선택해서 창작하기 - 콜라주 포스터 제작 : 세계 여러 나라의 문화를 나타내는 이미지를 오려 붙여 포스터를 만들고, 그 안에 이주민의 메시지를 담는다. - 스토리텔링 프로젝트: "이주민 친구를 위한 하루"라는 주제로 학생들이 각자 이야기를 만들어 발표. - 그림을 그려 이야기를 시각적으로 표현하거나 짧은 동영상을 제작.	• 이야기의 주요 장면이나 주제를 바탕으로 그림, 시, 또는 짧은 연극을 창작 - 아빠와 아들이 새로운 환경에서 느낀 감정을 표현하는 그림 그리기 - 소그룹으로 나뉘어 이민 가정의 경험을 묘사하는 스토리보드를 작성. 학생들은 스토리보드에서 주인공이 어려움을 극복하는 과정을 시각적으로 표현 - 창작한 작품을 학급 내에서 발표하고, 각 작품이 주제(이민자 경험, 문화적 이해)를 어떻게 표현했는지에 대해 서로 피드백을 나눔 - 발표 후, 학생들은 다른 학생의 작업을 통해 배운 점을 기록하고 반성적 사고를 도모	25	※다양한 장르 중 자유롭게 선택하여 표현할 수 있도록 안내한다
정리	실천방안 모색하기	• 이주민의 안정된 삶을 위해 우리가 할 수 있는 일 찾기	• 다음 중에서 선택해서 활동하기 1. 다문화 공감 캠페인	10	

<table>
<tr><th rowspan="2">단계</th><th rowspan="2">학습내용</th><th colspan="2">교수-학습 활동</th><th rowspan="2">시간
(분)</th><th rowspan="2">자료
활용 및
유의점</th></tr>
<tr><th>교 사</th><th>학 생</th></tr>
<tr><td></td><td></td><td>- 모둠별로 토의하여 이주민의 정착을 위해 우리가 할 수 있는 방안 마련하기
- 실천방안을 정해서 실천해 보기</td><td>- 학교나 지역사회에서 "다문화를 존중해요!"라는 주제로 캠페인을 기획.
- 포스터, 슬로건 제작 및 발표.
2. '우정의 선물' 만들기
- 이주민 친구를 위한 소소한 선물이나 편지 작성.
- 예: 손글씨로 '환영해요'가 쓰인 카드 만들기.
3. 다문화 이해 서약
- 학생들이 다문화 존중을 위한 서약서를 작성하고 함께 낭독</td><td></td><td></td></tr>
<tr><td></td><td>학습 내용 정리</td><td>• 오늘 배운 내용이나 느낀 점을 말해 봅시다.</td><td>- 그림책을 통해 이주민의 삶에 공감해 보았습니다.
- 이주민의 어려운 점에 대해 느낄 수 있었습니다.</td><td></td><td></td></tr>
</table>

교수 · 학습과정안에 나타난 활동 이외에도 다음과 같은 문화 · 예술 활동을 적용할 수 있다.

〈본 차시에서 활용할 수 있는 추가 문화 · 예술 활동〉

장르	활동
미술	• **활동 목표:** 이주민의 감정을 시각적으로 표현해보고 공감한다. • **활동 내용:** 1. 감정 색깔 찾기 - 주인공이 연못에서 느낀 감정(외로움, 두려움, 호기심 등)을 색깔로 표현. - 외로움은 파란색, 희망은 노란색 등. 2. 감정 풍경 그리기 - 학생들에게 "주인공의 감정이 연못 풍경에 어떤 영향을 미칠까?"를 상상하게 한다. - 주인공이 행복했을 때와 슬펐을 때의 연못 모습을 그림으로 표현
음악	• **활동 목표:** 음악을 통해 이주민의 감정을 느끼고 표현한다. • **활동 내용:** 1. 주제 음악 찾기 - 주인공의 다양한 감정을 표현하는 음악(슬픔, 희망 등)을 감상. - 학생들이 연못의 평화로운 순간, 두려움이 가득한 순간 등을 음악으로 떠올리게 함. 2. 소리로 연못 표현하기 - 악기(심벌즈, 트라이앵글 등)나 목소리로 주인공의 여정을 음향으로 표현. - 예: 물결 소리, 새소리 등으로 배경음을 만든 후 발표.
문학	• **활동 목표:** 다양한 문화권에서의 이주민 경험을 비교해보고 공감의 폭을 넓힌다. • **활동 내용:** 1. 다른 그림책 연결 - 《내 이름은 욤비》, 《멜리사, 하늘을 날다》와 같은 다문화 그림책을 함께 읽기. - 각 책의 주인공들이 겪는 이주민의 어려움과 성장 과정을 비교. 2. 문화 교환 활동 - 학생들이 서로 다른 나라의 문화적 특징(인사법, 음식, 전통)을 조사하고 간단히 체험. - 주제: "다른 나라였다면 주인공이 어떻게 적응했을까?"
글쓰기	• **활동 목표:** 이주민의 삶을 주제로 한 이야기를 창작하며 공감을 확장. • **활동 내용:** 1. 주인공에게 편지 쓰기 - "주인공이 외로움을 극복하도록 도와주는 메시지"를 작성. 2. 새로운 결말 쓰기 - 학생들이 주인공이 훗날 어떻게 살았을지 상상하여 쓰기.
지역사회 연계	• **활동 목표:** 학생들이 이주민과 직접 교류하며 공감을 실천한다. • **활동 내용:** 1. 이주민 초청 행사 - 지역의 이주민 가족을 초대해 문화 교류를 위한 작은 워크숍을 개최. - '또 다른 연못'을 연극으로 보여주고, 함께 그림책에 대해 이야기 나누기. 2. 다문화 간식 만들기 - 학생들이 각 나라의 간단한 간식을 함께 만들고 나누며 문화적 다양성을 느끼게 함

5. 다문화 수업에서 문화·예술 활용의 유의점

다문화 수업에서 문화 · 예술을 활용하는 데는 다양한 교육적 효과가 있지만, 유의점을 명확히 인식하고 이를 보완하는 것은 다문화 수업의 효과를 극대화하기 위해 매우 중요하다. 아래에서는 다문화 수업에서 문화 · 예술을 활용할 때 직면할 수 있는 유의점을 구체적으로 살펴본다.

먼저, 문화적 다양성을 폭넓게 반영하는 접근법이 중요하다. 특정 문화에만 초점을 맞추는 대신, 다양한 문화적 관점을 균형 있게 다루어야 한다. 이를 위해 수업 설계 단계에서 학생들의 문화적 배경을 충분히 고려하고, 각 문화의 독특성과 공통점을 함께 탐구할 수 있도록 유도해야 한다. 이러한 방식은 학생들이 문화 간의 차이를 존중하는 동시에 보편적인 공동체 가치를 이해하도록 돕는다.

둘째, 서로 다른 문화에 대한 존중을 바탕으로 세심한 수업 설계가 필요하다. 다문화 수업에서는 다양한 문화적 배경을 가진 학생들이 함께 참여하기 때문에 특정 문화의 예술 요소를 다룰 때 민감한 이슈가 제기될 가능성이 높다. 따라서 교사는 특정 문화에 대한 고정관념을 피하기 위해 활동의 맥락과 배경을 충분히 설명하고, 다양한 문화적 시각을 학생들에게 소개해야 한다. 또한, 일부 학생들이 불편함을 느낄 수 있는 주제를 다룰 경우, 사전 논의를 통해 대안을 제시하거나 대체 활동을 마련하는 유연성을 가져야 한다. 이를 통해 학생들이 편안하고 포용적인 학습 환경에서 참여할 수 있다.

셋째, 적절한 자원을 활용하고 다양한 기관과 협력할 수 있다. 문화 · 예술 활동을 효과적으로 운영하려면 다양한 자료와 도구가 필요하지만, 모든 학교나 교사가 이를 충분히 준비하기 어려운 경우가 많다. 예를 들어, 전통 악기, 의상, 공예 재료와 같은 체험 도구를 준비하는 데는 상당한 재정적 부담이 따를 수 있다. 이러한 문제를 해결하기 위해 외부 전문가와의 협업이나 온라인 자원의 적극적인 활용이 요구된다. 교사는 학교와 지역사회, 외부 전문가와 협력하여 필요한 자료와 전문성을 확보할 수 있다. 예를 들어, 지역 문화·예술 단체나 전문가를 초청하여 수업을 함께 진행하거나, 디지털 자료와 기술을 활용해 수업의 효과를 높일 수 있다.

넷째, 평가와 피드백을 통한 개선이 중요하다. 문화·예술 활동은 학생들의 학습 성과를 정량적으로 측정하기 어려운 경우가 많으므로, 학습 과정과 결과를 포괄적으로 평가해야 한다. 또한, 학생들의 피드백을 수집하고 이를 바탕으로 수업의 질을 지속적으로 개선할 수 있는 체계를 구축하는 것이 필요하다. 이러한 노력은 문화·예술 활동의 교육적 효과를 더욱 강화할 수 있다.

결론적으로, 다문화 수업에서 문화·예술을 활용하는 것은 학생들이 문화적 다양성을 이해하는데 기여할 수 있는 효과적인 방법이다. 그러나 이 접근법이 성공적으로 이루어지기 위해서는 한계와 유의점을 충분히 고려하고, 수업 설계와 실행 과정에서 세심한 주의를 기울이는 노력이 필요하다. 이를 통해 다문화 수업에서 문화·예술 활동이 학생들에게 더욱 풍부하고 의미 있는 학습 경험을 제공할 수 있을 것이다.

6. 결론 및 제언

다문화 수업에서 문화 · 예술의 활용은 학생들이 다양한 문화를 이해하고 존중하며, 서로 다른 문화적 배경을 가진 사람들과 소통할 수 있는 역량을 키우는 데 중요한 교육적 의의를 가진다. 문화 · 예술은 언어적 한계를 넘어서는 강력한 소통의 도구로, 단순한 지식 전달을 넘어 다문화 감수성을 높이고, 다른 문화를 심층적으로 이해하도록 돕는다. 본 논문에서는 다문화 수업에서 문화 · 예술 활용의 이론적 정당성과 효과를 살펴보고, 실제 수업 사례를 제시하였다.

다문화 수업에서 문화 · 예술을 활용하는 것은 다음과 같은 점에서 교육적으로 의미가 크다. 첫째, 문화적 다양성을 자연스럽게 체험하게 함으로써 편견과 고정관념을 완화하는 데 기여한다. 학생들은 예술 활동을 통해 각 문화의 고유한 아름다움과 가치를 발견하고, 이를 통해 다른 문화를 존중하는 태도를 배울 수 있다. 둘째, 실질적인 체험 학습을 통해 학습의 흥미와 참여도를 높인다. 특히, 예술 활동은 학생들이 능동적으로 참여하도록 유도하며, 언어적 장벽이 있는 경우에도 효과적으로 활용될 수 있다. 셋째, 예술적 표현을 통해 상호작용할 기회를 제공한다. 학생들은 자신의 문화를 타인에게 소개하고, 다른 문화를 이해하며, 사회적 상호작용 능력과 공동체 의식을 강화한다.

이러한 교육적 효과에도 불구하고, 다문화 수업에서 문화 · 예술을 활용할 때의 한계와 문제점 또한 명확히 존재한다. 본 논문에서 논의한 바와 같이,

문화적 고정관념의 재생산, 민감한 주제 처리의 어려움, 자원과 시간의 부족은 수업 설계와 실행 과정에서 반드시 고려해야 할 요소이다. 이에 따라 본 논문은 다음과 같은 제언을 제시한다.

첫째, 교사의 전문성 강화이다. 교사는 다양한 문화적 배경에 대한 이해와 예술 활동에 대한 지식을 바탕으로 수업을 설계해야 한다. 이를 위해 다문화 교육과 관련된 연수와 워크숍, 문화 · 예술 전문가와의 협업 기회를 확대하는 것이 중요하다. 교사의 전문성은 수업의 질을 결정하는 핵심 요소로, 학생들이 각 문화에 대해 왜곡된 정보를 접하지 않도록 하는 데 중요한 역할을 한다.

둘째, 학생 중심의 활동 설계가 이루어져야 한다. 학생들이 각자의 배경과 흥미를 바탕으로 활동에 참여할 수 있도록, 선택과 참여의 폭을 넓히는 것이 필요하다. 예를 들어, 학생들이 자신이 속한 문화나 관심 있는 문화를 선택해 조사하고, 이를 예술적 방식으로 표현하는 프로젝트 기반 학습을 도입할 수 있다. 이러한 접근법은 학생들이 주체적으로 학습에 참여하고, 다문화적 관점을 자연스럽게 내면화하도록 돕는다.

셋째, 다양한 자원의 활용과 지역사회와의 협력이 필요하다. 문화 · 예술 활동에 필요한 자원을 확보하고 이를 효과적으로 활용하기 위해 학교와 지역사회, 외부 기관 간 협력 네트워크를 구축해야 한다. 지역 내 문화 · 예술 전문가를 초청하거나 지역 박물관과 협력하여 체험 활동을 기획하는 방법 등을 활용할 수 있다. 또한, 디지털 콘텐츠와 AI 기술을 활용한 가상 체험 활동은 자원의 제약을 극복하고 더욱 풍부한 학습 경험을 제공할 수 있는 대안이 된다.

넷째, 교육과정 내 문화 · 예술 활동의 통합이 필요하다. 문화 · 예술 활동을 단발적인 특별 프로그램이 아니라 정규 교육과정에 통합함으로써 지속성과 일관성을 확보해야 한다. 이를 위해 다문화교육과 관련된 문화 · 예술 활동의 교육적 가치를 명확히 정의하고, 교육과정 설계 단계에서 이를 반영하는 노력이 필요하다. 이는 학생들이 일상적인 학습 환경 속에서 다문화적 가치를 자연스럽게 습득하도록 돕는다.

본 연구를 바탕으로, 다음과 같은 후속 연구가 필요하다. 첫째, 문화 · 예술을 활용한 다문화 수업이 학생들의 태도와 행동에 미치는 장기적 영향을 연구할 필요가 있다. 본 연구에서는 다문화 수업에서 문화 · 예술 활동의 교육적 의의를 이론적으로 검토해 보았기 때문에 추후 문화 · 예술 활동이 학생들의 다문화 수용성, 공감 능력 등에 미치는 지속적인 영향을 실증적으로 분석하는 연구가 진행되어야 한다.

둘째, 다문화 수업에서 활용할 수 있는 문화 · 예술 콘텐츠의 개발과 표준화에 대한 연구가 필요하다. 각 교사가 사용할 수 있는 콘텐츠의 질과 일관성을 보장하기 위해 다양한 문화권에서 공통적으로 활용할 수 있는 예술 활동 모델과 교육 자료를 개발하고 이를 체계화하는 연구가 필요하다. 또한, 특정 문화권을 과도하게 대표하거나 왜곡하지 않도록 콘텐츠 개발 시 다문화적 관점을 강화해야 한다.

셋째, AI 및 디지털 기술을 활용한 다문화 예술 교육 플랫폼 개발에 대한 연구가 이루어져야 한다. 디지털 환경에서 학생들이 다양한 문화를 체험하고 예술 활동을 통해 학습할 수 있는 온라인 플랫폼이나 가상현실(VR) 콘텐츠 개발을 다루는 연구는 문화 · 예술 활용의 접근성을 높이는 데 기여할 것이다. 특히, 지역적 · 재정적 제약이 있는 학교에서도 활용할 수 있도록 기술적 대안을 제시하는 연구가 필요하다.

결론적으로 문화 · 예술은 다문화 수업에서 학생들이 다양한 문화를 이해하고 존중하며, 창의적이고 포용적인 학습 환경을 조성하는 데 필수적인 도구이다. 그러나 이를 효과적으로 활용하기 위해서는 체계적이고 민감한 접근법이 필요하며, 교사와 학교, 지역사회의 협력이 필수적이다. 본 연구가 다문화 수업에서 문화·예술의 활용을 확장하고, 이를 통해 더욱 풍부하고 실질적인 다문화 교육을 실현하는 데 기여할 수 있기를 기대한다.

참고문헌

Allport, G. (1954). *The nature of prejudice*. Cambridge, MA: Addison-Wesley.

Banks, J. A. (2018). *An Introduction to Multicultural Education* (6th Ed.). Publisher: Pearson. 모경환·임정수·이경윤(공역)(2022). 다문화교육입문. 서울: 아카데미프레스.

Brown, R., & Hewstone, M. (2005). An integrative theory of intergroup contact. *Advances in Experimental Social Psychology*, 37, 255-343.

Burnaford, G., Brown, S., Doherty, J., & McLaughlin, H. J. (2007). *Arts Integration Frameworks, Research Practice—A literature Review*. Washington, DC: Arts Education Partnership.

Catterall, J. S.(1997) *Involvement in the arts and success in secondary school*. Americans for the Arts, 1997.

Deardorff, D. K. (2009). *The SAGE handbook of intercultural competence*. Sage Publications.

Graham, M. (2009). The power of art in multicultural education: The international stories project. *Multicultural Perspectives*, 11(3), 155-161.

Greene, M. (1995). R*eleasing the Imagination: Essays on Education, the Arts, and Social Change*. Publisher: Jossey-Bass

Hammer, M. R., Bennett, M. J., & Wiseman, R.(2003). Measuring intercultural sensitivity: The intercultural development inventory. *International Journal of Intercultural Relations,* 27(4), 421-443.

Merryfield, M. M. & Wilson, A.(2005), *Social studies and the world:Teaching for understanding of world cultures* (NCSS Bulletin# 103). Silverspring, MD: NCSS.

Pettigrew, T. F., & Tropp, L. R. (2006). A meta-analytic test of intergroup contact theory. *Journal of Personality and Social Psychology,* 90(5), 751-783.

Phi, B.(2018). *A different pond*. Capstone Global Library Ltd. 이상희(역)(2018). 또 다른 연못. 파주: 밝은 미래.

Ruppert, S. S. (2006). Critical evidence: How the arts benefit student achievement. *Staff Development Council*, 30(3), 38-42.

Vygotsky, L. S. (1978). Mind in society: *The development of higher psychological processes.* Cambridge & London: Harvard University Press.

Williamson, J., & Zimmerman, D. (2009). Collaboration takes center stage. J*ournal of Staff Development,* 30(3), 38-42.

Wright, S. C., Aron, A., McLaughlin-Volpe, T., & Ropp, S. A. (1997). The extended contact effect: Knowledge of cross-group friendships and prejudice. *Journal of Personality and Social Psychology,* 73(1), 73-90.

국가통계포털(2024). 다문화 인구.
https://kosis.kr/visual/populationKorea/PopulationDashBoardDetail.do 에서 인출(2024.12.5)

안진숙·김영순(2019). 다문화 청소년을 위한 문화예술 스토리텔링 교육프로그램 운영 사례 연구. 문화교류연구, 8(1), 85-105.

유경애(2015). 다문화가족의 한국어 학습 어려움과 수업개선에 대한 실증연구, 8, 29-47

이순배·김순환(2020). 이중언어교육에 대한 인식과 어려움: 다문화가족 특성화사업 직원을 중심으로. 다문화와 평화, 14(1), 159-185.

이현주·조영희(2024). 다문화 장애아동·청소년의 학교생활에서의 어려움 유형에 대한 질적 메타분석. 17(1), 29-60.

정지은·윤소민(2017). 다문화예술교육의 운영방안에 관한 사례연구: 국경 없는 문화 도시 천안 만들기를 중심으로. 12(1), 61-84.

조대훈·박민정(2009). 다문화 감수성 증진을 위한 다문화 수업모형 개발. 교육연구, 46.

채경희(2018). 예술 경험이 중학생의 다문화 감수성에 미치는 효과 : 음악창작활동 사회과 수업을 중심으로. 서울대학교 대학원 석사학위논문.

Chapter

06

사회사적 서간문 기반 다문화 교수법

-타네히시 코츠의 『세상과 나 사이』(Between the World and Me)를 중심으로-

Joon K. Kim (김준겸)
서울대학교 사회교육과 교수

권용진
서울대학교 사회교육과 박사과정

다문화 사회 교수방법론

1. 서론

키케로에서 기독교 사도 바울에 이르기까지, 서간문 형식으로 알려진 글쓰기 기법은 가장 내밀한 사상, 철학, 그리고 개인적인 가르침을 전달하는 데 사용되었다. 계몽주의 시대의 작가인 루소는 차가운 합리주의에 대한 대안으로 인간적 연결성을 탐구하기 시작했으며, 괴테의 『젊은 베르테르의 슬픔』 역시 감정, 개인적 고통, 그리고 감성적인 정서를 중심으로 한 문학 장르를 활성화시켰다. 같은 시기, 조선 후기 18세기에는 혜경궁 홍씨가 『한중록』을 집필하여 남편인 사도세자의 비극적 운명을 기록했다. 이 작품은 조선 후기의 정치적 맥락을 담은 가장 강렬한 개인 서사 중 하나로 평가받는다. 또한, 일제강점기 동안 시인 윤동주는 고백적이고 개인적인 어조로 일제 강점 속에서의 고뇌를 표현하며, 마치 자신과 세상에 보내는 편지 형식을 연상케 하는 작품들을 남겼다.

타네히시 코츠의 책 『세상과 나 사이』는 서간문 형식으로, 개인적이고 정치적인 요소를 결합하여 미국 사회에서 젊은 흑인 남성으로 살아가는 삶을 반영한다. 저자는 시적이고 감각적인 문체를 통해 그리스어로 '편지'를 의미하는 에피스톨라(epistola)를 아들 사모리에게 전달한다. 사모리는 프랑스 식민 통치에 저항했던 서아프리카 지도자 사모리 투레의 이름을 따온 것이다. 이 책의 제목은 할렘 르네상스 시인 리처드 라이트의 1935년 시에서 유래했으며, 이 시는 린치 현장을 목격한 경험을 묘사한다. 해당 장면은 대비와 모순으로 가득 차 있으며, 인종적 폭력이 가져오는 영적, 심리적 대가에 대한 성찰을 담고 있다. 라이트는 자연, 인간성, 도덕성이 왜곡된 세계를 만드는 증오의 본질을 드러내며, 이러한 복잡한 이중성을 통해 독자들이 인종차별의 비인간성을 직면하도록 의도적으로 묘사한다. 또 다른 강력한 서간문 형식으로 쓰인 제임스 볼드윈의 『단지 흑인이라서, 다른 이유는 없다』(The Fire Next Time, 1963)는 조카에게 보내는 편지로, 체계적 인종차별의 지속성을 다루며 깊은 분노와 도덕적 낙관을 결합한다. 코츠의 책은 라이트와 볼드윈의 연장선상에 놓이며, 미국 사회에서의 인종적 억압 속에서도 정체성, 존엄성, 그리고 회복력을 추구하는 노력이 세대를 거쳐 지속됨을 보여준다.

코츠는 유명 뉴스 프로그램 진행자와 나눈 대화에 대한 언급으로 책을 시작한다. 진행자는 그에게 "몸을 잃는다는 것이 무엇을 의미하는가?"라고 물었고, 이 질문은 책의 핵심 주제를 드러낸다. 책의 뒷표지에는 이렇게 쓰여 있다. "인종과 미국의 이야기는 잔인할 정도로 단순하다. 그것은 몸에 쓰여 있다." 이어서 "그것은 흑인 신체의 이야기다. 노예제와 인종분리에 의해 착취당했으며, 오늘날에도 여전히 불균형적으로 위협받고, 투옥되며, 거리에서 죽임을 당하는 신체의 이야기다"라고 말한다. 이에 저자는 "흑인 신체를 갖고 살아간다는 것은 어떤 의미인가? 그리고 그것 속에서 삶의 방식을 찾는다는 것은 무엇을 의미하는가?"라는 질문을 던진다. 이 책은 개인의 가장 내밀하고 본질적인 자아에 대한 탐구이며, 동시에 검은 피부를 가진 흑인의 몸이 역사와 사회로부터 분리될 수 없다는 사실을 성찰한다.

2. 개념적 틀: 상호작용 이론, 관점 수용, 그리고 공감

여러 서간문 교육 방법 중에서 존 듀이의 상호작용 이론과 장 피아제의 탈중심화 개념은 학생들이 공감 능력을 기르는 데 중요한 개념적 틀을 제공한다. 상호작용 이론은 지식과 의미의 생성이 개인과 사회적 환경 간의 지속적이고 상호적인 관계, 즉 상호작용을 통해 이루어진다고 강조한다(Boyles, 2018). 이러한 역동적인 상호작용은 매 순간이 진화하는 학습의 연속체의 일부가 되며, 지속적인 발전과 이해를 촉진한다. 듀이의 전체론적 접근은 문제해결, 실험, 성찰에 대한 능동적 참여를 바탕으로 개인과 사회적 환경 간의 전통적 경계를 허물어준다. 이러한 관계 구축을 통해 학교, 지역사회, 직장과 같은 사회적 환경이 지식과 가치가 공동 창조되고 강화되는 중심지가 된다.

피아제의 인지 발달 이론에서는 탈중심화 개념을 설명하며, 이는 아이들이 점차 자신의 관점에서 벗어나 다른 사람의 관점을 받아들이는 능력을 배우는 과정을 말한다(Carpendale, 2011). 이러한 인지적 수용은 자기중심성에서 상호주관성으로의 이동을 의미하며, 이는 의사소통, 학습, 그리고 지식의 공동 창조를 위한 핵심 요소이다(Cohen, 2018). 마찬가지로 막스 베버의 이해(Verstehen) 개념은 자신의 선입견을 내려놓고 다른 사람의 경험과 의도를 그들의 문화적, 사회적 맥락 안에서 공감적으로 이해할 것을 제안한다(Herva, 1988).

상호작용, 관점 수용, 상호주관성, 그리고 해석적 이해(Verstehen) 개념을 활용하여 교사들은 타네히시 코츠의 세상과 나 사이를 서간문적 접근법을 통해 탐구하도록 학생들을 이끌 수 있다. 이 방식은 코츠의 세계를 드러낼 뿐만 아니라 학생들이 그의 아들 사모리의 시각으로 세상을 바라보게 한다. 친근하게 쓰인 코츠의 편지를 읽으면서, 학생들은 코츠의 경험과 두려움을 흡수하는 동시에, 정체성, 취약성, 회복력에 대한 아버지의 깊은 통찰과 씨름하는 젊은 사모리의 관점을 이해하는 상호작용적 교환에 참여하게 된다. 관점 수용을 통해 학생들은 사모리와 스스로를 동일시하기 시작하며, 인종적 불의와 역경 속에서도 강인함을 배워나가는 사모리의 시점에서 이러한 생생한 성찰을 받는 것이 어떤 느낌일지 상상할 수 있다.

코츠의 편지는 학생들을 역동적인 관점 수용 과정으로 초대하며, 공감과 비판적 사고를 구축하도록 돕는다. 듀이 이론은 개인과 환경 간의 상호 관계를 강조하며, 능동적 학습과 지식의 공동 창조를 촉진한다. 피아제의 탈중심화 개념은 학생들이 자신의 협소한 관점을 넘어설 수 있도록 돕고 상호주관성을 함양한다. 베버의 Verstehen은 학생들이 편견을 내려놓고 타인의 삶의 경험에 공감할 수 있도록 장려하며 이해를 심화시킨다.

이 과정은 상호주관성을 형성하며, 학생들이 코츠의 메시지가 가지는 감정적 무게와 세대적 중요성을 성찰하도록 격려한다. 학생들이 Verstehen을 연습하면서, 그들은 코츠가 묘사하는 경험과 유사한 상황에 처한 한국 내 인구, 예를 들어 이주민 가정의 자녀나 사회적 배제를 겪는 탈북민 등과 공감적으로 연결할 수 있는 능력을 개발한다. 자신만의 성찰적 편지나 일기를 작성하는 과정에서, 학생들은 사모리의 경험과 유사성을 발견하며 동료들과 함께 지식을 공동 창조하게 되고, 문화적 경계를 초월한 공감과 통찰을 키운다. 이러한 과정을 통해, 학생들은 아버지로서의 코츠와 복잡한 사회적 현실을 헤쳐 나가는 아들로서의 사모리의 세계를 다차원적으로 이해할 수 있게 된다.

3. 『세상과 나 사이』의 내적, 외적 서사

열다섯 살 아들에게 편지를 쓰는 행위는 매우 의미심장하다. 아들의 나이는 청소년기라는 중요한 전환점에 해당하며, 한 개인이 더 깊은 자기 인식을 형성하고 사회 속에서 자신의 위치를 상상하기 시작하는 시기이다. 이러한 경계적 시기는 새로운 가능성으로 가득 차 있지만, 동시에 증가하는 사회적 기대, 인종적 도전, 그리고 미래에 대한 질문으로 특징지어진다. 코츠는 이 편지를 통해 강력한 감정적 유대를 형성하며, 취약성, 두려움, 열망, 그리고 사랑이라는 복잡한 감정을 전달한다. 그는 흑인 남성으로서의 경험과 통찰을 아들에게 공유할 수밖에 없었으며, 아들은 "꿈에 사로잡힌 나라에서 흑인의 몸으로 살아간다는 것은 무엇을 의미하는가?"라는 지속적인 질문에 마주하게 될 것이다.

세대를 아우르는 이 메시지는 젊은 흑인으로 살아가는 삶이 사회적 서사와 실제 경험 사이의 모순으로 가득 차 있음을 강조한다. 다른 시각에서 보면, 코츠의 편지는 "해방적 저항"(LaMothe, 2019) 행위로, 아들이 "경멸과 동정의 시선으로 세상을 바라보는"(DuBois, 2014) 환경 속에서 생존하기 위해 가혹한 진실을 마주하도록 격려한다. 이 편지의 희망은 단순히 지식을 통한 권한 부여를 넘어선다. 아버지와 아들 간의 상호작용 자체가 저항과 회복력을 체현하며, 이는 흑인 정체성과 공동체, 전통의 본질적 특징이다. 이 편지는 생존 지침서이자 진실의 기록이며, 아버지가 아들에게 남긴 증언으로, 지금 함께하고자 하는 바람과 아버지가 직접 목격하지 못할지도 모르는 미래를 위한 보호책을 담고 있다. 독자는 아들의 반응을 직접 듣지는 못하지만, 아버지의 친밀하고 생생하며 절박한 메시지가 위로와 검증의 역할을 하면서도 동시에 불안과 부담감을 줄 수 있음을 상상할 수 있다.

물론 이 편지는 단순히 아들에게만 전달된 것이 아니다. 이는 매우 공적인 문서이자 사회적 성명이며, 세계의 독자들에게 보내는 메시지이다. 한 비평가가 적절히 지적했듯이, 이 책은 "개인 서사, 국가 역사, 현재의 미국 인종적 역학에 대한 분석"이 결합된 작품이다(Weller, 2018). 외부 세계를 향한 "외재적 서사"(Kim, 2019)는 깊은 성찰, 비판, 그리고 비평적 담론을 위한 기회를 제공한다. 이 책이 토니 모리슨으로부터 "필독서"로 평가받았고, 뉴욕 타임스 베스트셀러의 자리에 오른 것은 이 책이 가진 방대한 독자층과 문화적 중요성을 보여준다. 그러나 이러한 매력에도 불구하고 이 책은 논쟁의 대상이 되었다. 흑인 공동체 외부에서는, 인종적 불의의 생생한 현실을 다루는 이 책의 직접성과 구속력 있는 결론을 제시하지 않는 듯한 태도가 일부 독자에게 불편함과 소외감을 주었다. 반면, 흑인 공동체 내부에서는 정반대의 이유로 비판을 받았다. 가장 신랄한 비판은 대중적 지식인의 거목 중 한 명인 코넬 웨스트에 의해 제기되었는데, 그는 한 기고문에서 코츠가 "백인 우월주의를 집착적으로 묘사하며" "좁은 인종적 부족주의와 근시안적 신자유주의"를 보여주며 "흑인 해방 운동의 급진적 측면"과 대조된다고 지적했다.

그럼에도 불구하고, 이 책은 한국 학생들에게 중요한 가치를 제공할 수 있다. 이는 인종 정체성, 취약성, 그리고 인간 경험에 대한 깊은 통찰을 제공하며, 이러한 주제는 문화적 맥락을 넘어 공감대를 형성한다. 이 책은 인종 정체성이 사회적 기대, 역사적 연속성, 그리고 집단적 위치에 의해 어떻게 형성되는지를 보여주며, 한국의 소외된 공동체가 사회적 인식을 어떻게 극복해 나가는지에 대한 유사점을 제공한다. 코츠의 '취약성 속에서 살아가기'에 대한 성찰은 아메리칸 드림의 제약 속에서 수용, 소속감, 그리고 존중을 위해 투쟁하는 모습을 보여주며, 이는 기회와 존엄성을 추구하는 개인들이 직면하는 보편적 도전과도 연관된다. 이야기의 핵심에는 가족과 문화적 유산이 힘, 자부심, 그리고 정체성의 원천으로 자리 잡고 있다. 이 텍스트는 학생들로 하여금 사회학적 상상력을 가지고 접하도록 권장되는데, 이는 호기심, 공감, 그리고 열린 마음을 키워준다. 이를 통해 학생들은 다양한 인간 경험과 연결될 수 있으며, 공통된 감정과 감수성을 인식하게 된다. 따라서 코츠의 작품은 복잡한 현실을 바라보는 창이 되며, 학생들이 인간의 고유성과 보편적 측면을 이해하고, 자신들의 사회에서 유사한 어려움에 직면한 사람들에 대한 연민을 키울 수 있도록 돕는다.

이 편지는 아들에게는 생존 지침서로, 독자들에게는 공적 의사표현으로서 기능하며, 친밀하면서도 보편적인 공감대를 형성하는 서사로 독자들을 이끈다. 이는 사회적 기대, 역사, 문화적 유산에 대한 비판적 사고를 장려한다. 학생들은 인간 경험의 보편성을 연결하며, 문화적 경계를 넘어 이해와 연민을 기를 수 있다.

1) 흑인의 몸과 미국의 비전

흑인의 몸으로, 꿈에 사로잡힌 이 나라에서
어떻게 살아야 하는가라는 질문이
내 삶의 질문이다.

코츠는 미국의 고상한 민주주의 이상과 흑인의 존재라는 냉혹한 현실 사이의 모순을 적나라하게 드러낸다. 에이브러햄 링컨과 같은 인물이 "국민의,

국민에 의한, 국민을 위한 정부"의 가치를 찬양했지만, 코츠는 이 비전이 비백인 인구를 의도적으로 배제했음을 상기시킨다. 그는 "인종은 인종차별의 아이지, 아버지가 아니다"라고 주장하며, 인종 계층이 자연적인 것이라는 내러티브를 해체한다. 대신, 그는 이러한 계층이 체계적 폭력—"생명, 자유, 노동, 그리고 토지의 약탈 등을 채찍질하고, 팔다리를 사슬로 묶고, 반체제 인사를 억압하고, 가족을 파괴하고, 어머니를 강간하고, 아이를 팔아넘기는 행위"—을 통해 만들어졌다고 주장한다. 이러한 잔혹함은 흑인 미국인들이 자신의 몸을 확보하고 통제할 권리를 부정하도록 고안된 것으로, 민주주의의 약속을 근본적으로 훼손한다. 코츠는 민주주의를 위한 투쟁을 흑인의 비인간화를 기반으로 한 인종화된 사회 질서와의 화해할 수 없는 충돌로 묘사한다.

이 비인간화는 흑인의 신체에 가해지는 폭력에서 가장 생생하게 드러나며, 코츠는 이를 예외적인 사건이 아니라 지속적인 관습으로 설명한다. 그는 "당신 나라의 경찰은 당신의 몸을 파괴할 권한을 부여받았다"고 적으며, 이 파괴는 우연이 아니라 체계적이며 국가의 오랜 관습에 뿌리를 두고 있음을 강조한다. 이러한 폭력은 신체적으로는 "몸수색, 억류, 구타, 굴욕"의 형태로 나타나고, 상징적으로는 마이클 브라운 살해와 같은 경찰 폭력의 고도 공개 사례에서 나타난다. 코츠는 이 폭력을 "뇌를 끄집어내고, 기도를 막고, 근육을 찢고, 장기를 추출하고, 뼈를 부수고, 이를 깨뜨리는" 전면적인 공격으로 묘사한다. 흑인 미국인들에게 이 폭력은 일시적인 현상이 아니라 세대를 거쳐 전해지는 역사적 연속성이다.

육화(embodiment) 개념은 다양한 학문 분야에서 인종적 정체성이 몸을 통해 어떻게 존속하고 느껴지는지를 탐구하는 데 널리 사용된다. 프란츠 파농은 백인 지배 사회에서 흑인 정체성이 몸으로 의식되는 방식을 분석하며, 사라

아흐메드는 두려움과 편안함과 같은 인종화된 감정이 공간적인 이동과 어떻게 연결되는지 설명한다. 호미 바바는 식민화된 개인들이 인종화된 정체성을 어떻게 체현하는지 탐구한다. 이 이론들은 인종적 정체성이 비가시성과 과도한 가시성이라는 이중적 특성을 통해 드러난다는 아이디어를 공유한다.

코츠는 아들 사모리에게 이러한 역사를 전달할 책임을 떠안는다. 사모리의 열다섯 번째 생일을 맞아, 그는 사모리가 마이클 브라운의 살인자들이 처벌받지 않을 것임을 알게 된 순간을 회상한다. 그 순간, 코츠는 아들이 “이것이 너의 나라이고, 이것이 너의 세계이며, 이것이 너의 몸이며, 너는 그 모든 것 안에서 살아갈 방법을 찾아야 한다”는 사실을 깨달았다고 설명한다. 코츠는 아들에게 거짓된 위로를 건네기를 거부하며, 대신 그러한 세계에서 흑인의 몸으로 살아가는 것이 평생의 도전이라고 말한다. 코츠는 이 짐이 세대를 넘어 조부모에서 부모, 그리고 자녀에게 전해지며, 흑인의 삶을 배제하고 억압하는 것을 전제로 한 아메리칸 드림 속에서 길을 찾아야 한다고 주장한다. 코츠는 아메리칸 드림의 환상을 거부하며, 그 약속이 체계적 폭력과 공공 테러에 시달리는 흑인 아이들에게는 적용되지 않는다는 사실을 인식한다. 마이클 브라운의 시신을 거리에 방치한 자들은 “그들의 불가침한 권력을 웅변적으로 선언했다”고 묘사하며, 이는 인종적 불의를 사회적 제도와 지적 체계를 통해 합리화하는 사회가 승인한 권력임을 보여준다. 코츠는 아들과 독자들에게 이 현실을 외면하지 말고, 이를 직면하며, 이해하고, 그 속에서도 존엄성을 찾으라고 강력히 촉구한다.

2) 주체성, 소유권, 그리고 책임

*나는 나가야만 한다… 하지만 어디로? 나는 책을 읽어나갔다.
그것들은 문틈으로 비춰 나오는 한 줄기 빛이었고,
아마도 그 문 너머에는 꿈을 떠받치던 끈질긴 두려움을 넘어서는
또 다른 세계가 있을지도 몰랐다.*

코츠에게 비판은 파괴의 행위가 아니라 책임을 실현하기 위한 본질적인 연습이다. 그는 미국의 역사적, 현재적 불의를 직시하고, 특히 흑인 미국인을 포함한 소외된 공동체의 삶의 진실을 말하기 위해 이 나라를 비판한다. 코츠는 전통적 애국심을 수용하지 않지만, 미국과 깊이 연결된 사람으로서 이 나라를 비판한다. 그의 조상들은 강제 노동과 회복력을 통해 미국을 건설하는 데 근본적인 역할을 했다. 이러한 연결은 코츠가 미국이 자유, 평등, 정의라는 공언된 이상을 실현하지 못한 데 대한 책임을 추궁한다. 그는 이 모순을 드러냄으로써 노예제, 인종 분리, 그리고 체계적 인종차별처럼 미국 역사를 규정짓는 불의에 대한 인식을 추구한다. 그러한 인식은 미국이 무엇이며 무엇을 했는지에 대한 더 정직한 내러티브를 구축하기 위해 필수적이다. 이를 통해 코츠는 특히 억압받아온 사람들이 지배적 내러티브가 강요하는 배제에 저항할 수 있도록 힘을 부여한다.

코츠의 소유권에 대한 의식은 그의 정체성과 미국이 표방하는 이상과의 연결에서 비롯된다. 그는 자신의 공동체가 물질적, 문화적으로 기여한 점이 미국에 대한 부정할 수 없는 권리를 제공한다고 주장한다. 이러한 소유권을 부정하는 것은 흑인 미국인의 역사적이고 지속적인 영향을 지우는 것과 다름없다. 그러나 코츠의 충성심은 현재의 미국이 아니라, 과거를 정직하게 직면하고 구조적 불평등을 해결할 때에 거듭날 수 있는 가능성을 향한다. 코츠의

책무는 국가와 연결되어, 그것은 그의 나라이고, 그 나라와 연결된 사람으로서 더 나은 것을 요구할 권리에 있다. 그의 비판은 내러티브를 정의하는 데 있어서 주체성이 필수적임을 강조한다. 지배적 문화의 미국 정체성에 대한 버전을 도전함으로써, 코츠는 신화가 아니라 진실에 뿌리를 둔 보다 복잡하고 포괄적인 비전을 제공한다.

코츠의 소유권 의식은 흑인 미국인의 기여와 회복력에 뿌리를 두고 있으며, 이는 정의로운 사회를 구축하기 위한 책임감을 이해하는 틀을 제공한다. 이 관점은 국가의 역사와 불평등을 성찰하도록 장려하며, 비판을 파괴가 아닌 책임의 행위로 바라보게 한다. 코츠의 관점은 진실을 말하고 과거의 불의를 인정하는 것이, 보다 관용적이고 공정한 사회를 형성하는 데에 필수적임을 보여준다.

코츠는 자신의 작업을 국가를 개선하려는 프로젝트로 명시적으로 구성하지는 않지만, 그의 비판은 본질적으로 그 목표를 향해 나아간다. 그에게 있어 진실을 말하는 것은 변혁적인 행위이다. 그는 체계적 인종차별과 역사적 불의를 드러냄으로써 변화를 위한 공간을 창출하고 독자들이 미국을 순수함이나 예외주의의 신화를 지속하는 국가가 아니라, 그 비인간성을 직면하는 국가로 재구상하도록 초대한다. 코츠는 흑인 남성으로서 자신의 삶의 경험과 국가와의 연결 사이의 긴장을 모순을 부정하지 않고 수용함으로써 탐색한다. 그는 이 나라를 떠나거나 파괴하기를 거부하며, 대신 그의 비판은 그 속에서 자신의 자리를 주장하는 급진적 정직함의 형태를 취한다. 코츠에게 비판은 소유권과 책임의 행위이며, 미국이 아직 실현하지 못한 정의롭고 공평한 사회라는 이상에 대한 충성에 뿌리를 둔다. 이러한 관점을 통해 그는 맹목적인 충성심에서가 아니라, 국가를 이끄는 이상에 대한 헌신으로 더 나은 것을 요구한다. 이러한 형태의 소유권은 비판을 소속감과 더 큰 것을 추구하는 심오

한 행위로 변환시킨다.

3) 흑인 정체성에 대하여: 저항, 회복력, 그리고 복잡성

코츠는 흑인 문화의 풍요로움, 다양성, 그리고 지적 에너지를 상징하는 강력한 상징으로 하워드 대학교를 묘사하기 위해 "메카(Mecca)"라는 용어를 사용한다. 코츠에게 메카는 종교적이거나 문자 그대로의 성소가 아니라 은유적 공간으로, 전 세계 흑인 경험이 교차하고 번영하는 장소이다. 메카는 흑인 디아스포라의 "교차로"를 상징하며, 흑인의 삶의 다양성이 기념되면서 비판적으로 탐구되는 공간으로, 강한 소속감과 정체성을 제공한다. 코츠는 "메카는 모든 아프리카 민족의 어두운 에너지를 포착하고 집중하여 학생들 안에 직접 주입하도록 만들어진 기계이다"라고 쓰며, 이 문화적, 지적 중심지가 가지는 변혁적 힘을 강조한다.

코츠는 하워드 대학교의 중앙 광장인 "야드(Yard)"에서 메카를 처음 경험했다고 회상한다. 이곳은 생동감과 다양성으로 가득 찬 공동의 공간으로, 코츠가 자라면서 접했던 단일하고 협소한 흑인 이미지와 대비되는 다양한 "흑인됨"의 표현방식이 존재했다. 그는 "나는 처음으로 야드에서 이 힘을 목격했다… 그리고 나의 흑인 정체성이 끝없이 다양한 형태로 증식된 것을 보았다"라고 회상한다. 메카는 흑인 정체성이 단순히 백인의 반대 개념으로 정의되는 것이 아니라, 문화, 역사, 경험을 아우르는 세계적 힘임을 깨닫게 했다. 이러한 깨달음은 흑인 디아스포라를 서구 세계의 주변적 요소로 보는 것이 아니라, 그 기초적인 기둥 중 하나로 보는 관점을 확장시켰다.

하워드 대학교가 지닌 역사적 중요성과 학문적 자원은 코츠의 지적 정체성에 깊은 영향을 미쳤다. 워싱턴 D.C.에 위치한 이 대학은 흑인 정치 및 문화적 힘의 중심지로, 서굿 마샬과 토니 모리슨과 같은 영향력 있는 지도자들을 배출한 유산을 가지고 있다. 코츠는 흑인의 지성과 문화의 보고인 무어랜드-스핑가른 연구소에 몰두하며 체계적 억압과 흑인의 회복력에 대한 자신의 이해를 재고하고 심화시켰다. 그는 "무어랜드에서는 역사와 전통을 탐구할 수 있었고, 야드에서는 이 전통들이 구현되는 것을 볼 수 있었다"라고 쓰며, 하워드가 흑인 정체성의 이론적이고 실제적인 예를 제공했음을 보여준다.

메카는 학문적 중요성을 넘어, 코츠에게 세계관을 형성한 인물들과의 만남을 가능하게 했다. 맬컴 엑스(Malcolm X)는 정직함과 저항의 상징으로서 체계적 비인간화에 맞서 흑인의 몸의 신성함을 구현한 인물로 두드러졌다. 코츠는 "나는 맬컴을 사랑했다. 왜냐하면 그는 결코 거짓말하지 않았기 때문이다… 그는 신비적이거나 난해하지 않고 직설적이었다"라고 회상하며, 맬컴의 명확성과 진실에 대한 헌신에서 영감을 얻는다. 퀸 은징가와 하워드에서 만난 시인, 학자 등 다른 인물들은 저항, 회복력, 그리고 복잡성의 예를 보여주었다. 그들의 작업은 코츠가 자신의 경험을 표현하고 백인 우월주의의 지배적 내러티브에 도전할 도구를 제공했다.

이러한 맥락에서 하워드 대학교는 코츠가 흑인 정체성에 대해 더 미묘한 이해를 구축할 수 있는 장소가 되었다. 그는 역사적, 학문적 인물들뿐만 아니라 흑인 경험의 중요한 요소로서 힙합, 시 등을 포함하는 하워드의 문화적 생동감으로부터 교훈을 얻었다. 흑인의 사상과 표현의 이러한 다양성과 풍요로움은 코츠가 세상을 더 효과적으로 비판하고 그 교훈을 아들에게 전수할 수 있게 했다.

메카는 코츠의 삶에서 그의 아들에게 메시지를 형성하는 데 중요한 역할을 했다. 그는 아들에게 흑인 정체성이 인정되고 축하되며 이해되는 공간을 찾으라고 촉구하며, "메카의 온기를 위해 투쟁하라"고 말한다. 이는 흑인의 존재를 지속적으로 위협하는 세상에서 힘과 기반을 찾기 위한 원천으로서의 메카를 강조한다. 코츠는 착취를 기반으로 한 거짓 약속으로서의 아메리칸 드림을 거부하며, 흑인 정체성의 현실 속에서 존엄성과 회복력을 찾는 것이 중요하다고 주장한다. 하워드 대학교는 단편화와 지움을 거부하는 힘과 계몽의 장소를 상징하며, 이를 통해 코츠는 흑인 정체성을 복잡하고, 회복력이 강하며, 확장된 것으로 제시한다. 이는 정의와 이해를 위한 투쟁에서 힘을 제공하는 정체성이다.

하워드 대학교가 코츠의 성장에 어떤 영향을 미쳤는가를 분석함으로써 학생들은 공동체, 교육, 문화적 유산이 자기 인식을 키우고 배제를 지향하는 데 어떤 역할을 하는지 성찰할 수 있다. 이러한 교훈은 소외된 목소리를 강화하는 환경을 조성하도록 영감을 주며, 공감과 회복력, 그리고 역경 속에서도 정체성을 긍정하는 깊은 이해를 키우는 데 기여한다.

4) 노예제가 남긴 것들

타네히시 코츠에게 노예제는 역사적 현실이자 상징적 힘으로, 미국의 경제, 문화, 정치 체계 깊숙이 뿌리내리고 있다. 그는 노예로서 겪었던 개인의 실제 경험에 중점을 두며, 고통을 추상적이거나 미화된 방식으로 묘사하는 것을 거부한다. 그는 "노예제는 정의할 수 없는 살덩어리가 아니다. 그것은 당신의 정신만큼 활발하고, 당신의 감정 범위만큼 광범위한 특정한 여성 노예의 이야기다"라고 쓰며, 노예 생활을 견뎌낸 사람들을 인간적으로 조명한다. 코츠는 독자들에게 노예들의 삶을 단순한 통계로 보는 내러티브에 도전하며 수가 아니라 깊은 개인적 비극으로 인식할 것을 요구한다.

코츠는 또한 노예제를 흑인 생명에 대한 체계적 약탈의 은유로 설정하며, 흑인 신체의 착취를 미국의 부와 기반 시설과 연결 짓는다. 그는 "우리의 몸은 제임스 K. 포크에 의해 백악관에서 거래되었다. 우리의 몸은 의회와 내셔널 몰을 건설했다"라고 진술하며, 이러한 역사적 착취를 현대의 억압 형태, 예를 들어 레드라이닝(redlining)과 대규모 투옥으로 연결한다. 그는 노예제의 잔혹함을 미화하려는 시도를 거부하며, "노예들은 당신의 길 위에 놓인 벽돌이 아니며, 그들의 삶은 당신의 구원 서사의 장이 아니었다. 그들은 미국이라는 기계를 위한 연료로 전환된 사람들이었다"라고 쓰며, 체계적 폭력의 대가를 무시하는 진보의 신화를 직면하도록 촉구한다.

코츠에게 노예제의 유산은 과거에만 국한되지 않고 오늘날에도 체계적 불의를 형성하고 있다. 그는 역사적 폭력을 현대의 체계적 인종차별과 연결하며, "미국에서 흑인의 몸을 파괴하는 것은 전통이며, 유산이다"라고 주장한다. 이 지속적인 경제적, 신체적, 심리적 폭력은 역사에 대한 정직한 성찰을 요구한다. 코츠는 독자들에게 위안을 주는 신화를 거부하고, 노예제의 지속적 영향을 가감 없이 직면할 것을 요구한다. 이를 통해 그는 책임감을 추구하고, 억압이 현대 시스템과 이데올로기를 형성하는 방식을 더 깊이 이해하고자 한다.

노예제라는 주제는 직접적인 경험이 없는 나라에서도 이민과 다양성 문제를 다루는 데 있어 다문화교육과 밀접한 관련이 있다. 노예제는 체계적 비인간화와 착취를 상징하며, 역사적 불의로부터 뿌리내린 불평등이 어떻게 고착화되는지를 보여준다. 이민이 증가하는 국가에서는 노예제의 유산이 인종적 계층 구조와 소외에 대한 통찰을 제공한다. 노예제를 연구함으로써, 교육자들은 체계적 편견에 대한 비판적 인식을 촉진하고, 이민자들의 투쟁과의 유사점을 식별한다. 이러한 역사로 형성된 다문화 교육은 공감을 강화하고, 외국인 혐오를 극복하며, 점점 더 다양한 사회에서 공정한 포용을 강조한다. 과거의 불의를 인식함으로써, 국가는 특권, 소외, 그리고 오늘날 정의의 필요성을 다룰 수 있게 된다.

코츠는 체계적인 비안간화가 치르는 인간적 대가를 강조하는데, 이는 한국의 강제 노동, 문화 말살, 그리고 억압으로 점철된 식민지 역사와 공감대를 형성한다. 노예제의 유산과 식민 지배 사이의 유사성을 도출함으로써 학생들은 역사적 불의가 남긴 지속적인 영향을 이해할 수 있다. 이러한 교훈은 체계적 불평등에 대한 비판적 성찰을 장려하며, 점점 더 다양해지고 있는 한국 사회에서 소외된 공동체에 대한 공감을 촉진한다.

5) 내면화된 인종차별: 정신의 탈식민화

내면화된 인종차별은 자기 인식을 왜곡하고 체계적 억압을 통해 사회적 계층 구조를 유지시킨다. 타네히시 코츠는 이 현상을 흑인의 인간성을 지우고 인종적 지배를 기반으로 구축된 "드림(The Dream)"이라는 개념과 연결 짓는다. 그는 "흑인들은… 자신의 인간성을 질책하고 게토를 만든 역사적 범죄 앞에서 무력감을 느끼며 게토의 범죄에 분노하는 유일한 사람들이다"라고 관찰하며, 체계적 인종차별이 소외된 개인들에게 심리적으로 어떤 대가를 요구하는지 드러낸다. 이러한 억압 속에서 개인은 사회적 내러티브를 내면화하며, 자신들의 고통에 대한 부당한 책임을 스스로에게 돌리게 된다.

코츠는 이러한 역학이 문화적 재현과 체계적 폭력을 통해 강화된다고 주장한다. 흑인의 기여를 지우고 백인성을 미화하는 내러티브는 소외된 집단들에게 열등감을 심어준다. 이를 반영하며 코츠는 "진지한 역사는 서구였고, 서구는 백인이었다. 이 모든 것은 나에게 하나의 문구로 압축되었다… 톨스토이가 '중요했다', 마치 모든 백인들이 '중요했던' 것처럼"이라고 쓴다. 교육, 미디어, 그리고 공공 기억 속에 깊이 뿌리내린 이러한 내러티브는 흑인을 주변적이거나 열등한 존재로 위치시키며, 체계적 억압의 기반이 되는 인종 계층 구조를 공고히 한다.

코츠에 따르면, 내면화된 인종차별의 영향은 개인적이면서도 집단적이다. 이는 무력감의 악순환을 지속시키고, 연대를 약화시키며, 체계적 불의에 대한 저항을 약화시킨다. 강요된 내러티브를 받아들이지 말 것을 경고하며 코츠는 "거짓을 받아들이지 말라. 독약을 마시지 말라"고 쓴다. 그의 작업은 내면화된 편견을 거부하고 주체성을 회복하는 것이 체계적 불평등을 해체하기 위한 중요한 단계임을 강조한다.

내면화된 인종차별과 식민화된 사고의 문제는 개인의 경험을 넘어 전체 공동체와 사회에 영향을 미친다. 소외된 사람들에게 열등감을 심어주는 내면화된 인종차별은 연대와 저항에 상당한 장애물을 만든다. 코츠는 지배적 문화 내러티브를 거부하고 자신의 역사와 정체성을 수용하는 것이 해방의 핵심이라고 주장한다. 비록 단순한 해결책을 제시하지는 않지만, 그는 자기 인식과 진실을 말하는 것에 초점을 맞추며 억압에 도전하기 위한 로드맵을 제공한다. 내면화된 인종차별에 직면하고 자신의 경험의 존엄성을 회복함으로써, 개인은 집단적 권한 부여와 체계적 변화를 위한 토대를 마련할 수 있다.

내면화된 인종차별에 대한 논의는 일제강점기 시기 강제적인 동화정책과 열등감을 내재화하는 내러티브가 한국의 정체성을 폄하했던 경험과 공통점을 가진다. 코츠는 강요된 내러티브가 자기 인식을 왜곡하고 계층 구조를 유지시키는 방식을 비판한다. 내러티브를 거부하고 정체성의 회복을 촉구하는 코츠의 모습은 한국 학생들로 하여금 식민 지배가 어떻게 한국의 국민 의식과 내면화된 편견을 형성했는지 검토할 수 있는 틀을 제공한다.

6) 흑인 자부심과 민족주의: 자기 긍정

흑인 자부심은 존엄성을 되찾고 흑인 정체성을 체계적으로 지우려는 시도에 맞서는 강력하고 필수적인 힘으로 떠오른다. 코츠는 이를 흑인 민족주의와 연결시키면서도 그 차이를 탐구한다. 흑인 자부심은 흑인 공동체의 아름다움, 회복력, 그리고 문화적 기여를 축하하며, 역사적으로 흑인을 폄하해 온 태도에 맞서 싸운다. 코츠는 "우리는 여기서 무언가를 만들어냈다. 우리는 드리머(Dreamers)의 '1방울 법칙(one-drop rule)'을 뒤집었다. 그들은 우리를 인종으로 만들었지만, 우리는 스스로를 하나의 민족으로 만들었다"고 쓰며, 강요된 인종 범주에서 의미와 정체성을 창조하는 변혁적 행동을 강조한다. 이러한 흑인성의 긍정은 지워지기를 거부하며 억압에 기반한 사회에서 인간성을 주장하는 회복력을 반영한다.

코츠는 흑인 민족주의가 종종 흑인 경험을 통합하고 고양하려는 노력을 하면서도 단순화되거나 낭만화된 내러티브에 의존하는 경우가 있다고 분석한다. 이러한 이야기는 자부심과 연대를 고취시킬 수도 있지만, 코츠는 그 한계를 강조한다. 그는 아프리카 왕족과 은징가 여왕과 같은 지도자들에게 매료된 자신의 모습을 회상하며, 하워드 대학의 교수들이 그러한 내러티브를 비판적으로 검토하도록 도전했음을 언급한다. 그는 "내 신화 추구는 실패할 운명이었다. 내가 스스로에게 들려주고 싶었던 이야기들은 진실과 일치할 수 없었다"고 반성하며, 집단적 자부심을 위한 상징적 이야기와 그 자부심을 역사적 정확성에 기반해야 한다는 필요성 간의 긴장을 인정한다. 코츠에게 진정한 힘은 신화화된 역사에만 의존하는 것이 아니라 흑인 정체성의 복잡성을 수용하는 데서 나온다.

잠재적인 한계에도 불구하고, 코츠는 흑인 자부심이 체계적 억압에 직면한 힘을 부여하는 중요한 요소임을 강조한다. 흑인 문화와 역사에 대한 자부심은 비인간화에 저항하고 집단적 강인함을 구축하기 위한 기반을 제공한다. 그는 "아름다운 흑인이 되었다는 것은 자랑할 일이 아니다. 흑인으로 태어났다고 해서 역사의 논리나 드림의 유혹으로부터 면역이 되는 것은 아니다"라고 쓰며, 비판적 성찰 없이 무조건적인 축하로 흐르지 않도록 자부심을 자기 인식에 기반해야 한다고 강조한다. 코츠에게 흑인 자부심은 성취를 인정하는 것과 함께 고난을 정직하게 받아들이는 균형을 이루며, 정체성에 대한 깊은 이해를 키우는 데 기여한다.

흑인 자부심의 교훈은 흑인 공동체를 넘어 세계의 소외된 집단에게도 중요한 통찰을 제공한다. 이는 정체성을 되찾고 비인간화된 내러티브에 저항하는 힘을 보여줄 뿐만 아니라, 자부심이 배제적인 행태를 반복하지 않도록 비판적 성찰과 함께 이루어져야 한다는 점을 상기시킨다. 코츠는 궁극적으로 포괄적이고 정직한 역사 이해를 요구하며, 자부심이 비판으로부터 자신을 방어하는 방패가 아니라, 정의와 집단적 진보를 위한 기반이 되어야 한다고 주장한다.

존엄성을 되찾고 존재의 배제에 저항하는 수단으로서 흑인 자부심 탐구는 한국에서도 정체성과 권한 부여(empowerment)를 가르치는 데에 중요한 통찰을 제공한다. 흑인 자부심은 소외된 집단을 폄하하는 내러티브에 도전하여 그들이 지닌 회복력의 가치를 긍정한다. 코츠가 강조하는 복잡한 자기 인식과 정체성은 학생들로 하여금 내러티브를 되찾고, 비인간화에 저항하며, 자부심을 정의의 기반으로 삼는 방법을 탐구하도록 돕는다.

7) 희망과 해방: 비판적 이해를 향하여

코츠는 아들에게 전하는 메시지에서 희망과 해방의 주제를 다루며, 역사를 정직하게 마주하고 존엄과 이해를 위한 투쟁을 받아들이는 것의 중요성을 강조한다. 그는 위안이 되는 거짓 내러티브를 거부하며, 아들에게 과거와 현재의 진실을 직면할 것을 촉구한다. 그는 "너는 모든 뉘앙스와 오류, 그리고 인간성을 담아 이 과거를 진정으로 기억하기 위해 투쟁해야 한다"라고 쓰며, "위안을 주는 신성한 법칙의 내러티브나 불가피한 정의를 암시하는 동화 같은 이야기들에 저항해야 한다. 노예들은 너의 길 위의 벽돌이 아니었으며, 그들의 삶은 너의 구원 서사의 장이 아니었다. 그들은 미국이라는 기계에 연료로 전환된 사람들이었다"라고 덧붙인다. 이러한 역사에 대한 비판적 참여는 환상이 아닌 진실 속에서 해방을 찾는 데 필수적이다.

코츠에게 해방은 자기 인식과 개인적 책임에서도 발견된다. 그는 아들에게 "흑인의 몸으로, 꿈에 사로잡힌 나라에서 어떻게 살아야 하는가라는 질문은 내 삶의 질문이었고, 이 질문을 추구하는 과정에서 나는 궁극적으로 그 답을 발견했다"라고 말한다. 이를 통해 코츠는 희망이 체계적 인종차별에 젖어 있는 사회의 외적 인정에 의존하는 것이 아니라, 자신의 자리와 목적을 이해하는 내적 과정에 뿌리를 두고 있다고 강조한다. 그 투쟁 자체가 회복력과 자기 인식에 기반을 둔 자기 해방의 길이 된다.

코츠는 아들에게, 의미와 희망은 저항과 개인적 주체성의 행위에서 발견된다고 전달한다. 그는 "우리가 거리의 방향을 정하지 않았다는 것을 알았지만,

그럼에도 불구하고 우리는 반드시 우리의 걸음을 만들어야 한다"고 쓰며, "그리고 그것이 네 이름의 깊은 의미다—투쟁 그 자체가 의미를 가진다는 것"이라고 덧붙인다. 코츠는 투쟁을 존엄성과 힘의 원천으로 틀 지음으로써, 그의 아들이 회복력과 목적을 가지고 어려운 세상을 헤쳐 나갈 도구를 제공한다. 이러한 관점은 조상의 희생을 기리는 동시에, 체계적 불의에 직면하여 인간성과 희망을 주장하는 모델을 제시한다.

코츠가 자기 인식과 저항의 행위를 통해 해방을 찾는 데 중점을 두는 메시지는, 역경 속에서 존엄성을 추구하는 개인과 공동체의 맥락에서 이해될 수 있다. 그의 메시지를 공부함으로써 학생들은 정의와 이해를 위한 투쟁이 의미 있고 힘을 부여하는 과정임을 배우며, 이를 통해 목표의식과 회복력으로 복잡한 사회를 헤쳐 나갈 수 있는 능력을 갖추게 된다. 또한, 이러한 학습은 다양한 사회에서 공감과 연대를 강화하는 데 기여한다.

4. 『세상과 나 사이』의 활용

타네히시 코츠의 『세상과 나 사이』는 교실에서 정체성, 체계적 억압, 그리고 회복력을 탐구하기 위한 독창적이고 영향력 있는 틀을 제공한다. 이 책의 서간문 형식은 깊은 사랑과 염려에 뿌리를 두고 있으며, 학생들이 복잡한 사회적 문제를 다루는 데 있어 공감, 관점 수용, 그리고 상호주관성 같은 핵심 개념에 참여할 수 있도록 한다. 이 책에서 얻은 교훈을 적용함으로써, 교육자들은 학생들이 사회적 구성, 역사적 맥락, 그리고 체계적 불평등의 깊이 개인적인 영향을 더 잘 이해할 수 있도록 이끌 수 있다.

이 책을 활용한 교수학습활동에서 목표로 하는 내용요소와 교수학습지도안은 다음과 같이 구성할 수 있다. 교수 대상은 국어과의 문학교육을 통해 『한중록』과 같은 서간문 형식을 이해하고, 그와 유사한 고전시가 및 현대문학작품 탐독을 통해 문학작품 속 내러티브와 그를 담아낸 형식을 이해할 수 있는 고등학교 1~3학년으로 설정하였다. 사회 현상과 내러티브가 역사적, 장소적 맥락에서 형성된다는 가르침은 고등학교 1학년 통합사회에서 통합적 관점을 직접 적용할 수 있는 계기가 될 수 있다. 서간문의 내용과 주제에 집중한다면 사회정의와 불평등, 차별 등을 다루고 있는 통합사회 및 2~3학년 사회문화 과목에서 집중적으로 다룰 수 있을 것이다. 또한 역사적 사건을 다룬 문학을 사용한 사회문제 탐구라는 점에서 국어과, 역사과와 사회과의 융합 학습으로 활용할 수 있다면 더 큰 효과를 기대할 수 있을 것이다. 그러나 교과목 간의 분리가 상대적으로 엄격한 고등학교 교육과정의 특성상 주제와 더 직접적으로 관련된 사회과에서 2차시 정도를 할애하여 진행하는 것이 적절하다.

〈본 차시와 관련된 성취기준〉

관련 교과	성취기준
고등학교 통합사회 1	[10통사1-01-02] 인간, 사회, 환경의 탐구에 통합적 관점이 요청되는 이유를 도출하고 이를 탐구에 적용한다. [10통사1-04-04] 다문화사회의 현황을 조사하고, 문화적 다양성을 존중하는 태도를 바탕으로 갈등 해결 방안을 모색한다.
고등학교 통합사회 2	[10통사2-01-03] 사회적 소수자 차별, 청소년의 노동권 등 국내 인권 문제와 인권지수를 통해 확인할 수 있는 세계 인권 문제의 양상을 조사하고, 이에 대한 해결 방안을 모색한다. [10통사2-02-03] 사회 및 공간 불평등 현상의 사례를 조사하고, 정의로운 사회를 만들기 위한 다양한 제도와 시민으로서의 실천 방안을 제안한다.
고등학교 사회와 문화	[12사문01-01] 사회현상의 탐구를 위해 사회현상의 특징에 대한 이해와 사회학적 상상력이 필요함을 인식하고, 사회현상에 대한 다양한 관점을 비교한다. [12사문02-01] 사회 구조와 개인의 관계에 대한 이해를 바탕으로 개인의 사회화 과정, 사회화 기관 및 유형을 설명하고, 사회화에 대한 서로 다른 이론적 관점을 비교한다. [12사문03-03] 하위문화와 주류 문화의 관계에 대한 이해를 바탕으로 다문화사회의 이주민 문화에 대한 서로 다른 관점을 비교하고, 이주민 문화가 갖는 의의에 기초하여 문화 다양성을 증진하기 위한 방안을 제시한다. [12사문04-02] 현대 사회에서 나타나는 다양한 사회 불평등 양상을 분석하고, 차별받는 사람들의 입장에 대한 공감을 바탕으로 다양한 불평등 현상에 대한 해결 방안을 모색한다.

1) 서간문 형식의 힘 탐구

이 책은 코츠가 아들에게 보내는 편지 형식으로 구성되어 있으며, 이는 학생들에게 글쓰기가 연결, 저항, 그리고 주체성의 형식으로서 가지는 힘을 반영하게 한다. 코츠의 편지는 의존하는 사람에게 길을 제시하는 역할을 하며, 불평등으로 특징지어진 세상에서 자녀를 준비시키는 부모의 깊은 사랑과 책임감을 보여준다. 이 형식을 연구함으로써, 학생들은 개인적 경험이 사회적 차원에서 어떻게 공명하는지를 탐구할 수 있다. 또한 학생들에게 미래의 자신, 사랑하는 사람, 혹은 가상의 인물에게 보내는 편지를 쓰도록 독려함으로써, 생각, 갈등, 희망을 표현하며 자기 인식과 감정적 연결을 심화할 수 있다.

2) 개념적 틀을 통한 다중 관점 개발

관점 수용(perspective-taking), 상호주관성(intersubjectivity), 그리고 이해(Verstehen)와 같은 교육적 개념은 코츠의 작업에 나타나는 관계적 역학을 이해하는 데 중요한 도구가 된다. 코츠는 아들과 독자들에게 자신의 관점에서 세상을 바라볼 것을 초대하며, 흑인 미국인이 경험하는 신체적, 심리적, 인식론적 폭력을 설명한다. 이 내러티브에 참여함으로써, 학생들은 자기 중심적인 관점을 넘어서 역사, 사회 구조, 그리고 문화적 틀이 개인의 경험을 어떻게 형성하는지 이해하게 된다. 이러한 과정은 공감을 깊게 하고, 다양한 인간 경험을 연결하며, 인종차별과 억압에 대한 추상적 논의를 구체적이고 인간적인 현실로 전환시킨다.

3) 정체성의 사회적, 역사적 구성 이해

이 책은 정체성이 사회적 관계, 역사적 맥락, 그리고 체계적 힘에 의해 어떻게 형성되는지를 보여준다. 코츠는 미국에서 흑인 정체성이 체계적 폭력, 고정관념, 그리고 문화적 틀을 통해 외부적으로 강요되면서도 회복력, 공동체, 그리고 자기 긍정을 통해 내부적으로 형성되었음을 설명한다. 이를 통해 학생들은 정체성이 개인적이면서도 집단적이라는 것을 배우며, 자신의 정체성을 명확히 표현하는 동시에 이를 형성하는 역사적, 물질적 힘을 인식할 수 있게 된다. 교실에서는 이러한 논의를 한국 내 소외된 집단과의 비교로 확장하여, 코츠의 내러티브와 지역적 맥락 간의 연결점을 모색할 수 있다.

4) 저널과 편지 쓰기를 통한 주체성의 표현

코츠의 편지 쓰기는 자신의 경험을 정리하고 아들에게 지침을 제공하는 강력한 주체성과 저항의 행위이다. 학생들에게 자신의 편지나 일기를 쓰도록 격려하면, 자신의 경험을 성찰하고, 저항하며, 인간성을 긍정하는 상호작용적 공간을 창출할 수 있다. 이러한 연습은 학생들이 자신들의 경험을 처리하는 동시에, 삶에 작용하는 더 넓은 사회적 힘을 이해하도록 돕는다. 이를 통해 학생들은 코츠가 체계적 비인간화에 저항하며 보여준 것처럼 자기 표현의 변혁적 행위에 참여할 수 있다.

5) 주류 내러티브와 실제 경험 간의 격차 메우기

『세상과 나 사이』에서 가장 깊은 교훈 중 하나는 평등과 기회를 강조하는 "아메리칸 드림"이라는 주류 내러티브에 대한 비판이다. 코츠는 이 이상과 흑인 미국인의 실제 경험 간의 불협화음을 드러내며, 억압의 인간적 대가를 직면하도록 독려한다. 학생들은 이 비판적 시각을 한국 사회에 적용하여, 단일 민족 사회라는 이상과 소외된 공동체의 실제 경험을 비교할 수 있다. 이러한 연습은 학생들이 체계적 불평등을 인식하고, 그들의 세계를 형성하는 내러티브에 대한 비판적 인식을 개발하도록 돕는다.

6) 공감과 인간적 이해 수용

마지막으로, 코츠의 작업은 분열된 세상을 헤쳐 나가는 데 있어 공감과 인간적 연결의 중요성을 강조한다. 흑인의 몸의 취약성, 체계적 인종차별의 심리적 대가, 그리고 흑인 정체성의 회복력에 대한 그의 성찰은 학생들에게 억압의 복잡성을 이해하는 틀을 제공한다. 이러한 교훈을 이주민 집단의 대우나 다문화가정이 직면한 압력과 같은 지역적 이슈에 연관시킴으로써, 학생들은 타인의 투쟁과 연결되며 공유된 감정과 감수성을 인식할 수 있다.

〈교수학습지도안〉

교 과 명	사회와 문화 2차시	대 상	고등학교 2학년
학습 목표	문학 작품 속에 나타난 역사적, 체계적 불평등을 이해하고, 차별받는 문화집단에 대한 공감과 연대의식을 함양할 수 있다.		
준 비 물	교 사	소설 『세상과 나 사이』	
	학 생	저널 작성에 필요한 물품(색연필, 꾸미기 스티커 등)	

단계	학습내용	교수-학습 활동		시간(분)	자료 활용 및 유의점
		교 사	학 생		
도입	동기 유발	• 흑인 인종차별 범죄에 관한 미국의 뉴스와, 한국의 이민자 차별에 대한 뉴스를 보여주기 - 뉴스의 흑인과 이민자들은 어떤 어려움을 겪고 있으며, 두 경우의 공통점과 차이점은 무엇일까요?	- 두 사례 모두 소수집단에 대한 차별의 폐해를 보여줍니다. - 미국의 경우 흑인이라는 인종에 관련된 것이나, 한국의 경우 같은 아시아인이더라도 국적에 따라 차별하는 경우가 많습니다.	4	
	학습목표 확인	• 학습목표 제시하기	• 문학작품 속에 나타난 역사적, 체계적 불평등을 이해하고, 차별받는 집단에 대한 공감과 연대의식을 형성할 수 있다.	1	
	소설책 읽기 및 이해	• 소설책 소개하기 -『세상과 나 사이』의 작가와 대략적인 줄거리에 대해 소개한다. - 교사는 '서간문'이라는 문학 형식에 대해 소개한다. - 책의 1장과 2장에서 저자가 인종과 아메리칸 드림의 허구를 밝히는 대목을 함께 읽는다. • 주요 개념 이해하기 - 책의 주제와 형식을 결합하여 다음과 같은 발문을 제시한다. - 아버지는 왜 아들에게 편지를 썼을까요? - 미국 사회에서 '인종'이라는 것이 가지는 의미를 역사 속에서, 그리고 오늘날 어떻게 설명할 수 있을까요?	• 책 정독하기 - 미국 사회 맥락의 생소한 용어나 역사적 사건에 대한 내용을 맞닥뜨린 경우 교사에게 질문한다. • 교사의 질문에 답하기 - 젊은 흑인 남성으로 미국에서 살아가는 것에 대한 의미를 아들에게 알려주기 위해서인 것 같습니다. - 흑인의 삶과 존엄성이 보호받지 못하는 상황을 고발하는 것 같습니다.	20	시간적 제약을 고려하여 소설의 필요한 내용을 적절히 발췌한다.

단계	학습내용	교수-학습 활동		시간(분)	자료 활용 및 유의점
		교 사	학 생		
전개	토의	• 소설 속 내러티브 탐구하기 -'아메리칸 드림'의 개념에 대해 소개하고, 이것이 왜 흑인에게는 적용되지 못하는 모순적인 이야기인지 학생과 토의한다. • 성찰하기 -등장인물이 겪는 차별은 어떤 형태로 드러나며, 개인에게 어떤 영향을 주었나요? 인간관계 측면과 사회적 차원의 차별로 구분하여봅시다. -책에 소개된 경험들이 개인과 집단의 정체성에 어떤 영향을 줄까요?	• 소설 속 내러티브에 대해 생각하기 -미국의 법과 제도가 흑인에게 불리하게 작용하기 때문입니다. • 개인의 정체성과 연관 짓기 -인간관계 측면에서는, 암묵적으로 표현되는 냉소와 마치 다른 부류의 사람인 것으로 여기는 태도가 흑인에게 항상 불안한 감정을 심어주는 것 같습니다. -사회 구조적으로는, 노예제로 인한 착취의 역사가 여전히 사람들의 의식 속에 자리 잡아 구조적 불평등으로 이어지고 있는 것 같습니다.	15	
	저널 쓰기 활동	• 저널 쓰기 활동 지도 -지금까지의 독서와 토의를 바탕으로, 아버지가 아들에게 편지를 쓴 이유에 대해 고찰하는 저널 쓰기 활동을 지도한다. • 저널 작성 지침 제시 -다음과 같은 질문을 중심으로 자신의 경험을 반영한 성찰적 저널을 작성하도록 지도한다. -책에 나타난 인물의 경험, 일화 중 가장 인상적이었던 것은 무엇인가? 왜 그렇게 느꼈는가? -이 책의 장면에 등장하는 인물의 경험 중 사회와 문화 교과서에서 연관 지어 설명할 수 있는 개념은 무엇이고, 어떻게 적용되는가? -아버지는 편지를 통해 아들과 세상	• 저널 작성 -교사가 제시한 질문에 답하는 것을 우선시하여 완결된 한 편의 논평 저널 작성하기 -소설 속 인물에 대해 감정이입을 느낀 지점 찾고, 자신의 경험과 연관 지어 설명하기 -저자가 편지를 쓴 의도를 교과 개념과 관련지어 설명하고, 미국의 역사와 사회에 대한 자신의 감상을 남겨 작성하기 -일지 작성을 통해 새롭게 알게 된 점과 느낀 점을 포함하기	25	종합적 사고가 요구되는 난이도 높은 활동이므로 필요에 따라 교사가 적극적으로 개입하여 활동의 방향을 조언해준다.

단계	학습내용	교수-학습 활동		시간(분)	자료 활용 및 유의점
		교 사	학 생		
		에 어떤 메시지를 전하고 싶었으며, 그것은 나 자신과는 어떤 관계가 있는가?			
	한국 맥락과의 비교	• 한국에서 서간문 형식으로 쓰인 다른 작품과 비교하기 - 윤동주 시인의 〈별 헤는 밤〉을 함께 읽고, 어머니께 보내는 편지 형식으로 쓰인 이 글이 『세상과 나 사이』와 가진 유사성 찾기 • 오늘날 한국 맥락과 비교할 수 있는 질문 제시 - 책에 드러난 인종차별의 경험이 한국에서는 어떤 맥락으로 드러날지 학생과 토의한다.	• 한국 맥락에 적용될 수 있는 요소 찾기 - 이야기를 건네는 듯한 담담한 어투로 사회의 구조적 문제를 고발한다는 공통점이 있습니다. - 『세상과 나 사이』가 여러 일화와 구체적인 사례를 통해 현실을 비춘다면, 〈별 헤는 밤〉에는 추상적인 비유가 주를 이룹니다. - 한국에서는 이민자, 장애인과 같이 경제적, 정치적 안전을 위해 분투하는 취약계층들이 비슷한 맥락의 차별과 억압이 작용하고 있는 것 같습니다.	10	
정리	느낀 점 나누기	• 저널 발표 지도 - 학생들의 작성한 저널의 내용과 저널을 작성하면서 새롭게 배운 점, 느낀 점을 나누도록 지시하기	• 배운 점 나누기 - 다른 학생의 발표를 들으며 자신의 관점과 비교하고, 자신이 보지 못했던 새로운 관점을 기록하기	10	
	해결방안 모색하기	• 시대와 상황을 막론하고 개인의 정체성에 영향을 줄 수 있는 구조적 폭력의 보편적 특징을 이해하기 • 인종 문제의 역사적, 구조적 특징을 해결할 수 있는 방안에 대해 토의하기	• 해결방안을 다각적으로 접근하기 - 시대와 상황을 막론하고, 사회적 가치 속에서 개인의 정체성이 형성되고, 구조적인 차별과 취약계층에게 가해지는 폭력을 보호할 제도의 필요성이 느껴집니다.	10	
	내용 정리	• 활동을 통해 배우게 된 점과 새롭게 느낀 점을 정리하기	- 소설책을 통해 앞 차시에서 배운 '사회학적 상상력'을 적용해볼 수 있었습니다. - 이주민 차별과 인종 문제를 바라볼 수 있는 역사적, 사회학적 관점을 얻을 수 있었습니다.	5	

5. 결론

『세상과 나 사이』를 교실에서 활용하는 것은 서간문 형식을 통해 정체성, 억압, 그리고 회복력이라는 중요한 주제를 탐구할 수 있는 변혁적인 기회이다. 이 책을 통해 공감을 키우고, 자기 표현을 장려하며, 지배적 내러티브에 도전함으로써, 교육자는 학생들이 코츠의 교훈을 자신의 삶과 사회에 연결하도록 도울 수 있다. 이는 체계적 불평등에 대한 이해를 심화시키는 동시에, 학생들에게 보다 정의롭고 포용적인 세상을 상상하고 기여할 수 있는 힘을 부여한다. 코츠의 글을 통해, 학생들은 개인적 경험과 정치적 현실 사이의 간극을 메우는 방법을 배우며, 비판적 성찰과 공감 있는 행동을 위한 도구를 함양하게 된다.

참고문헌

Ahmed, S. (2014). The cultural politics of emotion / by Sara Ahmed. (2nd ed). Edinburgh: Edinburgh University Press.

Baldwin, J. (1993). The fire next time / James Baldwin. (First Vintage International edition).

Bhabha, H. K. (2011). Our Neighbours, Ourselves: Contemporary Reflections on Survival / Homi K. Bhabha. De Gruyter.

Boyles, D. (2018). From transmission to transaction: John Dewey's imaginative vision of teaching. Education 3-13, 46(4), 393-401. https://doi.org/10.1080/03004279.2018.1445473

Carpendale, J. I. M. & Racine, T. P. (2011). Intersubjectivity and egocentrism: Insights from the relational perspectives of Piaget, Mead, and Wittgenstein. New Ideas in Psychology, 29(3), 346-354. https://doi.org/10.1016/j.newideapsych.2010.03.005

Coates, T.-N. (2015). Between the world and me / Ta-Nehisi Coates. New York: Spiegel & Grau.

Cohen, D. (2018). The logical child: Piaget's theory of cognitive development. In How the Child's Mind Develops (3rd ed., pp. 34-55). United Kingdom: Routledge. https://doi.org/10.4324/9781315201375-3

Dubois, W. E. B. (2014). Souls of Black Folk. Simon & Schuster.

Fanon, F. & Philcox, R. (1967). Black Skin, White Masks / Frantz Fanon; translated from the French by Richard Philcox. (New edition).

Herva, S. (1988). The Genesis of Max Weber's "Verstehende Soziologie." Acta Sociologica, 31(2), 143-156. https://doi.org/10.1177/000169938803100203

Kim, M. J. (2019). Emplotments of Epistolarity in Ta-Nehisi Coates' Between the World and Me. Journal of American Studies, 51(2), 181-204.

LaMothe, R. (2019). Between the World and Me: A Psychology of Faith Perspective on Resisting Racism. Pastoral Psychology, 68(5), 575-589. https://doi.org/10.1007/s11089-018-0850-0

Merton, R. K. (1938). Social Structure and Anomie. American Sociological Review, 3(5), 672-682. https://doi.org/10.2307/2084686

Piaget, J. (2007). The construction of reality in the child / Jean Piaget. Routledge.

Weller, L. (2018). "Review of Between the World and Me, by Ta-Nehisi Coates." Open Rivers: Rethinking Water, Place & Community, no. 12. https://openrivers.lib.umn.edu/article/review-of-between-the-world-and-me-by-ta-nehisi-coates/.

West, C. (2017). Ta-Nehisi Coates is the neoliberal face of the black freedom struggle. The Guardian, 17 December 2017. https://www.theguardian.com/commentisfree/2017/dec/17/ta-nehisi-coates-neoliberal-black-struggle-cornel-west. Accessed on November 15, 2024.

Wright, R. (1949). Between the world and me. Présence africaine, 5(2), 785-786. https://doi.org/10.3917/presa.005.0785

Chapter

07

상호문화 교육과정과 교수 · 학습 방법

서영지
서울대학교 불어교육과 강사

현대 사회를 설명하는 용어인 세계화, 국제화, 다문화는 이제 일상적으로 사용되고 있다. 최근에는 4차 산업혁명, 인공지능(AI), 가상현실(VR), 우주 탐사 등과 같은 용어까지 더해져, 과학과 기술은 물론 문화적 변화도 더욱 실감 나게 체험할 수 있게 되었다. 인공지능, 사물인터넷, 빅데이터 등으로 대표되는 4차 산업혁명은 사회와 경제 전반에 혁신을 일으켰으며, 자동화와 연결성의 극대화로 인해 가정, 학교는 물론 개인의 일상까지 변화를 가져왔다.

이러한 변화는 그리 오래되지 않았다. 1990년대 초, 교통과 통신 수단의 발달로 국가 간 교류가 급증하였고, '개인', '사회', '국가라는 개념은 더 이상 먼 이웃이나 먼 나라의 이야기가 아니라, 이제 세계는 하나의 울타리 속에 있다는 인식이 확산되었다. 각국은 인적 · 물적 자원의 자유로운 교역을 통해 경제적 · 문화적 발전을 촉진시켰고, 이는 긍정적이고 발전적인 효과를 가져왔지만, 동시에 국가, 사회, 개인 간의 관계에서 발생하는 문화적 문제들을 야기하기도 했다. 2000년대에 들어 초고속 인터넷망의 보급은 국가, 사회, 개인 간의 교류를 더욱 확대시키며, 바야흐로 온라인(언택트) 시대가 우리 생활에 깊숙이 자리 잡게 되었다. 경제적 성장과 발전을 이어가면서, 개인, 사회, 국가 간 상호작용의 문제는 점차 중요한 이슈로 떠오르며, 그 중심에 문화가 자리 잡았다. 문화와 문화 교류의 중요성은 경제 · 사회 분야를 넘어 인문 · 사회과학과 교육학에서도 보편적이고 필수적인 영역으로 자리 잡게 되었다. 과거에는 국가문화, 민족문화 등 국가적 · 집단적 차원의 문화가 중심이었지만, 현대 사회에서는 개인문화와 문화다양성 등의 개별적인 차이를 존중하고 인정하는 경향이 대세를 이루고 있다.

본 장에서는 현대사회의 문화다양성을 다루는 유럽식 대안이라 할 수 있는 상호문화교육을 소개하고자 한다. 이를 위해 먼저, 상호문화교육이 무엇인지 살펴본 후, 상호문화교육의 정의와 목표, 다루는 내용, 교육 방법에 대해 차례로 소개하겠다.

1. 상호문화교육

다문화교육이 미국식 다양성 교육의 형태라면, 상호문화교육은 유럽식 다양성 교육의 형태로 볼 수 있다. 두 교육 방식은 용어는 다르지만, 최근 다양성 교육의 방향성과 방법은 상당히 유사하며, 진화된 다문화교육은 상호문화교육의 방법론과 유사한 양상을 보인다.

상호문화교육은 1970년대 초반 프랑스에서 이민 문제를 중심으로 등장했다. 당시 독일과 프랑스는 이민 자녀의 교육 문제, 특히 언어 교육 문제에 직면했다. 독일은 '외국인 교육학(ausländerpädagogik)'(정창호, 2009: 184), 프랑스는 출신언어 · 문화교육(enseignement de langue et de culture d'origine, ELCO)이라는 명칭으로 상호문화교육을 시작하였다. 이렇게 시작된 출신언어 · 문화교육은 시행 초기에는 크게 활성화되었지만, 교사들의 역량 부족, 정규수업 결손, 학교 언어와 가정 언어 사이의 괴리 등의 문제로 서서히 쇠퇴하기 시작하였다. 오랫동안 동화주의를 고수해 온 프랑스에서 외국의 언어와 문화를 가르친다는 것은 일종의 모험이자 위협과도 같았다. 1984년 1월 A. Savary 장관은 국가의 공립적 · 단일적 · 비종교적 교육을 강화해야 한다고 주장하면서 '상호문화적'

이라는 용어를 교육부 공문에서 삭제하였다. 그럼에도 불구하고, 이민 가정 자녀의 학업 문제로 시작된 상호문화교육은 국제기구들의 지지와 함께 유럽 전역으로 확산되었다.

이들 국제기구는 다양성 교육의 방법으로 상호문화교육을 권장하고 있다. 유럽평의회는 1973년부터 상호문화교육을 핵심 사업으로 추진해 왔다(Abdallah- Pretceille, 2004: 83). 1983년 유럽 교육장관 회의에서는 상호문화적 접근의 중요성을 강조하며 교사들을 대상으로 한 상호문화 연수를 권고하였다. 1990년대부터 유럽평의회는 상호문화와 관련된 더욱 활발한 활동을 하기 시작하였다. 1995년 유럽평의회는 상호문화교육을 위한 『교육지침서(Education Pack)[1]』를, 2000년에는 『상호문화학습키트(Intercultural Learning T-Kit)』를, 2008년에는 『상호문화대화 백서(White Paper on Intercultural Dialogue)』[2]를 발간한 바 있다.

한편, 유럽연합은 『유럽연합 상호문화교육』(1999), 『학교에서의 상호문화교육』(2008), 『유럽연합 아동 및 청소년의 관용, 다양성, 시민책임감 존중 강화 교육 정책 및 실행』(2016)과 같은 보고서를 펴냄으로써 상호문화교육의 실태를 파악하고 이를 권장하고 있다. 유네스코의 경우는 『문화다양성보호 · 증

1) 부제: '청소년 및 성인 대상 비공식 상호문화교육을 위한 구상, 수단, 방법, 활동' 이 지침서는 차별, 인종주의, 외국인 혐오증, 민족중심주의 등을 설명하고 그 해결책으로 상호문화교육적 활동을 제시하였다. 여기에서는 상호문화교육을 "차이에의 긍정적인 접근, "다문화사회에의 교육적 대답", "사회적 교육 과정"이라고 정의한다. 그리고 ① 자신을 외부로부터 살펴보기, ② 자신이 사는 세상 이해하기, ③ 다른 현실들과 친숙해지기, ④ 차이를 긍정적으로 보기, ⑤ 긍정적인 태도, 가치, 행동을 가지기라는 다섯 가지 교육적 단계를 제시한다. 여기서 주목할 만한 사실은 자기 자신과 자신의 문화에 대한 비판적인 성찰을 그 출발점으로 삼았다는 것이다. 이 지침서는 2016년에 개정 · 출판되었으며, 유럽평의회가 가장 자랑스럽게 여기는 간행물 중 하나이다.

2) 상호문화대화는 "상이한 민족적, 문화적, 종교적, 언어적 배경과 유산을 가진 개인 및 집단들 간의 상호이해와 존중을 토대로 한 개방적이고 정중한 의견 교환 과정"이며, 문화다양성과 사회적 결속 사이의 균형을 유지하기 위한 수단의 역할을 한다. 이 백서는 ① 문화다양성을 민주적으로 관리하고, ② 민주시민성을 가지고 참여하고, ③ 상호문화 역량을 교수 · 학습하게 하고, ④ 상호문화대화를 위한 공간을 마련하고, ⑤ 상호문화대화를 국제적 관계 속에서 실행할 것을 제안한다.

진협약』(2005), 『세계문화다양성보고서』(2008) 등을 펴냄으로써 문화다양성과 상호문화교육을 연결시키고 있다. 유럽평의회가 발간한 『교육지침서(Education Pack)』는 상호문화교육을 '다문화사회의 교육적 해답'이라고 주장하면서, 이 교육을 권장하고 있다.

상호문화교육에 대한 관심과 연구는 최근 한국 사회에도 큰 영향을 미치고 있다. 상호문화와 관련된 연구 동향을 살펴보면, 2000년대 이전에는 거의 이루어지지 않았으나, 2000년대 이후부터 점차 증가하는 흐름을 보였으며, 특히 최근 5년간 그 증가세는 더욱 두드러지고 있다. 실제로 2007년 개정된 중등 교육과정은 상호문화적 관점을 교육과정에 반영하기 시작했으며, 이후 2009년, 2015년, 2022년 개정 교육과정을 거치면서 상호문화적 관점은 점점 더 강조되고 확대되었다. 또한 2019년 서울시 교육청은 '다문화교육' 대신 '상호문화교육'이라는 용어를 사용한다고 발표했다. 이처럼 우리 사회는 상호문화교육을 수용하고 다양한 분야에 점차적으로 접목시켜 나가고 있음을 주목해야 할 시점이다.

2. 상호문화교육의 정의, 목표, 내용, 방법

1) 상호문화교육의 정의

상호문화교육은 '교육'이라는 광범위한 분야와 '문화'라는 거대한 논의 등을 포괄하고 있어, 한마디로 정의하기가 매우 어렵다. 또한 '상호(inter)'라는 접두어가 지니는 복잡한 뉘앙스도 한몫을 한다. 흔히 '상호문화'라고 하면, A와 B라는 두 문화 또는 두 문화 간의 관계를 단순히 떠올릴 수 있다. 그러나 여기서 사용되는 '상호'라는 접두사는 '상대가 되는 이쪽과 저쪽 모두'라는 사전적인 의미에 그치지 않는다. '상호(inter)'라는 접두사는 상호작용, 교환, 장벽 제거, 상호성, 진정한 연대성 등을 의미하며, 타인을 보는 방식과 자신을 보는 방식에도 깊은 연관이 있다. 여기에 '문화(culture)'라는 단어의 의미를 최대한 참작해 본다면, 그것은 개인적 차원을 넘어서 사회적 차원까지 포함해야 한다. 나아가, 타인과 맺는 관계, 더 넓은 범주에서 볼 때 세계라는 개념 속에서 참조하는 상징적 표상, 생활 방식, 가치 등을 인정하는 것을 의미한다(M. Rey, 1986:19). 이처럼 상호문화는 상호작용을 기본 전제로 하고 있으며, 중요한 것은 타인과의 만남이지 타인 그 자체나 단순히 타인의 문화를 의미하는 것이 아니다.

상호문화교육은 이와 같이 복합적이고 포괄적이며 중의적인 의미를 내포하고 있기 때문에 학자나 기관 등에서 내리는 정의와 기본 원칙들도 다양하게 나타난다.

퀘벡 교육부(1997: 2)[3]는 상호문화교육을 "사회 조직을 특징짓는 다양성, 특히 민족적 · 문화적 다양성을 인식시키고, 개방, 관용, 연대성의 태도, 그리고 다양한 참조기준을 가진 사람들과 의사소통할 수 있는 능력을 신장시키려고 하는 모든 교육적 절차"라고 정의하였다.

2006년 유네스코(2006:32)는 상호문화교육과 관련하여 3가지 원칙을 제시하였다.

① 상호문화교육은 모든 학습자의 문화적 정체성을 존중하며, 각자에게 문화적으로 가장 적합한 양질의 교육을 제공한다.

② 상호문화교육은 학습자가 사회생활에 적극적이고 온전히 참여하는 데 필요한 문화적 지식, 태도, 역량을 함양한다.

③ 상호문화교육은 모든 학습자에게 개인, 민족집단, 사회집단, 문화집단, 종교집단, 국민들 간의 존중, 이해, 연대에 필요한 문화적 지식, 태도, 역량을 배양한다.

유네스코(2006:18)는 상호문화교육을 "소극적인 공존을 넘어서 다양한 문화집단 간의 이해, 존중, 대화를 통해 다문화사회에서 함께 살아갈 수 있는 발전적이고 지속 가능한 방법을 방법을 찾아내는 교육"이라고 정의한 바 있다. 이들의 정리에서 공통적으로 강조되는 점은 '다른 문화를 가진 사람들과의 원만한 관계 형성 및 원활한 의사소통'이라고 할 수 있다.

3) A School for the Future: Educational Integration and Intercultural Education - Policy Proposal (Quebec: Ministry of Education, 1997).

2) 상호문화교육의 목표

그렇다면 상호문화교육의 목표는 무엇인가?

상호문화교육의 첫 번째 목표는 학습자가 자신의 참조체계를 상대화할 수 있도록 돕는 것이다. 학습자는 두 개의 다른 문화를 비교하고, 자국 문화의 가치와 외국 문화의 가치를 살펴봄으로써 자기 자신의 참조기준 체계를 재고하게 된다. 이 과정에서 학습자는 "자신의 관습적인 선택과 행동의 정당성"(Galisson, 1994: 25)을 성찰하게 된다.

상호문화교육의 두 번째 목표는 학습자가 자기에게 익숙하지 않은 것에 대해 가질 수 있는 불안감을 해소하는 것이다(Charaudeau, 1990: 50). 학습자는 두 개의 문화를 동시에 접할 때 비슷한 것에는 안정감을 느끼고, 다른 것에는 불안감을 느끼는 경우가 많다. 상호문화교육은 학습자가 두 문화 간의 차이에 대해 불안감을 느끼지 않도록 하며, 그런 차이를 이해하고, 다른 문화를 자신이 받아들일 수 있는 만큼 받아들이도록 유도하는 교육이다.

세 번째 목표는 학습자가 목표 문화와 출신 문화에 대한 고정관념을 넘어서 자기 자신의 사고와 표상에 대해서 깊이 성찰하도록 하는 것이다(De Carlo, 1998; Porcher, 1995). 이러한 성찰은 지나치게 국가주의적이거나 민족중심적인 관점을 완화할 수 있다.

네 번째 목표는 학습자가 다른 문화 체계에 잘 적응하도록 돕는 것이다(Charaudeau, 1990: 53). 각 사회는 고유한 사회적 규범과 규칙을 가지고 있으며, 이러한 규범과 규칙은 일상 생활을 지배한다. 따라서 외국에 나가면 그 나라의 규범과 규칙을 잘 이해하고 적응하려는 노력이 필요하다.

이처럼 상호문화교육은 학습자가 자신의 참조체계를 상대화하고, 미지의 것에 대해 불안감을 느끼지 않게 하며, 목표 문화와 출신 문화에 대한 고정관념을 넘어서 자기 자신의 사고를 성찰하게 하고, 다른 문화 체계에 잘 적응하도록 돕는 것을 목표로 한다. 상호문화교육의 정의와 목표에서 알 수 있듯, 상호문화교육은 "자기 자신의 사고와 표상에 대해 깊이 성찰하고, 자신의 문화를 알고 타인의 문화를 이해하며 존중하는 가운데, 문화적으로 다른 사람들과 원만한 관계를 형성하는 것이다"(서영지, 2021: 84). 이를 한마디로 표현하면, 상호문화역량이라 할 수 있으며, 상호문화교육의 궁극적인 목표는 바로 이 상호문화역량의 함양이다(Windmüller, 2011: 38).

상호문화역량은 많은 학자들(Abdallah-Pretceille, 1999; Bennett, 1995; Byram, 1997; Deardorff, 2004; Lazar, 2007)에 의해 정의되었다. Byram(1997:1)은 "다른 언어를 말하고 다른 문화 속에 사는 사람들과 의사소통하고 관계를 맺을 수 있는 능력"이라고 정의했다. Lazar(2007:10)는 이 능력을 "상호문화적 상황 속에서 효과적으로 의사소통하고 다양한 문화적 맥락을 고려하여 관계를 형성하는 능력"으로 설명했다. 또한, 상호문화능력의 평가 도구인 INCA(Intercultural Competence Assessment, 2004:45)는 상호문화역량을 "다른 국가, 문화, 언어적 배경, 사회적 정체성을 가진 사람들과 상호작용하는 데 필요한 지식과 기술"로 정의하고, 이를 '모호함 수용성', '행동의 유연성', '의사소통적 인식', '지식의 발견', '이질성 존중', '공감'으로 분류하였다. 이들 정의에서 알 수 있듯, 상호문화역량은 단순한 인지적 능력이 아닌, 지식(인지적), 기술(행동적), 태도(정의적)가 적절히 상호작용할 때 발휘되는 종합적인 역량이다.

3) 상호문화교육의 내용

유럽평의회에서 발간된 Education Pack(1995:42)에서는, 상호문화교육을 '차이에 대한 긍정적인 접근'이라고 정의하고 있다. 일반적으로 '다른 것'은 종종 틀린 것, 부정적인 것으로 인식되는 경향이 있다. 예를 들어, 민족, 나이, 성별, 신체적 특징, 생활 수준, 종교 등이 이에 해당할 수 있다. 그러나 문화의 다양성을 인정한다면, 이러한 차이는 자연스러운 현상이다. 그럼에도 불구하고 인류 역사에서 차이를 존중하거나 인정하기보다는 오히려 거부하거나 배척한 사례가 더 많았던 것이 사실이다. 상호문화교육의 핵심은 바로 이러한 차이, 문제, 오해들에 초점을 맞추고 있다.

상호문화교육에서 다뤄야 할 내용을 가장 포괄적으로 표현하자면, 그것은 언어와 문화가 다른 사람들 간의 '만남'이라고 할 수 있다. 실제로 대부분의 상호문화학자들은 타인의 문화보다는 타인과의 만남 자체를 강조하고 있다. Abdallah-Pretceille(1999:58)는 "상호문화교육은 상호작용을 기본 전제로 하며, 가장 중요한 것은 타인이지, 그가 속한 문화가 아니다"라고 주장하였다.

실제로 문화와 언어가 다른 타인과의 '만남'에는 여러 가지 장애물이 존재할 수 있다. 대화자들은 서로 다른 표상(représentations)을 가질 수 있으며, 상대방에 대한 고정관념이나 편견을 지닐 수 있고, 민족중심주의에 빠져 배타적인 태도를 보일 수도 있다. 상호문화교육에서 다루는 내용은 바로 이러한 장애물에 대해 보다 큰 비중을 두고 있다.

여기에서는 Kit pédagogique[4)]와 *L'interculturel en classe*에서 다루는 상호문화주제들을 소개해 보기로 하겠다.

유럽평의회가 발행한 *Kit pédagogique*(1995)는 '성인과 청소년을 대상으로 한 비공식적 상호문화교육을 위한 아이디어, 방법, 교수법과 활동'[5)]이라는

4) Kit pédagogique는 1995년 유럽평의회에서 발간한 상호문화교육을 위한 지침서로 현재 상호문화교육을 담당하고 있는 많은 사람의 주목을 받고 있다. 이 지침서는 수많은 언어로 번역되었으며, 2004년에는 두 번째 판이 제작되었다.

5) Idées, ressources, méthodes et activités pour l'éducation interculturelle informelle avec des adultes et des jeunes.

제목으로 개발된 일종의 지침서로서, 상호문화교육과 긴밀히 관련된 주제를 소개하고 있다. 여기에는 문화, 자문화, 정체성, 고정관념, 편견, 인종주의, 차별, 민족중심주의 등을 소개하고 있다.

(1) 문화(culture)

문화와 관련하여 가장 먼저 떠오르는 것들은 신문의 문화란에 자주 등장하는 발레, 오페라, 음악, 문학 등과 같은 예술적 또는 지적 활동들이다. 그러나 우리는 문화를 그보다 훨씬 더 넓은 의미로 이해한다. 문화는 단순히 예술이나 지적 활동을 넘어, 사람들이 자신을 둘러싼 세계에 의미를 부여하는 행동 체계와 가치관까지 포함하는 개념이다. 이때 문화는 단일한 정의로 규정하기 어려운 복합적인 성격을 띠고 있다. 따라서 문화를 이해하려는 노력은 단지 예술적 표현에 대한 이해를 넘어서, 삶의 다양한 측면을 깊이 살펴보는 과정이라고 할 수 있다(*Kit pédagogique*, 1995:28).

(2) 자문화(propre culture)

우리는 한 문화 내에서 태어나고 어린 시절을 우리의 문화를 배우는 데 보낸다. 이 과정을 흔히 '사회화'(socialisation)라고 부른다. 문화는 각 개인에게 다르게 경험된다. 각자는 자신만의 문화, 개인적 특성, 그리고 고유한 경험의 혼합체이다. 이러한 과정은 두 개 이상의 문화와 접촉하면서 더욱 풍부해진다(*Kit pédagogique*, 1995: 29).

(3) 정체성(identité)

정체성은 "나는 누구인가?"라는 질문에 대한 답이다. 한 사람의 정체성은 여러 면으로 구성되어 있으며, 그 중 일부는 보이고 다른 부분은 보이지 않는다. 흔히 정체성을 양파에 비유하기도 한다. 양파의 각 껍질 하나하나는 개인의 정체성의 한 측면으로 볼 수 있다. 이처럼 우리의 정체성은 항상 복수적이다. 우리는 특정 상황에 놓였을 때, 그 상황에 가장 적합한 정체성을 드러낸다. 또한 삶을 살아가면서 우리는 자신의 정체성 중 일부를 변화시킬 수도 있다. 예를 들어, 가정, 직장, 취미, 종교, 심지어 국적까지도 바꿀 수 있다. 따라서 정체성은 변할 수 있는 것이다(*Kit pédagogique*, 1995: 30).

(4) 고정관념(stéréotype)

고정관념은 특정 집단이 다른 집단에 대해 고착된 생각을 가지는 것이다. 고정관념을 가진 사람들은 “그들은 원래 그렇다”는 식으로, 현실을 단순화시킨다. 고정관념의 대상은 반드시 다른 집단에 한정되지 않으며, 때로는 자신이 속한 집단에 대해서도 긍정적인 고정관념을 갖기도 한다. 이러한 고정관념은 보통 자신이 속한 집단을 다른 집단에 비해 우월하다고 생각하는 형태로 나타난다. 물론, 때로는 부정적인 고정관념도 존재하지만, 그 경우에도 자신의 집단에 대한 방어적 태도가 작동한다. 대체로 자기 집단에 대한 부정적인 고정관념은 비본질적인 것과 연결짓고, 다른 집단에 대한 부정적인 고정관념은 본질적인 것과 연결하려는 경향이 있다(*Kit pédagogique*, 1995: 31).

(5) 편견(préjudice)

편견은 사람들이 실제로 잘 알지 못하는 사람이나 민족에 대해 내리는 부정적 또는 긍정적 판단이다. 이는 사회화 과정을 통해 내면화된 것이므로, 이를 없애거나 고치기는 쉽지 않다. 실제로 Abdallah-Pretceille(1999: 110-111)

는 "상호문화교육의 목표는 편견과 고정관념을 뿌리 뽑는 것이 아니라 그것들에 대해 활동하는 것이다."[6]라고 말한 바 있다(*Kit pédagogique*, 1995: 32). 즉, 상호문화교육은 편견과 고정관념을 단순히 없애려는 것이 아니라, 그것들에 대해 깊이 성찰하고 대응하는 과정을 목표로 한다.

(6) 민족중심주의(éthnocentrisme)

민족중심주의는 자신이 속한 문화가 절대적이고 보편적이라고 믿으며, 다른 문화는 그 기준에 미치지 못한다고 여기는 태도를 말한다. 우리는 종종 자신의 가치관과 생활 방식을 보편적이고, 모든 민족에게 적합하다고 생각하며, 다른 문화권의 사람들은 이를 이해하지 못한다고 여긴다. 그러나 다른 문화와 접촉하는 것만으로는 이러한 민족주의적 태도가 변하지 않는다. 왜냐하면 우리는 민족주의적인 시각으로 다른 문화와 그 문화를 받아들이려는 시도를 가로막기 때문이다(*Kit pédagogique*, 1995:32).

(7) 차별(discrimination)

차별은 출신, 성, 가족 상황, 건강 상태, 장애, 정치적 견해, 민족, 인종, 종교 등 여러 이유로 사람들을 구별하고 대우하는 모든 행위를 말한다. 차별은 편견이 실제 행동으로 나타날 때 발생한다(*Kit pédagogique*, 1995: 33).

(8) 인종주의(racisme)

인종주의는 인간의 특성이나 능력이 인종에 의해 결정된다고 믿고, 우월한

6) L'éducation interculturelle n'a pas pour objectif l'éradication des préjugés et des stéréotypes, mais un travail sur eux.

인종과 열등한 인종이 존재한다고 생각하는 신념이다. 가장 위험한 것은 한 인종이 다른 인종에 대해 우월감을 가지는 것이다. 인종주의는 편견과 다르다. 편견은 제대로 알지도 못하면서 미리부터 가지는 부정적인 감정이나 의견이라면, 인종주의는 차별적 행동을 제도적으로, 지속적으로 실행할 수 있는 힘을 가진 신념이다(*Kit pédagogique*, 1995: 34).

L'interculturel en classe(Chaves, 2013)는 실제 교실 수업, 특히 외국어 교육에서 다룰 수 있는 상호문화적 주제를 보다 실제적으로 제시하고 있다. 그 주제들은 모두 33가지인데, 그것을 표로 나타내면 다음과 같다.

〈표 7-1〉 Chaves의 상호문화적 주제

1	정체성	17	차별, 고정관념
2	문화, 문화 다양성	18	편견, 민족중심주의
3	관습	19	내집단 고정관념, 외집단 고정관념
4	복수 정체성	20	고정관념, 국적, 정체성
5	정체성, 이타성	21	도시와 관련된 표상
6	차이, 공통점	22	고정관념, 선입견, 민족중심주의, 인종주의
7	숨겨진 문화	23	다양성, 문화
8	외국 문화	24	탈중심
9	다양성, 문화적 다원주의	25	동작, 상호문화적 오해
10	유머	26	오해, 행동적 습관
11	색깔, 관용 표현	27	교차된 시선, 탈중심
12	신체 특징	28	여행
13	교차된 시선	29	교차된 시선, 상호문화적 만남
14	유혹의 문화 규범	30	여행
15	교차된 시선, 정체성	31	일상생활, 문화 충격
16	편견, 차별	32	사진, 문화 차이
		33	상호문화 박물관(musée interculturel)

4) 상호문화교육의 방법

상호문화교육의 방법에서 중요한 포인트는 어디에서 출발하느냐, 어떤 방식으로 접근하느냐, 어떤 단계로 접근하느냐의 문제이다. 이 세 가지는 상호문화교육의 본질을 이해하고 효과적으로 전달하는 데 있어 핵심적인 요소라 할 수 있다. 아래에서 각 포인트를 자세히 살펴보기로 한다.

(1) 출발점: '나 자신'

상호문화교육의 출발점은 '자기 자신'이다. 이는 철학적인 접근을 연상시킬 수 있다. 고대 그리스의 소크라테스가 말한 "너 자신을 알라"나, 공자의 "자신을 바로 알고 남을 알아라" 등과 같은 동서양의 철학은 '나', '자기 자신'에 대한 성찰이 얼마나 중요한지 알게 해 준다. Abdallah-Pretceille(1999: 109)는 상호문화교육이 자신과 자신의 집단에 대한 활동으로부터 시작된다고 하면서, 자기 자신을 돌아보는 성찰의 중요성을 강조하였다.

실제로 상호문화교육은 자기 문화 인식에서 출발하여, 타인 문화에 대한 인식을 얻고, 이를 통해 새로운 자아 인식을 형성하는 변증법적 과정이라 할 수 있다. 즉, 상호문화 교육은 자기 자신의 문화에 대한 성찰을 기반으로, 타문화와의 비교를 통해 자기 이해를 심화시켜 가는 역동적인 절차의 반복 행위이다.

(2) 접근 방식: '교차적 시각'

상호문화적 방식은 '역동적', '변증법적', '교차적'인 양상을 갖는다. Chaves(2012: 12)에 따르면, 상호문화 교육은 단순히 상대 문화를 받아들이는 것이 아니라, 자신의 생각과 경험을 통해 타문화를 비판적으로 살펴보는 과정이라 할 수 있다. 즉, 목표 문화(타문화)를 비판 없이 수용하는 것이 아니라, 자신의 문화적 경험을 기준으로 평가하면서 서로 다른 시각에서 그 문화를 이해하려는 교차적 시각(regard croisé)을 제공한다.

Besse(1993:47)는 "사람들은 자기 자신을 통해서만 타인을 이해한다."고 하면서, 인간은 자기 문화와 타문화 사이의 동화(assimilation)와 이화(dissimilation)를 번갈아 하거나 동시에 함으로써 외국 문화를 적응하고 이해하게 된다."고 하였다. 이는 자기와 타인을 이해하는 과정을 양극단으로 경험하면서, 서로 다른 문화에 대해 지속적인 적응과 조정을 거쳐 간다는 의미이다(Chaves, 2012: 12-13).

(3) 단계적 접근: 상호문화교육의 단계

상호문화교육의 단계는 주로 다양한 문화를 비교하고, 반성하며, 이해하는 과정으로 나눌 수 있다. 각 단계는 서로 연속적이고 상호작용적인 관계를 형성하는데, 이 과정에서 중요한 것은 단계별로 자기 문화와 타문화 간의 상호작용을 통해 학습자의 문화적 역량을 확장하는 것이다. 다음은 상호문화교육의 대표적인 단계적 접근이다 :

① **Partoune**(1999:11)

(1) **중심탈피**(décentration) : 자신의 고유한 준거 틀 인식하기

(2) **타인의 체계로 침투**(pénétration du système de l'autre) : 타인의 관점에서 바라보고 타인을 이해하기

(3) **협상**(négociation) : 각자가 기꺼이 수용할 수 있는 해결책을 찾기 위해 협

상이 가능한 부분과 그렇지 못한 부분을 찾아보기

② Clément(2001)

(1) **자기중심에서 벗어나기**(se décentrer) : 자기 고유의 참조 체계를 객관화하고, 자신의 고유 체계를 부정하지는 않지만, 그 체계와 거리를 두고 다른 관점들이 존재함으로 인정하는 데 있다.

(2) **타인의 입장이 되어보기**(se mettre à la place des autres) : 감정이입(empathie) 능력을 신장시키는 것, 타인의 입장이 되어보는 것, 다른 관점에서 바라보는 것을 의미한다.

(3) **협력하기**(coopérer) : 선입견을 버리고 타인을 이해하기 위해 노력하는 절차를 밟는다는 것을 의미한다.

(4) **타인이 현실과 나를 어떻게 보는지 이해하기**(comprendre comment l'autre perçoit la réalité et comment l'autre me perçoit) : 이것은 보내진 메시지를 정확히 해독하는 것을 의미한다. 이렇게 하기 위해서는 상대방의 행동과 관련된 사실을 알 필요가 있다.

③ Maga(2006)[7]

(1) **자신의 문화를 인식하기**(faire prendre aux apprenants de leur propre grille interprétative) : 학습자는 타 문화를 접하기 전에 자신의 문화를 돌아보는 과정이 중요하다. 자신의 문화가 어떤 특징을 지니고 있으며, 그 문화적 가치와 규범을 어떻게 형성했는지에 대해 성찰하는 것이다. 자기 문화를 비판적으로 바라봄으로써, 이후 타 문화를 접할 때 자연스럽게 나

7) http://www.ph-ludwigsburg.de/html/2b-frnz-s-01/overmann/glossaire/interculturalite2magafrancparler.html

타날 수 있는 민족중심주의를 극복하는 데 도움이 된다.

(2) **타문화를 발견하기**(découverte d'autres cultures) : 자신의 문화와 일정한 거리를 둔 후, 학습자는 타 문화의 다양한 측면을 배우게 된다. 이 과정에서 중요한 것은 다른 문화들이 존재한다는 사실을 인식하고, 문화적 차이를 받아들이는 것이다.

(3) **문화적 행동을 관찰하고 분석하기**(observation et analyse des comportements culturels) : 학습자는 타문화에서 나타나는 의사소통의 양상과 문화적 행동을 관찰하고 분석한다. 의사소통에서 발생하는 문화적 사실들을 찾아내고, 그 행동을 유발하는 문화적 원칙들을 추론해보는 단계이다.

(4) **고정관념에 대해 활동하기**(travail sur les stéréotypes) : 학습자는 다른 문화에 대해 사전에 형성된 고정관념이나 선입견을 반성하고, 그것이 어떻게 형성되었는지를 탐구한다. 고정관념에 대한 활동은 단순히 고정관념을 없애는 데 있는 것이 아니라, 그것을 강화하지 않도록 하는 데 목적이 있다.

(5) **자신의 문화와 타 문화를 비교 및 상대화 하기**(établir des liens entre sa culture et la culture étrangère) : 두 문화를 비교하고, 그들 간의 차이와 공통점을 찾아내는 것이다. 서로 다른 문화를 접하면서, 차이 너머에 존재하는 공통적인 가치와 규범을 이해하고, 그러한 가치가 문화 간 상호작용에서 중요한 역할을 한다는 점을 인식하도록 한다.

(6) **타인의 문화를 내면화하기**(intériorisation de la culture de l'Autre) : 마지막 단계는 타 문화를 수용하고 내면화하는 것이다. 이 과정에서 학습자는 타 문화의 요소들을 실생활에 적용해보며, 문화 간 상호작용에서 발생할 수 있는 다양한 상황에 적응하는 능력을 기르게 된다.

Partoune(1999), Clément(2001), Maga(2006)가 제시한 절차는 단계의 수나 순서에서 약간의 차이를 보이지만, 그 내용은 대체로 유사하다. 이 절차를 종합적으로 살펴보면, 자신의 문화를 인식하고, 타 문화를 발견한 뒤, 그 두 문화를 비교 및 상대화하고, 마지막으로 타 문화를 수용하는 과정으로 요약할 수 있다. 상호문화적 절차에 관한 학자들의 제시는 특정한 순서를 절대적으로 요구하는 것이 아니라, 주어진 주제나 상황에 따라 그 순서를 달리하거나 일부 단계를 생략할 수 있다는 점을 유념할 필요가 있다. 여기에서 제시한 상호문화적 절차에 따라서 상호문화 교수·학습 지도안을 제안해 보도록 하겠다.[8)]

8) 본 도서 CHAPTER 13 프랑스 문화를 활용한 상호문화 교수·학습 방법을 참고.

참고문헌

서영지(2016). 고등학교 프랑스어 교육에서의 상호문화접근법 적용 방안 연구. 서울대학교 박사학위 논문.

정창호(2009). 세계화의 도전과 상호문화교육. 교육의 이론과 실천, 14(2), 181-198.

Abdallah-Pretceille, M.(1999). L'éducation interculturelle, Paris, PUF.

Besse, H.(1993). « Cultiver une identité plurielle », Le français dans le monde, n°254, Paris, Hachette-Larousse.

Byram, M.(1997). Teaching and assessing intercultural communicative competence, Multilingual Matters.

Charaudeau, P.(1990). L'interculturel entre mythe et realite, Revue Le Français dans le Monde, n° 230, Hachette-Edicef, Paris, 1990.

Chaves, R.M.(2012). L'interculturel en classe, PUG.

De Carlo, M.(1998). L'interculturel, CLE international.

Partoune, C.(1999). L'approche interculturelle, Université de Liège.

Porcher, L.(1995). Le français langue étrangère : émergence et enseignement d'une discipline, Paris, Hachette.

Rey, M. (1986). *Former les enseignants à l'éducation interculturelle?*. Conseil de l'Europe.

UNESCO (2006). *UNESCO Guidelines on intercultural education*. UNESCO.

PART Ⅲ

교과 수업과 다문화 교수법

Chapter

08

이중언어 교육의 원리와 방법

성상환
서울대학교 독어교육과 교수

1. 도입: 이중언어교육이란 무엇인가?

이중 언어 혹은 다중 언어 교육이란 무엇인가? 이중 언어교육은 교육 환경에서 학습 및 교육에 두 가지 언어를 사용하는 것이고, 다중 언어 교육은 세 가지 이상의 언어를 사용하는 것이다. 더 좁은 정의에서 문해력은 조직적이고 계획된 교육 프로그램에서 두 가지 이상의 언어를 통해 개발되고 이때 문해력은 언어교육뿐 아니라 특정 교과내용영역(contents)을 포함한다. 대부분의 경우, 이 언어 중 하나는 가정에서 쓰는 제1언어이고, 다른 하나는 사회적으로 쓰이는 주요언어 혹은 강력한 국제어이다. 다중 언어교육 환경에서는 또 다른 언어가 주요 지역 언어(regional language)일 수도 있는데 예를 들어 말레이시아 쿠알라룸푸르의 경우 중국계 청소년이 가정에서는 제1언어로 만다린 중국어를 사용하고 사회적으로는 공식 언어이자 지역 언어인 말레이어를, 대학교의 대부분 수업에서는 강력한 국제어인 영어를 사용하는 경우가 다중 언어 교육환경이라고 할 수 있다. 그러나 가정의 언어, 주요 언어, 모국어 화자, 이중 언어, 다중 언어, 이중 언어 및 다중 언어 교육과 같은 이러한 기본 개념들조차도 매우 복잡하고 논란이 많은 구성 요소이다. 따라서 교육 매체로 사용할 언어 또는 언어 종류에 대한 고려 사항은 항상 간단치만은 않다. 언어교육은 대개 인위적이고 논란이 많은 정치적, 지리적 경계를 기반으로 국가의 교육체제가 담당하는데, 이러한 경계에는 여러 언어 집단이 포함되고 이해관계에 따라 종종 분열을 초래하기 때문에 이중언어 및 다중 언어 교육에 대한 결정은 매우 정치적이며 다양한 역사적, 경제적 또는 사회문화적 요인의 영향을 받고 있다.

이중언어성(bilinguality)은 언어접촉(language contact; Sprachkontakt)의 산물이다. 즉, 서로 다른 언어를 사용하는 사람들끼리의 접촉을 통해 이중언어성이 발달한다. 여러 언어를 구사하는 화자들이 서로 접촉하게 되는 이유는 다양하다. 어떤 이들은 스스로 선택하여 다른 언어구사자를 접촉하고, 또 어떤 이들은 상황에 의해 강요당하기도 한다. 언어접촉의 이유에 대해 가장 많이 인용되는 요인들로는 교육, 이주, 신기술, 경제, 종교, 문화, 정치적 혹은 군사적 행위, 자연재해 등을 들 수 있다. 또한 다른 언어를 사용하는 사람들과 접촉하기 위해 반드시 멀리 떨어진 다른 장소로 이동할 필요는 없다. 한 국가, 커뮤니티, 동일한 도시 내에서, 심지어는 한 가족 내에서도 언어접촉이 일어날 수 있는 기회는 많다.

이중 언어사용자가 되기 위한 조건은 사회적 차원에서의 언어접촉이지만 이것이 개인적인 차원에서의 이중언어성(이중언어주의)으로 자동적으로 연결되는 것은 아니다. 예를 들어, 벨기에, 캐나다, 핀란드, 인디아, 룩셈부르크, 파라과이, 싱가포르 같은 국가들은 이중언어나 다중 언어 사용 국가들이지만 이 국가들의 주민들 가운데 이중언어를 구사하는 정도와 수준은 상당한 정도로 가변적이라고 할 수 있다. 이러한 국가들에서는 식민지화가 되면서 외부 지배 세력이 갖고 온 언어들이 있고 지역 내의 주요어 혹은 소수 지역어들도 존재한다. 특히 룩셈부르크나, 파라과이 그리고 싱가포르 같은 국가들에 이중언어나, 다중언어구사자들이 많다고 알려져 있는데 사실은 단일언어를 구사하는 개인들의 숫자가 더 많다고 볼 수 있다. 또한 이중언어나 다중언어정책을 채택하고 있는 국가들도 그들 국가의 시민들이 이중언어를 구사하도록 장려하기보다는 동일한 국가 내에서 두 가지 이상의 언어의 사용과 유지에 관심이 있는 것이라고 볼 수 있다. 이는 정치 사회적인 기능과 통합을 위해서 아주 중요한 것이다. 따라서 사회적인 현상으로서의 이중언어주의와 개인적인 현상으로서의 이중언어주의를 구분하는 것이 중요하다고 볼 수 있다.

'이중언어구사자'의 정의를 내리는 것은 간단한 문제가 아니다. Baker & Jones(1998:2)에 따르면 이중언어 구사자를 정의하는 데 있어 다음과 같은 질문들을 고려할 필요가 있다.

- '언어구사자가 두 언어에 얼마나 유창한가'라는 기준에 의해 이중언어구사도가 측정될 필요가 있나?
- 두 언어에 대한 동일한 구사능력이 있는 자들만 이중언어 구사자라고 할 것인가?
- 이중 언어능력을 판정할 경우 일반적인 언어능력만이 유일한 판단범주나 기준이 될 것인가, 아니면 두 가지 언어의 사용 측면이나 한 언어의 구사력이 상대적으로 약한 부분도 고려해야만 하나?
- 시간이 경과하면서 그리고 상황에 따라 가변적인 이중언어 구사력에 있어 상이한 정도의 차이가 있나? 예를 들어, 한 개인이 집에서 아이로서 소수 언어를 습득하며 자라고 그 후 사회나 공동체에서 혹은 학교에서 사회나 지역의 다수가 사용하는 언어(major language)를 새로이 습득하거나 배울 수 있다. 시간이 경과하면서 제2언어가 더 강력한 주도적인 언어가 될 수도 있다. 만약 이 개인이 이 소수 언어를 사용하는 커뮤니티나 지역에서 멀어지거나 이 소수 언어를 사용하는 사람들과 접촉을 끊게 될 경우 이 사람은 이 소수 언어에 대한 유창함(fluency)을 잃게 될 수도 있을 것이다. 그렇다면 이중언어성이라는 것은 상대성을 띠는 용어인가?

다국어사용(multilingualism)은 다국어를 사용하는 국가나 언어공동체에 소속이 되지 않은 개인들의 언어적 특징이 될 수도 있다. 예를 들어 가족 구성원들이 부부가 서로 다른 언어를 사용하면서도 동시에 거주지역의 언어를 사용하는 삼중언어구사자들이 될 수 있고 충분한 사회적인 혹은 교육적인 이점이나 특권을 가진 사람들이 학교나 대학, 직장, 혹은 여가 활동에서 제2, 제3, 제4의 언어를 배울 수도 있다. 유럽의 많은 국가에서 아동들은 모어로서 예를 들어, 덴마크어, 네덜란드어, 룩셈부르크어 등을 구사하면서도 학교에서 최소 국제적인 위상을 가진 2개의 언어를 배우고 있다(예, 영어, 독일어, 불어 등).

다중언어구사자들에게서는 서로 다른 상이한 목표들 때문에 다른 언어를 배운다는 것을 인정하는 것이 중요하다. 이러한 경우 추가로 배우는 언어들의 수준은 서로 동일하다고 볼 수 없다. 북부 아프리카 모로코의 경우, 예를 들면, 베르베르어(Berber)를 모어로 구사하는 사람이 구어형식의 모로코식 아랍어에 유창하며 동시에 이 두 언어의 수준이 높은 문어에는 문외한 일 수도 있다. 이 베르베르어 구사자가 현대 표준아랍어로 교육을 받을 경우에는 이 표준아랍어를 서류작성 등 공식적인 목적으로 사용할 수 있을 것이다. 고전 아랍어는 모스크의 언어이고 기도와 코란을 읽을 때 사용된다. 또한 많은 모로코인들은 이전 식민지시기 지배언어인 프랑스어를 어느 정도 구사하고 있기도 하다.

또한 다중언어사회를 구성하고 있는 국가들에서 이중언어는 사회정치적인 의미를 띄게 된다. 여러 가지 언어를 사용하는 부족들로 구성되어 2차대전 이후 독립한 신생 국가는 의사소통과 행정, 교육의 필요 상 식민지 시대의 지배 언어(예를 들어, 영어나 불어)를 공식 언어로 지정하여 사용하고 있다. 동시에 언어라는 것은 언어 사용 공동체의 정체성이나 민족 정서, 가족, 역사 등과 깊은 관계를 맺고 있고 따라서 다중 언어 사회에서 그 사회를 구성하는 각 언어공동체의 언어들을 공식 언어로 인정하는 것은 사회통합과도 밀접한 관계가 있다. 이러한 다중 언어 사회에서는 공식적인 차원의 언어와 비공식적인 차원의 언어들이 분리됨으로 국가사회의 이중 언어 사용을 증진하고 지원해 주는 효과를 이루어 낼 수 있다. 또한 국제적인 차원에서의 활용도, 경제적인 활동에서의 활용도, 소통의 효율성과 연계되어 이중 언어교육이 활발한 경우들도 많다. 각 국가에서 영어교육이나 중국어교육이 활발히 전개되는 것도 이와 같은 맥락에서의 동기부여와 밀접한 관련이 있다. 이렇듯 이중언어사용이나 다중언어사용은 복잡한 층위와 다양한 개인적, 혹은 사회적 동인, 환경적 요소들과 밀접한 관계를 맺으며 존재하게 된다.

2. 이중언어사용으로의 태도 변화는 어떠한 경로로 일어나는가?

이중언어사용에 대한 태도는 개인적인 차원에서 개인적인 상급이 주어졌을 때 변화할 수 있다. 특히 소수 언어를 구사하는 사람들은 해당 소수 언어가 취업하거나 사회적인 계층상승에 유리하다고 판단되면 그들의 언어들을 유지하고 사용하는데 훨씬 더 많은 동기부여를 받고 해당 언어습득에 적극적이 될 것이다. 예를 들어 캘리포니아에서 치카노(Chicano)들이 사용하는 스페인어를 조롱하듯이 사용되었던 포초(pocho)[1] 나 칼로(caló)[2] 라는 표현이 과거와는 달리 최근에 치카노들이 급성장하면서 이들의 정체성을 나타내는 중립적 의미를 띄게 된 것도 이러한 맥락에서 이해될 수 있다.

사람들이 이중언어사용을 통해 이에 따른 어떠한 장점이나 이점을 경험하고 이것을 인식하지 못하면 이중언어사용에 대한 태도를 변화시키기가 쉽지 않을 것이다. 문헌에서는 이중언어 사용과 관련하여 의사소통적, 인지적, 문화적 이점을 포함한 부분적으로 중복되는 최소 8가지 혜택에 대해 언급하고 있다(Baker and Prys Jones, 1998: 6-8).

1) 주로 미국에서 멕시코계 이민자나 그 후손들을 지칭하는 단어로 사용되며 이 용어는 멕시코의 문화나 언어적 정체성을 잃어버리거나 약화된 쪽을 지칭하는 경향이 있다. 따라서 이러한 사람들은 멕시코 이민자 출신이지만 언어적, 문화적 측면에서 충분히 멕시코와 연결되지 않는 경우가 많다(goong.com 참조).

2) 멕시코 하층민의 은어에 영향을 받은 스페인어의 한 종류로, 많은 영어 단어가 섞여 있으며, 특히 미국 남서부 도시의 젊은 멕시코계 미국인들 사이에서 사용된다(collinsdictionary.com)

1) 의사 소통상의 장점

① 부모와 아이들 간의 소통이 가능하다.

② 세대를 뛰어넘어 다른 지역에 사는 조부모, 친지 등 확대된 가족 구성원들과의 소통이 가능하다.

③ 단일어만 구사하는 사람보다 훨씬 더 넓은 지역공동체 관계를 다른 언어로 정립하고 유지할 수 있다. 여기에는 학교와 이웃도 포함된다.

④ 국가와 타민족 간의 소통 장벽을 허물 수 있다.

⑤ 두 언어로 움직이고 활동하는 것은 의사소통에서 더 높은 민감성, 감수성을 나타낼 수 있다(language sensitivity). 이중 언어구사자는 의사소통적 필요에도 더욱 민감하게 반응할 수 있다. 기존 연구에 따르면 이중 언어구사자는 소통 상황에서 청자의 필요에 대해 훨씬 공감대를 잘 형성하는 것으로 알려져 있다.

2) 문화적 장점들(cultural advantages)

이중 언어구사자들은 2개 이상의 문화를 접할 수 있다. 이중언어/다중언어 구사자들은 타 문화권에서의 취업에도 유리하다. 특히 다국적 기업들은 다국어 구사자들을 원한다.

3) 인지적 장점(cognitive advantages)

이중언어/다중언어 구사자들은 인지적 차원에서도 창의적인 생각부터 초기 인지발달에서 더 빠른 진보를 이루어 내고 의사소통에서도 더 감수성이 높다고 알려져 있다. 사물에 대한 개인적인 이해나 관점에서도 단일어 구사자보다 훨씬 더 풍부한 사고의 유연성을 보여준다.

이러한 이중언어 사용의 장점을 고려했을 때 이중 언어교육은 단순히 언어능력을 키우는 데 그치지 않고, 개인의 성장과 사회적 성공, 그리고 세계시민으로서의 역량을 강화하는 중요한 도구라는 것을 알 수 있다.

그렇다면 다음 장에서는 한국보다 훨씬 일찍 다문화사회를 경험한 유럽 국가들 중에서도 벌써 일찍 이민 국가의 모습을 갖추며 다문화사회로 접어든 독일의 학교 이중 언어교육이 어떻게 변화해 왔는지 살펴보도록 한다.

3. 독일의 이중 언어능력 장려책에 대한 검토 (제1언어 장려정책)[3]

한국의 상황에서도 적용이 되겠지만 이주 배경을 가진 아동의 이중 또는 다중언어 구사는 언어 습득 시기에 따라 출생 시부터 두 언어를 사용하는 부류와 취학연령에 이주하여 두 언어를 사용하는 부류로 나뉜다. 한국의 경우는 국제결혼을 통해 한국에 들어온 이주민들이 한국에서 아이를 출생하여 한국 사회에서 대부분의 아동들이 성장하는 경우이지만 독일의 경우에는 이전에 경제적인 이유로 많은 이민자들이 가족을 동반하여 이주한 경우들이 많다. 독일의 이주가정 아동의 대부분이 아동들이 출생 시부터 두 언어를 사용하는 부류에 해당되며, 그 중 약 70퍼센트가 독일에서 모든 교육과정을 마친다고 한다(Goglin et al. 2003a, 38). 다시 말해 적잖은 숫자가 이중 언어구사자로서 독일의 교육체제를 경험하고 있다는 것이다. 독일의 경우 이중 언어구사자인 이주 아동이 독일의 교육시스템에 편입될 확률은 매우 높다고 할 수 있다. 그리하여 이들의 출신어는 오늘날의 대중매체나 기술적인 소통 수단의 확산을 통해 계속 높은 수요를 갖게 될 것으로 전망된다.[4] 독일의 이민자 아동들은 주로 가정에서 부모의 모국어를 사용하고, 학교에서는 독일어를 배우

3) 성상환, 서유정(2009) 참고

4) 독일의 학생들 가운데 어떤 언어가 어느 정도로 얼마나 보존되어 있는가에 대한 연구는 아직 많이 진전되지 못한 상태지만, 이에 대한 유일한 연구가 함부르크와 에센 두 대도시를 대상으로 이루어진 바 있다. 연구 결과 초등학교 학생들 가운데 약 100가지의 언어가 통용되고 있었으며, 언어 사용 집단의 크기와 언어의 보존도가 반드시 연관되지는 않는다는 사실이 밝혀졌다(Fürstenau/ Gogolin/ Yağmur (Hg.)(2003)).

게 된다. 이 과정에서 이중언어 습득이 이루어지며, 이는 아동들의 언어적, 문화적 정체성 형성에 중요한 역할을 한다. 기존의 연구에 따르면, 이민자 아동들은 부모의 언어와 독일어를 동시에 습득하면서 언어적 유연성을 키우고, 두 언어를 자유롭게 사용할 수 있는 능력을 갖추게 된다. 독일의 이중언어 교육은 주로 학교에서 이루어지며, 다양한 교육 프로그램이 제공된다. 예를 들어, 베를린의 공립학교에서는 이중언어 수업을 통해 학생들이 독일어와 부모의 모국어를 동시에 배울 수 있도록 지원하고 있다(정영근 2009).

또한 최근의 연구에 의하면 독일 내 단일언어 사용 이민자와 유창한 이중언어 사용 이민자의 소득을 비교한 본 경우 이중언어 사용에 따른 수익 효과에서 두 집단 간 상당한 차이가 존재함이 확인되었다(Markowsky et al., 2022). 독일 내 가장 큰 이민자 집단인 튀르키예 이민자들에게는 긍정적인 효과가 관찰된 반면, 다른 언어 그룹에서는 모국어를 유지하는 것이 이와 같은 이점을 제공하지 않는 것으로 나타났다. 튀르키예계 이민자 배경을 가진 개인들은 독일어와 모국어(터키어)에 모두 능통할 경우 더 높은 소득을 얻는 것으로 나타난 경우인데 이민자 집단의 규모와 이중언어 사용 프리미엄 간의 관계가 중요한 것으로 나타났다. 특히 이 연구에 의하면 독일 내 터키어 사용 인구의 광범위한 분포로 인해 발생한 특화된 노동 수요와 모국어 능력을 갖춘 사람들에게만 열려 있는 민족적 사회 네트워크의 중요성을 주목할 필요가 있다는 것이다.

또한 이민자 집단과 관련하여 예전에는 대개 2~3세대가 지나면 그 사회의 주된 언어에 동화되는 것이 이주 과정에 따른 언어 발달의 일반적인 양상이었지만, 오늘날에는 글로벌 차원의 디지털매체의 발달로 더 이상 그렇지가 않은 경우들도 많다. 그러므로 장기적인 안목으로 '이주가정 아동은 이중언어 구사자이다'라는 사실을 특히 염두에 두어야 한다. 그렇다고 그 사회의 일반적인 통용어의 입지와 기능이 흔들리는 것은 아니다. 문제는 이주자가 외국에서 오랜 기간 동안 사용한 자신의 출신어는 그의 출신국에서 사용되고 있는 출신어의 변형된 형태로 발전한다는 점이다. 바로 이 점이 취학 시기 즈음에 이주가정 아동을 위한 '언어수준평가'가 필요한 이유다. 다른 한편으로는 출신어 수업이 출신어 발달에 중요한 역할을 한다는 사실이 강조되어야 할 이유이기도 하다.

이중 언어구사는 다른 언어학습에도 지대한 영향을 미친다. 언어학적, 심리학적 연구에 따르면 조기 이중 언어구사는 결코 언어발달을 저해하지 않으며 차후의 언어능력 및 인지발달에도 중요한 이점을 갖는다고 한다(Gogolin et al., 2003a, 39ff; Hamers and Blanc 2000: 85ff 참조).

하지만 학교교육과 관련하여 이주 아동만 따로 분리해서 출신어로 추가 수업을 하는 것은 성적향상에는 도움이 되지만, 해당 지역에서 주로 사용되는 제2언어 발달에는 아무런 영향을 미치지 못한다는 점을 주목해야 한다.[5)] 이주배경을 가진 아동의 제1언어인 출신어 수업이 효과적이려면 1) 적절한 기간 동안 시행되어야 하며, 2) 출신어 수업과 제2언어 수업의 교수법을 연관시켜야 하고, 3) 학교차원에서 언어프로그램의 통용화가 이루어져야 한다.

5) 60년대 이후 공교육에서 이중언어수업이 통합적으로 이루어져 성공적인 사례로 정착된 캐나다의 불어 몰입교육(immersion programme)을 참고할 만하다(Swain, M & Lapkin, S. 1982; Hamers and Blanc 2000: 330ff). 또한 Schmitt (2008a, 2008b)에 따르면 독일 헤센(Hessen)주의 경우 90년대 말까지 사민당(SPD)이 집권하던 시절 주차원에서 제1언어가 공적인 학교교육에서 강제되고 조직되어 모국어 수업을 받은 이주아동들이 정치적으로 보수적인 남부지역인 바덴-뷔르템베르크주(Baden- Würtemberg)나 바이에른(Bayern)에서 외국의 영사관들이 조직한 제1언어 수업에 참여한 이주아동들보다 월등히 중등학교 진학률이 높았다고 한다. 헤센주의 경우 이민자초등학생의 65%가 중등학교(직업학교인 레알슐레나 대학진학계 김나지움)에 진학했고 바덴-뷔르템베르크주나 바이에른주 경우에는 각각 33%와 39%만이 중등학교에 진학했다. 니더작센(Nidersachsen)주나 노르트라인-베스트팔렌(Nordrhein-Westerfalen)주, 자알란트(Saarland)주의 경우에도 모국어 수업이 학교 차원의 정상수업에서 이루어졌을 경우 50% 이상의 이민자 출신 초등학교 아동들이 종합학교(Hauptschule: 수공업인력을 양성하는 직업학교) 보다 더 나은 중등학교에 진학하는 것으로 보고되었다.

미국(Thomas/ Collier 1997)과 네덜란드에서 행해진 연구에 따르면 이중언어 프로그램을 보완하고 이를 전체 학교가 수용하고 장려하는 것이 성공의 지름길이다. 학교의 효율성 연구에서도 이중 언어구사를 열등한 것이 아닌 특수한 능력이나 아동의 자산으로 인정하고 수용하여 이를 장려하는 학교는 더욱 성공적으로 운영된다는 사실이 강조되고 있다.

또한 미국에서 조사된 바에 따르면 출신어 지원 기간 및 집중도와 제2언어 습득의 성공 간에는 밀접한 관계가 있다. 또한 언어지원과 다른 과목의 성적 간에도 밀접한 관계가 있음이 여러 연구에서 밝혀진 바 있다. 요컨대, 교육과정을 성공적으로 마치는 데 도움이 되었던 것은 다년간 제1언어를 매개로 모든 수업을 한 경우이다(Thomas/Collier 1997 참조).

이중언어교육과 관련해서 특히 입학 때부터 전 학년 내내 출신어의 수준 높은 교양어를 학습하는 일이 중요하다. 출신어(제1언어) 말하기 능력은 수준 높은 언어능력을 획득하는 데 결정적인 도움이 되지 못하는 반면, 읽고 쓰기를 중심으로 한 문어 학습은 제2언어 능력의 향상을 가져온다고 보고되었다(Verhoeven 1994 참조). 출신어 수업의 교수법적인 면에서는 언어 자체를 가르치는 언어 수업보다 비언어 영역 과목에서 수준 높은 다양한 교과 내용을 다루면서 언어습득을 병행하는 내용중심 학습(contents-based learning)이 더욱 효과적인 것으로 보고 되었다.

또한 입학 초기의 개개인의 언어수준에 따른 언어능력의 확립을 위해서는 각 과목에서 습득되는 전문어와 학교에서 통용되는 교양어가 고학년으로 갈수록 복잡해지고 추상화되기 때문에 출신어 수업 기간을 5~10년은 잡아야 한다(Thomas/Collier 1997). 또한 어떤 과목을 출신어 수업 과목으로 선택할지의 문제 외에도 제1언어, 제2언어 장려 프로그램은 교수법적으로 일치해야 한다는 점이 무엇보다 중요하다고 한다(Reich & Roth 2002: 37ff).

그러나 독일의 경우 다쯔 DaZ(제2언어로서의 독일어: Deutsch als Zweitsprache) 학습과 동시에 출신어 학습을 목표로 삼고 있는 언어교육시스템은 각 연방 주에 따라 다양한 양상을 띤다. 헤센주의 경우, 1999년까지 의무화되었던 모국어 수업의 폐지가 논의되었다(Schmitt 2008b 참조). 이유는 독일 정착을 결심한 이주가정이 많은 헤센주에서는 어떤 식으로든 모국어 학습의 개혁이 필요하다고 판단했지만, 개인 혹은 사회적인 다중 언어 구사 능력의 장려를 더 이상 연방주 차원에서 목표로 삼지 않은 것은 모국어 수업이 점차 출신 국가의 책임 소관이 되었기 때문이다. 이로써 독일 국적은 갖고 있지만 독일어가 아닌 다른 언어를 사용하는 아동들은 그들의 이중언어 구사 능력을 장려하는 수업을 더 이상 받을 수 없게 된 것이다. 모국어 수업 폐지로 인한 또 다른 결과는 소수민의 언어(예를 들면, 독일에 난민으로 온 쿠르드족의 쿠르드어)라든가 정치적 망명자의 언어를 더 이상 배울 수 없게 된 것이다.

이와 달리 노르트라인-베스트팔렌주에서는 19개 언어로 주에서 공인하는 모국어 수업이 실시되고 있었다. 이는 오늘날 다중 언어 구사능력뿐만 아니라 독일어 습득에도 훌륭한 기여를 하고 있다(Gogolin et al., 2003a 참조).

바이에른주와 라인란트-팔쯔 주의 경우, '모국어 보충수업'이라는 구태의연한 언어교육에 천착하고 있지만 수업의 사회화 기능으로 목표를 확대하고 있다.

이러한 양상과 맞물려 수업 커리큘럼과 교재 역시 지극히 다양하다. 각국 영사관에서 실시하는 모국어 수업에서는 출신국의 교재와 교안을 사용하는 반면, 일부 자체 출판사에서 만든 개괄적인 교안과 자체 교재가 우후죽순으로 생겨났다. 최근에는 특히 출신어 수업 커리큘럼 개발이 터키어 교직과정 도입(에센 대학과 함부르크 대학)의 영향으로 더욱 가속화되었다.[6] 즉 출신어 수업

6) 2008년 8월 독일 쾰른(Köln)대학 사범대 로트(Hans J. Roth) 교수와의 인터뷰 내용.

의 중요성을 토대로 교수법과 수업의 질에 더 주목하게 된 것이다. 이렇게 볼 때 제1언어 학습을 지원하는 이중언어학습의 관건은 공교육에서의 수업 구상과 교재 개발이라고 할 수 있다(Reich & Roth, 2002: 42ff).

위에서 살펴본 독일을 중심으로 한 학교 교육체제에서 시행된 이중언어교육이나 다중언어사용에 대한 이해를 바탕으로 한국의 다문화가족을 중심으로 한 이중언어사용의 현 상황과 정책을 비판적으로 검토해 보자.

4. 한국의 이중언어 정책과 지원체계 상황

한국은 전통적으로 단일 언어 사용국가라고 할 수 있다. 그러나 2000년대 초반 급격히 증가한 국제결혼의 증가세가 2005년 이후 다소 둔화되었긴 하지만, 한국 사회는 인종적 · 민족적 · 문화적 다양화로 변모해 가는 중이다. 한국 사회에 다문화적 배경을 지닌 사람들이 증가하게 됨에 따라 다문화가정의 자녀도 점차 증가하고 있다. 행정안전부 기준 2022년 외국인 주민의 자녀 수는 299,440명이고, 교육부 기준 2023년 다문화학생 수는 181,178명에 이르고 있다. 국내 다문화 가구원 수는 '21년 기준 112만 명이고 이는 우리나라 전체 인구(5,174만 명)의 2.2%에 해당하고 있다. 이러한 추세에 따라 다문화가족의 자녀 세대도 급격히 증가해 왔다.

특히 아동의 언어 발달단계에서 학령기 이전 시기에는 어머니의 영향력이 지배적이며, 언어 발달을 바탕으로 인지적 · 정서적 발달이 이루어진다. 현재 한국 사회의 결혼이민자 중 여성의 비중이 현저히 높다. 2021년 국내 결혼이주 여성은 137,812명으로 전체 결혼이민자의 79%에 이른다는 점을 감안하면(행정안전부, 2021), 다문화가족의 대부분이 결혼이주여성과의 관계에서 언어 · 문화적 어려움을 어느 정도 겪으리라는 것을 짐작할 수 있다. 이러한 상황에서 어머니(또는 아버지)가 외국 출신인 결혼이민자 자녀들이 부모 중 한쪽의 언어나 문화를 제대로 접하지 못할 경우, 다문화가족 자녀의 균형 있는 언어적 · 인지적 · 정서적 발달을 기대하기 어렵다.

또한 다문화가족 내 여성결혼이민자의 주 언어 사용에 대한 한국인 배우자 및 가족들의 태도는 부정적이어서, 가정 내 지원 방안의 수립이 필요한 것으로 보인다. 구체적으로, 여성 결혼이민자가 가족들에게 자신의 주언어를 가르친 경험이 있는 경우가 23.5%(남성 37.1%)에 불과하며, 영어나 일본어가 아닌 비주류 언어 사용 국가 출신의 주 언어 사용에는 특히 더욱 부정적인 반응을 보인 것으로 밝혀져 있다(정해숙 외, 2013). Soto(1997)는"모국어와 모국문화는 가족 내 의사소통 과정의 핵심이며, 특히 세대 간 의사소통은 어린 자녀의 사회적, 정서적, 인지적 안정을 가져오는 데 중요한 부분"이라고 언급하여 가족관계 발달에 있어 모국어와 모국문화 사용의 중요성을 논한 바 있다. Baker 또한 의사소통, 문화, 인지, 성격형성, 교육, 경제적 측면에서 이중언어 구사자의 장점을 언급한 바 있다(C. Baker, 정부연 역, 2010). 한국에서도 초기 동화정책을 바탕으로 소수자에 대한 한국어교육 및 한국문화체험 중심이었던 다문화교육의 방향성에 관하여 소수자에 해당하는 이주배경을 가진 부모의 모어에 관한 관심(박정은, 2007)뿐만 아니라 소수자의 권익 보호를 넘어 소수자의 정체성을 유지 시키는 교육, 소수자에 대한 다수자들의 이해 교육으로의 전환(윤여탁, 2008)을 모색하였다.

이상을 고려할 때, 현재 다문화가족 자녀의 다수를 차지할 뿐만 아니라 언어적 · 인지적 · 정서적 발달에 중요한 시기라 할 수 있는 만 6세 이하 자녀를 위한 가정 내 이중언어 환경조성과 관련한 지속적인 정책적 지원이 요구된다. 이러한 관심은 2009년 이중언어영재교실 시범사업이 진행된 이래로 지속되어 왔으며, 다문화가족을 위한 이중언어 환경조성에 대한 정책적 지원은 2014년 시범사업을 통해 전개된 바 있다. 2015년 이후 이중언어 환경조성사업이 2023년 현재에 이르기까지 전국 230개소 다문화가족지원센터로 확장 · 시행되었고, 표준화된 부모교육 서비스 제공을 위한 매뉴얼 개발도 이루어졌다(성상환 외, 2015).

한국의 다문화가족 내의 구성원들, 특히 아동들을 위한 이중언어 환경조성 사업은 부모교육을 중요시하고 있고 부모교육 프로그램 매뉴얼은 다문화가족의 부모 및 한국인 가족들을 대상으로 일상생활에서 한국어와 이주부모의 주 언어를 함께 사용할 수 있는 가족환경을 조성하기 위하여, 이중언어 환경의 중요성을 인식시키고 이중언어 교육에 대한 인식을 개선함으로써 다문화가족 자녀의 건강한 성장을 지원하고 다문화가족으로서의 자긍심을 제고하는 데 그 목적이 있다. 이러한 목적에 따라 다문화가정 내 이중언어 환경조성과 관련하여 다음과 같은 장/단기적 기대효과를 기술할 수 있다.

- 단기적 기대효과 :
  - 양육자의 모어를 사용한 자녀양육 및 교육의 실행
  - 이주부모 및 한국인 배우자의 자녀양육 및 교육 역량 강화
  - 이주부모와 자녀의 정서적, 문화적 유대 강화
- 장기적 기대효과 :
  - 자녀의 언어 및 인지, 사회성 발달
  - 다문화가족으로서의 자긍심 제고
  - 이중언어 교육에 대한 인식 개선

한국의 다문화가정 아동이나 이주배경을 가진 아동들의 언어적 정체성은 부모의 모국어와 한국어 사이에서 형성된다고 볼 수 있다. 위에서 살펴본 다양한 연구에 따르면, 부모의 언어를 잘 습득한 아동일수록 정서적 안정감을 느끼며, 해당 지역의 주 언어의 습득에도 긍정적인 영향을 미친다는 것을 알 수 있다. 반면, 부모의 언어를 소홀히 하거나 한국의 지역 언어인 한국어만을 강조할 경우, 아동들은 정체성 혼란을 겪을 수도 있다. 따라서, 한국사회

에서 이중언어 교육은 이주배경을 가진 아동들이 두 언어를 균형 있게 습득하고, 언어적 정체성을 확립하는 데 중요한 역할을 할 것이다.

위에서 상술한 국제적인 관점에도 불구하고 한국 사회에서는 2008년 다문화가족지원법이 시행되면서 이중언어교육에 관해서 시행착오를 겪어 왔다. 초기 다문화가족정책과 관련하여 한국 사회에서는 이주배경을 가진 부모의 언어 · 문화적 특수성에 대한 언어 결함론의 관점이 팽배했었다. 즉 다문화가족이 지속적으로 한국 사회의 일원으로 자리 잡고 있음에도 불구하고 다문화가족 자녀의 언어 발달을 바라보는 한국 사회의 시선은 여전히 이주배경을 가진 부모의 미흡한 한국어 능력으로 인해 자녀의 언어발달이 늦어지고 더 나아가 학교생활 부적응이나 학업 부진과 같은 문제로 이어지는 것에 대한 우려를 담고 있다는 것이다. 이는 언어결함론(deficit theory)의 관점에서 동화정책을 강조해 온 기존 정책의 방향과 다문화가족 자녀의 수용어휘력, 수용언어능력, 표현언어능력이 낮게 측정된다는 연구(정은희, 2004; 최현욱·황보명, 2009) 등에 의해 뒷받침되어 왔다.

그러나 이후 이중언어 교육정책은 다문화가족이 가진 이중언어 환경의 교육적 효과에 주목하게 되었다. 언어 결함론의 관점에서 초창기에 소수민족 어린이들에게 '동화정책'을 이미 실행했던 미국에서의 실패는 언어 상이론의 관점(Bereiter & Englemann, 1966; Jensen, 1969[권순희, 2009:64에서 재인용])을 그 바탕에 두는 이중언어교육에 대한 관심을 불러일으켰다. 언어 상이론(different theory)은 각 언어들 간의 우월성을 부인하고 각기 언어 간의 차이에 주목한 것으로, **여성가족부**(이중언어교육 시범사업[2009]을 비롯, 다문화가족 이중언어 환경조성사업 시범운영, 2014)**와 교육부**(다문화가정 자녀를 위한 이중 언어 교수요원 양성사업, 2009년 이후 2013년까지 전국 7개 지역 강사 236명 배치)**에서는 다문화가족이 가진 이중언어 자원을 자녀 세대에 계승 · 발전시켜 이중언어를 구사하는 인적자원으로 육성한다는**

정책적 지향점을 보여 온 바 있다. 이렇게 이주 배경을 가진 부모의 모어 교육에 관한 우려를 불식하기 위한 이중언어교육의 잠재성 발견을 정책적으로 지지하는 것은 중요하다. 한국에서 이주 배경을 가진 부모의 모어교육 및 소수자의 정체성을 유지 시키는 관점으로의 방향성 전환의 모색은 이주민 부모의 모어교육의 한계 및 어려움을 확인하는 연구와 이주민 부모의 모어교육의 효용을 확인하는 연구로 이어진다. 대부분 저개발국가 출신인 결혼이주여성은 특히 가정 내에서 그간 모국의 언어와 문화를 인정받지 못하고, 자녀와 관련된 의사결정이나 양육과정에서 소외되어 왔다(권순희, 2009; 성미영 외, 2010; Choi & Lew, 2024).

물론 한국어교육의 효용성은 의심할 나위 없는 바이나, 이러한 가정 내 상황을 고려하지 않고 이주배경을 가진 부모 나라의 문화나 언어의 중요성을 축소하거나 한국어 능력이 부족한 다문화가정 어머니의 양육소외를 정당화하는 근거로 활용되는 것에 대해서는 재검토가 필요하다. 이러한 맥락에서 이주민 부모의 양육참여 효과(박현선 외, 2012)를 살펴보거나 아동의 이중 언어 경험과 인지발달 및 사회, 정서적 발달에 긍정적 영향을 확인해 봄으로써, 다문화가정 이주민 부모의 양육참여로 인한 효용을 밝힌 연구물들이 있었다(이귀옥, 이혜련, 2006; 이은경, 오성숙, 2012; 오지영 외, 2018).

이상의 연구 결과를 검토해 본 결과, 이주배경을 가진 부모의 모어 교육은 아동의 언어적 발달뿐만 아니라 인지발달 및 사회, 정서적 발달에도 영향을 미치며, 이는 더 나아가 자녀 양육과정에서 소외되어 온 이주부모(특히 저개발국가 출신 결혼이주여성)가 스스로의 정체성을 긍정하고, 궁극적으로 다문화가족의 성평등 문화 조성에도 기여할 수 있다는 점을 확인할 수 있다(이종국, 주미경, 2024). 이러한 이주배경을 가진 부모들이 직접적으로 학교에서 이중언어교사들로 활동하며 자신들의 이중언어정체성을 아동들과 접목시키는 활동들도 이주배경 아동들이 밀집해 있는 일부 지역에서는 활발히 전개되고 있다(Kim & Seong, 2024). 그럼에도 불구하고 다문화학생이나 이주배경을 가진 학생들을 대상으로 한 학교 차원에서의 체계적인 지원은 아직도 미흡한 실정이다. 교육부의 다문화교육지원 기본계획(2023)을 보면 이중언어교재개발 및 보급이나 전국 이중언어말하기대회, 다문화학교 언어과정 연계 등의 내용들이 정책적으로 제시되어 있으나 학교차원에서 다문화학생들이 밀집한 지역을 중심으로 교과시간을 통한 이중언어교육이 제도적으로 안착될 필요가 있다. 학교차원의 이중언어교육을 체계화 하는 것이 장기적으로 이주배경을 가진 아동들의 한국에서의 고급 한국어능력과 수준높은 한국어로 진행되는 교과에도 긍정적인 영향을 미칠 것이라는 것은 앞 절에서 살펴본 독일의 학교교육의 경우에서도 확인한 바이다. 다음 장에서는 이중언어 교육에 대한 이해를 증진 시킬 수 있는 수업 모델을 한 개 예시로 제시하려고 한다.

5. 이중언어 교육에 대한 이해 증진 수업 예시

이중언어 교육에 대한 이해 증진 수업

아래 내용은 수업 도입부에 활용할 수 있는 서술 예시이다.

[예시] 수업 도입부에 활용할 수 있는 서술

안녕하세요, 여러분. 오늘 함께할 이중언어 교육에 대한 이해 증진 수업에 참여해 주셔서 감사합니다. 이번 수업은 결혼이민자와 한국인 배우자가 한자리에 모여, 서로의 언어 경험을 공유하며 이중언어 발달에 대한 기초 지식을 함께 익히고, 효과적인 언어 발달 환경을 조성하는 방법에 대해 고민해보는 소중한 시간으로 마련되었습니다.

먼저, 오늘 수업의 주요 목표를 말씀드리겠습니다.
첫 번째로, 이중언어 발달에 관한 기본 개념과 이론을 이해하고, 이를 통해 이중언어가 어떻게 발달하는지에 대해 배울 예정입니다. 두 번째로는, 이러한 이중언어 발달을 촉진하기 위해 가정, 학교, 지역사회 등에서 어떠한 환경 조성이 필요한지에 대한 구체적인 방안을 함께 모색할 것입니다.

오늘 수업은 약 5~10명의 소규모 그룹으로 진행되며, 각자의 경험과 생각을 자유롭게 나누실 수 있는 자리가 될 것입니다. 소수의 인원으로 구성되어 보다 심도 깊은 대화와 토론이 가능할 것으로 기대합니다.

수업은 총 120분 동안 진행되며, 중간중간 10분 내외의 휴식시간을 통해 집중력을 유지하실 수 있도록 배려하였습니다.
또한, 오늘 수업을 원활하게 진행하기 위해 네임펜, 동영상 자료, B4 사이즈의 색지, 색연필, 이름표, 체크리스트, 사인펜 등 다양한 준비물을 활용할 예정입니다.

이제 여러분과 함께 이중언어 발달의 기본 개념부터 시작하여, 실제 생활 속에서 적용 가능한 이중언어 환경 조성방안에 대해 심도 있게 탐구해 보도록 하겠습니다. 오늘 수업을 통해 서로 다른 언어와 문화가 어우러진 다양한 경험과 지혜가 한층 더 풍부해지길 기대합니다.

그럼, 첫 번째 활동으로 여러분 각자의 간단한 자기소개와 함께 오늘 수업의 기대하는 바를 나누어 보도록 하겠습니다. 모두 편안하게 참여해 주세요.

1) 활동목표

(1) 이중언어 발달에 대한 기초 지식을 습득한다.

(2) 이중언어 발달 촉진을 위한 환경조성 방안을 알아본다.

2) 집단 구성

결혼이민자와 한국인 배우자(5~10명, 자율적으로 조정이 가능함)

3) 운영 시간(120분)

센터 · 운영 강사에 따라 활동 내용을 취사선택하여 운영할 수 있도록 구성하였으므로 전체 시간은 조정이 가능하다. 각 활동 단계 사이에 강사의 재량에 따라 2회가량, 10분 내외의 휴식 시간을 가질 수 있다.

4) 준비물

네임펜, 동영상, 색지(B4), 색연필, 이름표, 체크리스트, 사인펜

5) 프로그램 내용

단계	소요시간		프로그램 내용	준비물
도입	20분		• **강사소개 및 이중언어 환경조성사업 프로그램 개관** - 본 프로그램의 목표와 전체 커리큘럼 진행 계획에 대해 간단한 소개 • **참여자들 간 인사 나누기** - 참여자의 국적, 한국 거주 기간, 자녀의 연령, 참여 동기 등에 대해 소개	이름표, 네임펜
전개	90분	10분	• **자녀 언어 습득 단계에 대한 기본 정보 환기** - 자녀의 언어 발달 단계를 확인 및 양육 정보 교환을 통해 참여자 간 라포르 형성 • **우리 가정 대화 지수 점검하기** - 가정 내 대화의 중요성을 이해하고, 평소 가정 내 대화가 잘 이루어지고 있는지에 대해 생각해보기	
		40분	• **이중언어 교육에 대한 일반적인 오해와 편견 해소** - 각 참여자가 이중언어에 대해 가지고 있는 태도 및 지식 확인하기 - 이중언어 구사능력이 갖는 장점에 대해 앞 절에서 나온 의사소통상의 장점, 문화적 장점, 인지적 장점에 대해 의견 교환하기 - 관련된 비디오 자료를 시청하면서 이중언어에 대한 오해와 편견 해소하기 - EBS 등에서 이중언어 교육에 관한 영상을 찾아 시청한 후 이중언어 교육에 대한 지식을 서로 공유하기. 예) https://www.youtube.com/watch?v=3COY0zVcq3I (킬링포인트만 모았다! 이중 언어 환경이란?!)	체크리스트 동영상 활용 가능
		20분	• **이중언어 발달 촉진을 위한 환경조성 방안 탐구** - 이중언어 발달 촉진에 효과적인 방안 소개하기 - 아동들을 대상으로 이중언어 발달을 개인적으로 경험한 경우 구체적인 사례를 공유하기 - 각 가정 내 자녀들의 이중언어 발달을 촉진할 수 있는 각 가족 구성원의 역할에 관한 토론·탐구하기	체크리스트 동영상 활용가능
		20분	• **이중언어 발달 촉진을 위한 방안 제시(심화)** - 한국이나 가까운 나라의 아이들에게 친숙한 동요를 온라인상에서 발굴하여 아이와 함께할 음률 활동 만들기	색지(B4), 색연필, 사인펜
마무리	10분		• **주요 내용 정리 및 질의응답** • **다음 회기 및 과제 안내**	

기대효과 및 선택활동	- 각 가정의 영유아기 자녀가 현재 언어 발달의 어느 단계에 있는지 이해한다. - 이중언어 교육의 필요성을 깨닫고 올바른 이중언어 교육을 위한 방법을 습득한다. - 참여자들은 각 가정의 영유아기 자녀가 보다 효과적으로 이중언어 능력을 발달시켜 나갈 수 있는 환경조성 방안을 적극적으로 탐색할 수 있다. - 본 회기의 주요 목표는 이중언어 교육에 대한 이해 증진이므로 "노래에 맞춘 율동 제작"은 심화 활동으로서 다루는 것이 필요하다.

참고문헌

권순희(2009). 이중언어교육의 필요성과 정책 제안. 국어교육학연구 34, 57-115.

박정은(2007). 다문화사회에서 생각하는 모어교육. 일지사.

박현선·이채원·노연희·이상균(2012). 다문화 가정의 이중언어·이중문화적 양육 환경이 자녀 발달에 미치는 영향 –어머니 양육참여의 매개 효과를 중심으로. 사회복지연구, 43(1), 365-388.

성미영·김정현·전세경·정현심·권윤정(2010). 다문화가정 유아의 애착 및 유아-어머니 상호작용 특성 –애착 유형, 애착 표상, 애착 안정성을 중심으로, 19(3), 23-39.

성상환, 서유정(2009). 독일의 다문화 언어교육정책에 대한 분석적 고찰. 독어교육, 46, 7-35.

성상환 외 (2015), 이중언어 환경조성사업 부모교육 매뉴얼 개발, 서울대/한국건강가정진흥원/여성가족부.

여성가족부(2014). 다문화가족 이중언어환경조성사업 실행방안 연구.

여성가족부·한국건강가정진흥원(2014). 사회적 통합을 위한 다문화가족서비스 대상 범위 확대 방안.

여성가족부 보도자료(2014. 8. 20), 이중언어 인재육성을 위한 다문화가족교육 강화 –2014년 6개 지역 실시 및 2015년 전국 확대실시-, 여성가족부 다문화가족정책과.

오지영·김혜전·전우용(2018). 한국의 베트남 다문화가족 이중언어교육 사례연구: 베트남어 교육을 위한 필요 요인을 중심으로. 다문화교육연구, 11(4), 55-85.

윤여탁(2008). 다문화교육으로서의 한국어교육 : 현실과 방법론. 국어교육연구, 22, 7-34.

이귀옥·이혜련(2006). 아동의 이중언어 경험과 마음이론 발달. 한국심리학회지발달, 19(4), 77-92.

이은경·오성숙(2012). 어머니의 언어사용 환경에 따른 다문화가정 유아의 언어양상. 열린유아교육연구, 17(4), 177-205.

이종국·주미경(2024). 경기 지역 결혼이주여성 자녀 대상 이중언어교육 프로그램의 효과 및 영향요인. 다문화교육연구. 17(3), 249-274.

정영근 (2009): 학교의 이중 언어수업과 상호문화교육 -독일 베를린의 공립학교 이중 언어수업 실험모형을 중심으로-. 교육의 이론과 실천, 14(1), 167-185.

정은희(2004). 농촌지역 국제결혼 가정 아동의 언어발달과 언어환경. 언어치료연구, 13(3), 33-52.

정해숙 외(2013). 이중언어 교육 실태 및 개선방안 연구. 여성가족부.

정해숙·김이선·이아름(2013). 이중언어교육 실태 및 개선방안 연구. 여성가족부.

최현욱·황보명(2009). 다문화가정 이주여성의 한국어능력이 자녀의 한국어능력 발달에 미치는 영향. 특수교육저널 : 이론과 실천, 10(4), 315-329.

황진영(2012). 한국 다문화사회의 이중언어 교육 연구. 전남대학교출판부.

Baker C & Prys Jones S(1998). Encyclopedia of bilingualism and bilingual education. Clevedon: Multilingual Matters.

Baker, Colin. *A parents and teachers guide to bilingualism*. 정부연 역(2006). 이중언어 교육 가이드. 넥서스.

Bialystok, Ellen. *Bilingualism in Development: Language, Literacy & Cognition*. 김영주·이정민 역(2011). 이중언어발달-언어와 문해력 그리고 인지. 한국문화사.

Choi, Jayoung & Shim Lew (2024): Ethnolinguistically Minoritized Women as Bilingual Coaches in South Korea. *Migration and Language Education, 5*(1), Castledown Publishers.

Fürstenau, Sara., Gogolin, Ingrid., Yağmur, Kutlay(Hg.)(2003). Mehrsprachigkeit in Hamburg. Ergebnisse einer Sprachenerhebung an den Grundschulen in Hamburg. Münster, New York.

Gogolin, I, U. Neumann & H.-J. Roth (2003a): *Förderung von Kindern und Jugendlichen mit Migrationshintergrund. Materialien zur Bildungsplanung und zur Forschungsförderung*. Bund-Länder-Kommission für Bildungsplanung und Forschungsförderung, Heft 107. Gutachten. Universität Hamburg. Gedrückt von Bundesministerium für Bildung und Forschung, Bonn 2003.

Gogolin, I, U. Neumann & H.-J. Roth (2003b): Bericht 2003: *Versuch Bilinguale Grundschulklassen in Hamburg*. Fachbereich Erziehungswissenschaft. Universität Hamburg.

Hamers, Josiane F. and Michael H. A. Blanc (2000): *Bilinguality and Bilingualism*. Cambridge: Cambridge University Press.

Kim, S. & S. H. Seong (2024): Bi/Multilingual Teacher Beliefs about Bi/Multilingualism and Teaching Practices in (Language) Classroom. *The SNU Journal of Education Research*. 33(4): 109-137.

Markowsky, Eva & Wolf, Fridolin & Schäfer, Marie, 2022. "Immigrant bilingualism in the German labour market: Between human capital, social networks, and ethnic marginalisation," WiSo-HH Working Paper Series 68, University of Hamburg, Faculty of Business, Economics and Social Sciences, WISO Research Laboratory.

Paradis, Johanne. and Genesee, Fred. and Crago, Martha B. *Dual Language Development and Disorders*. 황상심 역(2012). 이중언어발달과 언어장애. 박학사.

Reich, Hans H. & Hans J. Roth (2002): *Spracherwerb zweisprachig aufwachsender Kinder und Jugendlicher: ein Überblick über den Stand der nationalen und internationalen Forschung*. Behörde für Bildung und Sport. Hamburg.

Romaine, S.(1995). Bilingualism(2nd ed.). Oxford: Blackwell.

Schmitt, Guido (2008a): Einwanderer(kinder) und die europäisch-kosmopolitische Bildung. Konzept einer europäischen Schule. In: Lange, Dirk (Hg.): *Migration und Bürgerbewusstsein.* Wiesbaden. VS Verlag für Sozialwissenschaften. 203-216.

Schmitt, Guido (2008b): Immigration and Bi-Multilingualism, Globalization and the European School in future. In: *Multilingual & Multicultural Education in Global Context.* Proceedigs of the 13th. International Conference of the Korean Society of Bilingualism. 23-28.

Thomas, Wayne P./Collier, Virginia (1997): *School effectiveness for language minority students.* Washington D.C.

Verhoeven, Ludo (1994): Transfer in bilingual development: The linguistic interdependence hypothesis revisited. In: *Language Learning* 44/3, 381-415.

Chapter

09

다문화교육과 세계 지역지리학 수업

Douglas R. Gress (더글라스 그레스)
서울대학교 지리교육과 교수

다문화사회 교수방법론

1. 서론[1)]

한국에서 다문화 교육은 주로 이주민의 동화에 초점을 맞추는 데 그쳐, 다른 문화권 사람들에 대한 한국인의 이해와 공감을 동시에 발전시키지 못했다는 비판을 받아왔다. 교실에서도 비한국인 학습자의 관점을 이해하고 이를 반영하는 데 있어 더딘 모습을 보이는 경우가 많다. 이러한 문제를 해결하기 위해, 이 장에서는 핵심 역량 이론(core competency theory)의 주요 요소를 세계 지역지리학(World Regional Geography) 교육에 도입하여 다문화 교육의 목표에 더 잘 부합하는 포괄적이고 총체적인 강의 방식을 제안하고자 한다. 특히, 학생들의 문화 간 인식(cross-cultural awareness)을 개발하고, 이를 능동적 학습(active learning)을 통해 적용할 수 있는 능력을 키우는 데 중점을 두었다. 이러한 교수 방안을 통해 교실 내에서 다양한 관점이 존중되고 통합될 수 있도록 하는 한편, 학생들이 세상과 그 속에서 자신의 위치를 보다 공감적으로 이해할 수 있도록 돕고자 한다.

세계 지역지리학(World Regional Geography, WRG)을 가르치는 일은 어떤 교육 수준에서든 막대한 과업이다. 어떻게 학생들이 약 200개국에 대해 단 1~2학기 동안 학습할 수 있을까? 그리고 이들 국가와 지역의 정확히 어떤 요소들이 강조되어야 할까? 필자는 수년간 세계 지역지리학을 가르치면서, 몇몇 지

---

1) 이 장의 완성을 위해 도움을 주신 편집자, 출판사, 번역자, 그리고 박민재 선생님께 깊은 감사의 말씀을 드립니다.

역과 그에 속한 국가들이 유럽 지역지리학, 동남아시아 지역지리학, 아메리카 지역지리학(현재 가르치고 있는 과목), 동아시아 지역지리학(역시 가르치고 있는 과목)과 같은 강의들에서 다루어진 덕분에 학생들이 상대적으로 학습할 기회가 적었던 다른 국가와 지역에 더 집중할 수 있었다. 물론 여전히 다루어야 할 내용이 많았지만, 각 국가를 특징짓는 자연, 문화, 정치, 경제지리적 요소들을 골고루 다루기 위해 노력했다.

이 장의 목적은 세계 지역지리학 강좌 전체를 가르치는 전략을 제시하려는 것이 아니다. 국가와 지역, 그리고 이들 간의 상호작용에 대해 가르치는 것은 일반적으로 앞서 언급한 여러 지리적 특성을 다양한 공간적 스케일에서 다루는 것을 수반한다. 대신, 이 장의 목적은 다문화 교육의 여러 측면을 세계 지역지리학 교육에 문화 간 역량(cross-cultural competencies) 및 기능 함양과 관련지어 접목할 수 있는 방법을 강조하는 데 있다. 다문화 교육은 일반적으로 다음과 같이 정의된다.

> "다문화 교육은 남학생과 여학생, 특별한 학생 및 다양한 인종, 민족, 언어, 문화 집단의 구성원인 학생이 학교에서 동등한 학업 성취 기회를 가질 수 있도록 교육 기관의 구조를 변화시키는 것을 목표로 하는 아이디어, 교육 개혁 운동과 그 과정으로 정의할 수 있다." (Banks & Banks, 2001, Özturgut, 2011: 2)

그러나 곧 살펴보겠지만, 다문화 교육의 여러 측면들을 실제 적용하는 데 있어서 단순히 용어의 일반적인 정의를 따르는 것보다, 실천 지향적인 학습이 더욱 잠재력을 지니고 있을지도 모른다. 이러한 시도는 핵심 역량과 의미 있는 학습 접근 방식이 다문화 교육의 여러 측면과 잘 조화된다는 점에서 추동된다. 이 접근법에서는 학생들이 학습과 지식 함양에 능동적으로 참여함과 동시에, 새롭게 얻은 지식을 다양한 맥락에서 적용할 수 있는 능력을 개발하도록 한다. 또한, 쉽게 예상할 수 있듯이, 이 과정에서 핵심은 자기 인식과 공감 능력을 개발하는 것이다(Weinert, 2001).

위에서 '외국인 학생'이나 '다문화가정 학생'이라는 용어가 사용되지 않았음을 주목할 필요가 있다. 물론 곧 다루겠지만, 이러한 정의와 제한된 유형론 내에서 개발되는 지식, 그리고 그 지식이 누구에 의해, 누구를 위해 개발되었는지는 문제가 될 수 있다. 대신 이 장에서는 세계 지역지리학에서 다문화 교육의 교육과정 기회를 한국 교실의 모든 학생으로 확장하고, 이를 통해 학교 및 지역사회에 변화를 촉진하는 데 초점을 맞추고자 한다. 따라서 이 장, 그리고 여러 학문을 다루는 이 책은 이러한 변화가 한국뿐 아니라 다른 지역에서도 미래까지 이어지기를 희망하는 추세의 일부라 할 수 있다.

Chang(2017: 182)은 다음과 같이 언급한다.

> "최근 다문화 교육 연구에서 가장 주목할 만한 점은 오늘날 학자들이 과거에 비해 더 광범위한 대상을 포함시키고 있다는 것이다. 그러나 여전히 대부분의 연구는 소수집단 학생들의 다문화 교육에 초점을 맞추고 있다. 그 결과, 소수집단을 교육하는 것만큼이나 중요한 문제임에도 불구하고 다수 집단에 대한 다문화 교육의 영향을 다룬 연구는 많지 않다."

그러나 본격적인 논의에 앞서, 다음 절에서는 한국에서의 다문화 교육을 맥락화하여 패러다임 전환 과정에서 직면할 수 있는 몇 가지 도전 과제를 살펴보고자 한다. 이어지는 내용에서는 몇몇 지리학적 관점과 지리 교육의 사례를 소개한다. 이를 통해 세계 지역지리학 수업에서 문화 간 지식 형성이 체계적이고 능동적으로 이루어질 수 있는 기반을 마련하고자 하였다.

2. 맥락: 다문화 교육의 다양한 측면, 한국의 교실, 그리고 지리적 관점

Banks(1993)의 연구를 기반으로, 이 절에서는 다문화 교육의 주요 측면을 살펴보고, 이를 한편으로는 한국의 경험에 비춰 맥락화하며, 다른 한편으로는 지리적 관점과 세계 지역지리학 교육에의 적용 가능성을 중심으로 논의한다. Shen(2019: 44)이 언급했듯이, '다문화 교육은 독립적인 필수 교육 과정으로 간주되어서는 안 되며, 그 가치와 원칙은 다른 교과목에 자연스럽고 점진적으로 스며들어야' 한다.

Banks(1993)가 제시한 다문화 교육의 차원에는 내용 통합, 지식 구성 과정, 편견 감소, 형평성 교수법, 마지막으로 학교 문화 및 사회 구조의 역량 강화가 포함된다. 먼저, 내용 통합은 '… 교사가 자신의 교과 영역이나 학문 분야에서 핵심 개념, 원리, 일반화 및 이론을 설명하기 위해 다양한 문화와 집단의 사례, 데이터, 정보를 사용하는 정도를 의미한다'고 정의된다(Banks, 1993: 5). 한국에서도 이러한 측면에서 어느 정도 진전이 이루어진 것은 분명하지만(이 책의 10장을 참조), 연구자들은 여전히 비한국인 학생들의 실제 경험과 그들이 처한 학교 문화 및 교실 환경 간의 괴리를 지적하고 있다(Kim & Kim, 2012). 실제로 일부 연구자들은 한국의 국가 교육과정이 자민족 중심적이며(Hong, 2010), 다문화 교육이 모든 사회 구성원을 포함하기보다는 주로 다문화 가정을 대상으로 한다는 점(Yang, 2007), 심지어 정부의 다문화 정책이 학생과 가족에게 부정적인 영향을 미친다는 점(Shen, 2019)을 비판하기도 했다. 이는 부분적으로 한국에서 다문화 교육이 소수자를 위한 교육적 지원'으로 정의되기 때문이라는 분석도 있다(Chang, 2017: 180).

지리학자들은 단순히 다른 문화의 정보, 데이터, 사례를 전달하는 것에 그치지 않고, 이를 통해 학생들의 비판적이고 독립적인 사고 능력과 공감 능력을 동시에 개발하는 것을 목표로 한다. 실제로, 이 장의 주요 목적은 바로 이러한 접근법의 구체적인 사례를 제시하는 데 있다. 요컨대, 중요한 것은 문화 간 정보, 데이터, 사례를 공유하는 것 자체가 아니라, 그것들이 어떻게 개발되고 공유되며, 누가 그 과정을 주도하는지 라는 점이다. 이는 Klein(2003)의 지리학 수업에서의 '능동적 학습(active learning)'에 대한 논의에서도 잘 나타난다. 지식이 교사에서 학생으로 일방적으로 전달되는 방식이 아니라, 토론이나 역할극과 같은 활동을 통해 학생들이 스스로 다음과 같은 질문을 개발하도록 하는 것을 목표로 한다.

> "일반적인 원리를 발견하거나 지리학적 기능을 더욱 능숙하게 발휘하기 위해 스스로 물어야 할 질문의 유형을 개발하는 것…" (Klein, 2003: 147)

다른 지리학자들(Sziarto, McCarthy, & Padilla, 2014)은 학생들이 다른 입장에 있는 사람들의 관점을 취하도록 하는 이해관계자 간 토론(stakeholder debates)을 개최하는 것이 유용하다고 제안했다. 이는 Dowler(2002: 68)가 '불편한 교실'이라 표현한 것과 같은 결과를 초래할 수 있지만, 상향식 공감 형성 가능성을 명확히 보여준다. 무엇보다도, 이는 문화 간 역량 습득의 부담을 비한국인 학습자에게만 전가하지 않도록 하며, 한국 학생들과 교육자들이 지식 창출에 능동적으로 참여하며, 나아가 비판적인 자기 인식을 개발할 수 있도록 교육 경험을 주도하는 역할을 하게 한다.

지식 구성 과정은 '사회, 행동, 자연과학자들이 지식을 생성하는 절차와 학문 분야의 암묵적인 가정, 참조 틀, 관점, 그리고 편견이 지식 구성 방식에 어떤 영향을 미치는지 설명하는 것'으로 정의된다(Banks, 1993: 5). 앞서 한국 교육 시스템의 몇 가지 거시적 문제점이 언급되었듯이, 학자들은 한국에서 사용되는 교과서에 자민족 중심적 내용과 다른 지역에 대한 편향된 인식이 포함되어 있다고 지적했다(Chang, 2017; Park, 2007). 또한, 다문화 교육에 대한 강조가 지나치게 부족하다는 점도 비판받고 있다(Shen, 2019).

지리학적 교수법은 이러한 단점을 보완하는 데 기여할 수 있다. 이 교수법은 학생들이 다른 장소, 사람, 문화와 그들의 관점에 대한 인식을 의도적으로 확장하도록 돕고, 학생과 그들의 가정에 의문을 제기하는 질문과 틀을 제공하며, 학생들이 '자신의 입장을 다른 여러 관점들과 연관지어 반성적으로 평가하고 수정함으로써 쟁점에 대한 자신의 지식을 구성할 수 있도록'(Sziarto et al., 2014: 560-561) 비판적 사고를 개발하는 것을 목표로 한다. 이는 다문화 교육의 원칙과 놀라울 정도로 잘 어우러진다. 다문화 교육은 '단순히 국제적인 문화적 차이에 대한 기본적인 사실을 보여주는 것에 그치지 않고, 이러한 차이를 민족적 또는 인종적 비판 없이 수용하고, 존중하며, 감사하고, 축하할 수 있는 방법에 관한 것'이다(Shen, 2019: 41). 이 장에서 소개하는 활동 또한 이러한 목표를 달성하기 위해 설계되었다.

다음으로, 편견 감소는 앞서 논의된 내용과 본질적으로 연결되어 있으며, '학생들이 보다 민주적인 태도와 신념을 개발하도록 돕기 위해 사용할 수 있는 아동의 인종에 대한 태도가 갖는 특성과 전략'으로 정의된다(Banks, 1993: 6). 한국의 경우, 적어도 필자의 관점에서는 이 차원이 교육 체제와 그 구성원들에 대한 시간의 영향을 반영한다고 볼 수 있다. 즉, 현재 상황은 어떠한가? 어떻게 이러한 상황에 이르렀는가? 무엇이 변화해야 하며, 왜 변화해야 하는가? 그리고 앞으로 나아갈 방향은 무엇인가? 와 같은 질문을 제기한다.

예를 들어, '다문화가족지원법'은 한국인과 비한국인 사이에서 태어난 자녀와 재외동포와 내국인 사이에서 태어난 자녀를 구분함으로써 다문화학생 집단을 즉각적으로 소외시키고(Shen, 2019), 다문화 교육을 '소수자를 위한 교육'으로 한정 짓는 결과를 초래한다(Özturgut, 2011: 5). 학생들에게 시간적 관점에서 다문화교육과 그 가치를 소개함으로써, 교사는 학생들이 주체성을 개발하고, 변화와 관련된 자신의 중요한 역할을 상상하도록 격려할 수 있다.

마찬가지로, 사회적 · 역사적 관점에서 Kang(2020)은 한국에서 다문화를 폄하하는 온라인 공간과 커뮤니티를 분석하며, 한국의 외국인 혐오의 뿌리를 한국전쟁 이후 박정희 정권 초기로 추적한다. 이는 학교 차원에서의 인식에도 영향을 미칠 수 있다. 예를 들어, Kim(2022, p. 194)은 한국 교육 시스템에서 '차별과 낙인, 그리고 인종/민족성이 주변화 요인으로 작용'하고 있음을 지적한다. 이는 이민자 자녀를 둔 어머니에게도 영향을 미치며, 이들은 문화 간 차이와 언어적 장벽으로 인해 한편으로는 편견에 시달리고, 다른 한편으로는 한국 학교에서 자녀를 도울 수 없는 상황에 처하게 된다(Kim & Kim, 2012).

넓은 의미에서, 지리학은 포용과 공감을 추구하는 학문이다. 실제로 지리학의 다섯 가지 핵심 주제 중 하나인 '장소'는 물리적 또는 문화적 측면에서 '그곳은 어떤 모습인가'에 관한 질문을 배우고 탐구하는 데 중점을 둔다. 또 다른 핵심 주제인 '지역'은 특정 지역을 연결하는 속성을 이해하는 데 초점을 둔다. 지역을 분류하는 방법에는 구어적 지역, 기능적 지역, 형식적 지역과 같은 방식이 있으며, 학생들은 이를 통해 다양한 관점을 개발하는 데 큰 도움을 받을 수 있다. 예를 들어, 미국의 '러스트 벨트(rust belt)'와 같은 구어적 지역은 특정 장소에 특화된 맥락에 기반을 두고 있다. 또 다른 핵심 주제인 '이동'은 사람이나 상품이 어떻게 그리고 왜 공간을 이동하는지에 대한 잠재적인 토론의 장을 열어준다. 이러한 각 주제를 탐구하는 것은 한국 교실에서 편견을 줄이는 데 기여할 수 있다. 이 장에서는 이러한 가능성을 세계 지역지리학 교육에 적용하고자 한다.

앞서 제시된 방안들은 형평성 교수법을 고려하지 않으면 실효성을 거두기 어렵다. 이는 '교사가 다양한 인종, 민족, 사회 계층 집단에 속한 학생들의 학업 성취를 촉진할 수 있는 기법과 방법을 사용하는 것'으로 정의된다(Banks, 1993: 6). 앞서 언급했듯이, 한국의 다문화 교육 정책에서 사용되는 정의 자체가 교실에서 분열적인 영향을 미칠 가능성이 있다. 물론, 이는 한국만의 문제는 아니다.

예를 들어, Tsai(2006)의 연구는 미국 북서부 지역에 거주하는 아시아계 이민 청소년을 대상으로 하여, 이민자 아동들이 영어에 어려움을 겪는 것이 원주민 청소년들 사이에서 외국인 혐오를 일으키는 일부 원인으로 작용한다는 증거를 발견했다. 더 나아가, 제2언어로써 영어 프로그램에 등록한 이민자 아동들이 원주민 학생들과의 관계에서 더욱 큰 단절감을 느낀다는 사실도 밝혀졌다. 이 사례는 한국에서 다문화 교육 정의와 이민자에 초점을 맞추는 경향에 대한 앞선 논의와 연결된다. 한국의 경우, 이민자 자녀들은 한국인 학생들보다 학업 성취도가 낮고, 상대적으로 더 많은 정서적 문제를 겪고 있는 것으로 나타났다(Cho et al., 2006 참조).

앞서 언급했듯이, 학생들의 공감 능력을 개발하는 것은 교실 내 외국인 혐오와 차별을 줄이고, 더 나아가 이를 완화하는 데 핵심적인 요소이다. 이를 위해 모든 학생이 교실 경험에서 동등하게 혜택을 받을 수 있도록 하는 교수법적 접근에 대한 논의가 지리학계에서 점점 증가하고 있다. 예를 들어, Fritzsche(2021)는 반(反)억압적이고 성찰적인 교수법을 지지한다. 그의 연구에 따르면, 이러한 교수법은 다음과 같은 방식으로 효과를 발휘한다.

> "반억압적 교수법과 학습은 억압적인 지식 형태에 도전하며, 학생과 교사가 자기성찰을 통해 자신의 특권을 돌아보고, 다른 이들의 경험을 통해 세상을 바라보는 법을 배우도록 한다. 성찰적 교수법은 학생과 교사가 이러한 도전적인 과제에 더 깊이 참여할 수 있도록 돕는다. 이를 통해 학생들은 자신의 경험과 위치성을 반성하고, 모순되거나 도전적인 관점을 통합할 수 있는 역량을 갖추게 된다." (Fritzsche, 2021: 167)

이는 한국의 (지리) 수업에서도 충분히 적용 가능성이 있을 것으로 쉽게 예상할 수 있다. 이에 대해서는 곧 논의하겠지만, 주목할 점은 이러한 접근법이 특정 맥락을 고려하여 시민 사회에 참여하는 데 필요한 기능을 개발하는 것에 중점을 두는 핵심 역량 접근법과 잘 맞아떨어진다는 것이다(Gress & Tschapka, 2016 참조).

Banks(1993: 6-7)가 강조한 마지막 차원은 학교 문화와 사회 구조의 역량 강화이다. 이는 '다양한 인종, 민족, 사회 계층 집단에 속한 학생들이 교육적 평등과 문화적 역량 강화를 경험할 수 있도록 학교의 문화와 조직을 재구성하는 과정'으로 정의된다. 이러한 과제는 앞서 논의된 한국 내 반다문화주의(anti-multiculturalism)의 존재, 한국 다문화 교육 정책에서 사용되는 정의 자체, 이민자 어머니들에 대한 배제와 소외, 그리고 한국 학교에서의 이민자 청소년들의 낮은 학업 성취도와 같은 문제들을 고려할 때, 결코 간단하지 않다. 이러한 문제들은 향후 악순환을 초래할 가능성도 있다(Kim & Kim, 2012 참조).

그러나 이러한 과제가 반드시 극복할 수 없는 것은 아니다. 예를 들어, Shen(2019)은 대구의 학생들이 지역 차원에서 이민자들이 직면하는 장벽과 관련된 불평등이나 외국인 혐오 사례를 탐구하도록 역량을 강화한 사례를 설명한다. 이는 다문화 교육이 개인에서 학교로, 지역사회로, 그리고 궁극적으로 더 넓은 공간적 스케일로 확산되는 풀뿌리 운동(grass-roots movement)을 촉진할 수 있음을 보여주는 훌륭한 사례 연구다.

또한, Dowler(2002)는 학생들에게 페미니스트 교수법(feminist pedagogy)을 도입해 관점의 폭과 공감 능력을 확장하도록 하는 방안을 제안하며, Aspaas(1998)는 특정 지역(그녀의 경우 아프리카)의 세계관을 지리학적 관점에서 학습할 때 뉴스 미디어를 활용하는 방안을 제안한다. 이와 같은 접근들은 학교 문화를 선제적으로 변화시키는 데 기여할 수 있으며, 나아가 이러한 변화들은 학교 밖으로 점차 확산되어 주변 지역사회에도 긍정적인 영향을 미칠 가능성이 있다.

마지막으로, 이러한 패러다임이 정착되기 위해 필요한 학교 문화의 변화와 관련하여 핵심 역량 접근법으로의 전환이 이어진다. 이에 대한 구체적인 내용은 다음 절에서 다룰 예정이다. 현재로서는 Caruso(2015: 44)의 주장이 이를 잘 설명한다. 그는 '역량 중심 학교는 학교의 자율성을 바탕으로 운영되며, 규칙의 제약에서 벗어나 교육 기관이 스스로 주요 역할을 수행할 수 있도록 한다. 학교는 책임감 있게 자신의 교육 방법, 도구, 교육 시간을 결정하고 조직하며 실행할 수 있는 권한을 부여받는다.'고 말한다.

3. 핵심 역량 및 지리

> "미래의 직업 세계에서 필요한 많은 역량은 표준에 기반을 둔 탐구와 쟁점 중심의 지리 교육을 통해 가장 효과적으로 배울 수 있다. 학생들은 교실에서 일어나는 일이 실제 세계에서 벌어지는 일과 직접적으로 연결되어 있음을 이해해야 한다. … 실제로, 학생들은 학습이 중요한 책임임을 배우고, 이 책임을 다함으로써 자신, 가족, 지역사회, 그리고 심지어 세계를 위해 매우 가치 있는 것을 성취하고 있다는 것을 깨달아야 한다." (Hill, 1995: 47)

역량은 '개인이 의미 있는 환경에서 적응하는 데 유용한 결과를 성취할 수 있도록 돕는 지식, 능력, 태도의 집합으로, 인지적 및 사회적 기능을 통해 삶의 문제에 직면하고 이를 해결할 수 있는 능력으로 나타난다'고 정의된다 (Caruso, 2015: 44). 그렇다면 지리학에서는 역량은 구체적으로 무엇을 의미할까? 지리 교육에서 사용되는 역량 전체를 여기에서 모두 다룰 수는 없으나, 이 장의 목적상 세 가지 주요 역량 유형 −도구적(instrumental), 대인관계적(interpersonal), 체계적(systemic) 역량− 과 이들 하위의 구체적인 기능들, 예를 들어 데이터를 분석하고 종합하는 능력, 문제 해결 및 의사 결정 능력, 자기 성찰 능력을 개발하는 것, 다양성을 존중하고 여러 문화를 수용하는 능력, 획득한 지식과 경험을 기반으로 새로운 상황에 적응하는 능력, 그리고 불확실성을 다루는 능력 등이 앞서 다룬 다문화 교육의 차원 및 한국의 다문화 교육이 직면한 과제들과 유기적으로 잘 어우러지는 점은 강조할 만하다.[2)]

앞서 지리적 사고와 교육에서 '장소'의 중요성, 간단히 말해, '그곳은 어떤 모습인가?'라는 질문의 중요성이 언급되었다. '장소'에 대한 논의는 물리적 측면뿐만 아니라 사회문화적 측면을 포함할 수 있으며, 이는 능동적 학습의 가능성을 열어준다. 그러나 이러한 학습 기회를 놓치는 경우도 적지 않다. 예를 들어, Rawling(2018)은 영국의 지리 교육에서 '장소'가 주로 텍스트나 교육을 통해 전달되는 정적이고 물리적인 설명에 치우치는 경향이 있음을 아쉬워한다. 반면, 이 장의 주제와 맥을 같이하며, Whaley와 동료 연구진(2011)은 다른 문화를 이해하고, 이들이 지역에서부터 세계에 이르기까지 어떻게 연결되어 있는지를 이해하는 것이 지리적 지식 형성의 핵심 요소라고 제안한다. 이제 우리는 이러한 잠재력에 대해 논의하고자 한다.

2) 여기에 소개된 역량들을 포함하여, 역량에 대한 훌륭한 포괄적 개요를 확인하려면, Mandal, S.(2012)의 연구와 그 안에 포함된 Tuning의 프레임워크 분류를 참고하면 좋다. 또한, 지리학 분야에서의 구체적인 기능과 역량에 대해 더 알고 싶다면, Whaley, W.B., Saunders, A., Lewis, R.A., Buenemann, M.A., and Suttons, P.C.(2011)의 연구를 참고하기를 권한다.

4. 예시: 세계 지역지리학 수업의 문화와 핵심 역량

편의상 다시 정리하자면, 특정 기능과 역량에는 데이터를 분석하고 종합하는 능력, 문제 해결 능력, 의사 결정 능력, 자기 성찰 능력, 다양성을 존중하고 여러 문화를 수용하는 능력, 그리고 습득한 지식과 경험을 바탕으로 새로운 상황에 적응하는 능력 등이 포함된다(Mandal, 2012). 앞서 논의했듯이, 이러한 역량은 다문화 교육의 여러 측면과 자연스럽게 연결된다. 여기에는 내용 통합, 지식 구성 과정, 편견 감소, 형평성 교육법, 그리고 학교 문화와 사회 구조의 역량 강화가 포함된다(Banks, 1993).

세계 지역지리학 수업에서 학생들의 능동적인 학습을 유도하고 그 과정에서 문화 간 역량을 개발하는 한 가지 방법은 Geert Hofstede의 문화 차원(cultural dimensions)을 도입하는 것이다. 고등학교 수준의 학습에서는 Hofstede가 처음 제시한 네 가지 차원, 즉 개인주의/집단주의, 남성성/여성성, 권력 거리, 불확실성 회피만으로도 충분하다. 다만, 교사는 필요에 따라 나중에 추가된 장기/단기 지향과 절제/방종 차원도 포함할 수 있다.

개인주의와 집단주의는 설명이 필요 없을 정도로 비교적 자명한 개념이다. 남성적인 문화는 경쟁과 성공을 중시하는 반면, 여성적인 문화는 삶의 질과 인간관계를 더 중시하는 경향이 있다. 권력 거리는 특정 문화권에서 사람들이 관계 내 권력의 불평등을 어느 정도 수용하는지를 설명한다. 다음으로 불확실성 회피는 특정 문화권에서 사람들이 위험 대신 구조를 얼마나 추구하는지를 설명한다(Hofstede, 1986 참조).[3) 장기/단기 지향은 성공을 위해 노력하는 동안 문화 구성원들이 즉각적인 만족과 장기적인 만족을 어느 쪽을 더 우선시하는지를 설명한다(Hofstede, 1980). 마지막으로 절제와 방종은 문화 구성원들이 욕구와 만족을 추구하는 방식에 관한 것으로, 예를 들어, 절제 지향적인 문화에서는 방종을 억제하는 문화적 규범이 더 많이 존재할 수 있다(Hofstede, 2011).

교사는 Hofstede의 연구와 문화 차원을 숙지해야 한다. 능동적 학습을 강조하는 만큼, 이러한 내용을 학생들에게 소개하는 것이 이 활동에서 교사와 학생 간 '하향식' 전달의 전부라고 할 수 있다. 교사는 세계 지역지리학 수업에서 다루는 다양한 국가를 대상으로 이 활동을 선택적으로 적용할 수 있다. 이는 지리 교육이나 지역 학습의 다른 핵심적인 측면을 이 활동으로 대체하라는 의미가 아니다. 오히려, 앞서 언급했듯, 이러한 역량 개발 활동은 지리 과목에 보다 총체적으로 접근하는 방식으로 이해할 수 있다.

수업 규모에 따라 학생들은 개별적으로 또는 모둠을 이루어 활동할 수 있다. 다른 국가에서 온 학생들이 수업에 참여하는 경우, 문화 간 팀을 구성하는 것이 가장 이상적이다. 이 활동에서는 학생들에게 다양한 국가를 선택해 동시에 조사할 자유를 줄 수도 있고, 또는 교사가 각 학생이나 모둠에게 같은 국가를 조사하도록 지시할 수도 있다. 어느 경우든, 이러한 활동은 비교와 논의를 촉진할 수 있는 기회를 제공한다.

먼저, 학생들은 Hofstede의 상호작용형 웹사이트[4]에 접속해 한국(또는 남한)의 각 문화 차원을 조사해야 한다. 이 사이트는 사용이 간편하며 상호작용적인 기능을 제공한다. 이를 통해 한국 학생들은 자신의 문화를 비판적으로 성

3) Hofstede의 문화 차원(cultural dimensions)을 설명하는 출판물은 매우 많으며, 관련 정보는 온라인에서도 쉽게 찾을 수 있다. 이 오래된 출판물은 Hofstede의 문화 차원과 이를 교실 환경에 적용했을 때의 영향을 구체적으로 다루고 있어 인용되었다.

4) 웹사이트 링크 : http://geerthofstede.com/country-comparison-graphs/

찰할 수 있으며, 특히 다른 문화와 비교하는 과정을 통해 이러한 성찰이 더욱 깊어질 것이다. 아래에 해당 사이트의 스크린샷이 포함되어 있다([그림 9-1] 참조).

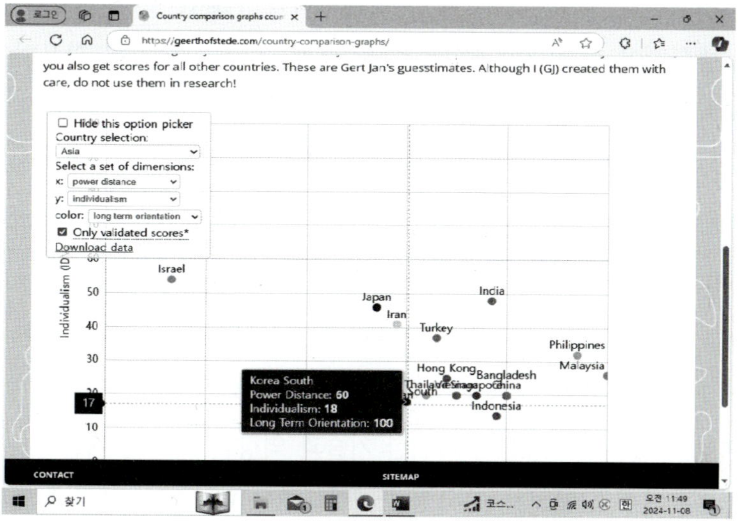

[그림 9-1] 한국과 Hofstede의 문화 차원

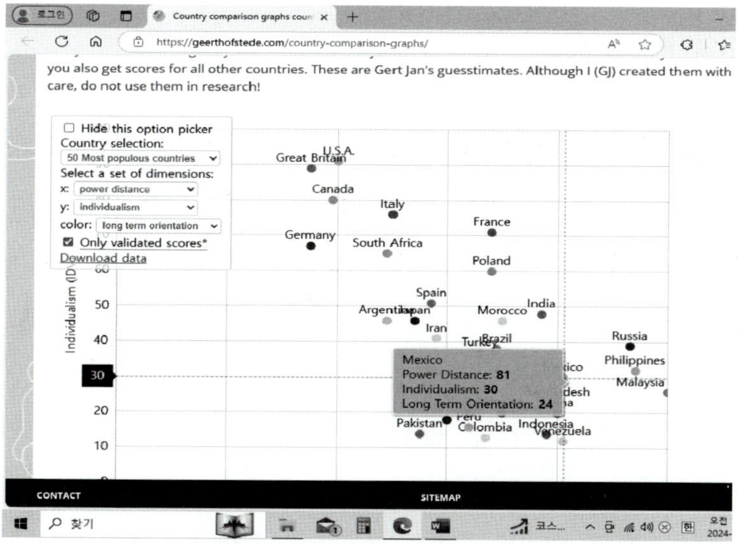

[그림 9-2] 멕시코와 Hofstede의 문화 차원

다음으로, 학생들은 두 번째 국가(선택하거나 배정받은)를 조사해야 한다. 예를 들어, 여기에서는 멕시코를 활용한 사례를 제시한다([그림 9-2] 참조). 이때, 조사 과정에서 일부 문화 차원에서 두드러진 차이점이 나타날 수 있음을 주목해야 한다. 두 국가의 모든 문화 차원 데이터를 수집한 후, 학생들은 이를 분석하고 종합해야 한다. 이 과정에서 표, 차트, 또는 그래프를 활용하여 비교 자료를 시각화하는 방법을 적용할 수도 있다.

이러한 데이터를 수집하고 종합한 후에는 다양성을 존중하고 여러 문화를 수용하며, 획득한 지식과 경험을 바탕으로 새로운 상황에 적응하는 역량을 개발하는 중요한 과정이 시작된다. 다문화 교육의 관점에서 이러한 활동은 편견을 줄이고, 형평성 교육을 강화하며, 학교 문화를 더욱 역량 있게 만드는 데 기여할 수 있다. 학생들이 이러한 기술과 역량을 어떻게 개발할지는 학생들에게 자율적으로 맡기는 것이 바람직하다고 본다. 결국, 새롭게 습득한 지식을 바탕으로 적절한 질문을 던질 수 있는 능력을 기르는 것이 능동적 학습의 핵심이기 때문이다.

학생들은 예를 들어, 다른 국가에서 생활하게 될 경우의 경험을 상상하거나, 그 국가 출신의 사람이 한국, 혹은 학교가 위치한 특정 지역에서 생활할 경우 어떤 경험을 하게 될지를 묘사할 수 있다. 또는, 역할극을 통해 상황을 구성하고 두 문화권의 사람들이 이를 어떻게 해결할지 연기할 수도 있다. 한국의 광고를 선택해 다른 문화권에서 성공 가능성을 분석하는 방식도 가능하다. 팟캐스트 제작과 같은 활동도 충분히 고려해볼 만하다. 학생들이 창의적이고 다양한 방법으로 이러한 활동을 선택하고 실행할 수 있도록 열어두는 것이 중요하다.

잠시 덧붙이자면, 이러한 유형의 활동은 주로 한국인 학생들로 구성된 교실에 다른 문화권 출신의 학생들을 통합하는 데 도움을 줄 잠재력을 가지고 있다. 이는 나아가 한국인 교사들이 자신들의 학생들과 그들의 부모를 더 잘 이해하는 데 기여할 수도 있다. 모든 학생에게 비한국인 학생들의 문화와 한국 문화를 조사하도록 요청할 수 있다. 이후, 교사는 학생들이 제공한 데이터와 비교 분석을 바탕으로 문화가 교실에 미치는 영향을 설명하고(<표 9-1> 참조), 상호 존중과 이해를 요청할 수 있다. 더 나아가, 학교와 지역사회의 문화도 논의 대상으로 확장할 수 있을 것이다.

〈표 9-1〉 **교실에서의 Hofstede**

작은 권력 거리	큰 권력 거리
학생 중심	교사 중심
비인격적 진리	교사의 지혜
집단주의	**개인주의**
청소년을 위한 학습	평생 교육
무엇을 할지 배우기	어떻게 배울지 배우기
여성적 문화	**남성적 문화**
평균적인 학생이 기준	최우수 학생이 기준
실패는 사소한 사건으로 간주	실패는 재앙으로 간주
약한 불확실성 회피	**강한 불확실성 회피**
광범위한 과제도 괜찮음	학습이 고도로 구조화됨
시간표가 없어도 괜찮음	세부적인 과제가 요구됨

출처 : Hofstede(1986)

교수학습지도안

교 과 명	세계지리		대 상	고등학교 2학년
대 단 원	4. 몬순 아시아와 오세아니아		소 단 원	1.2. 몬순 아시아의 전통적 생활 모습
차 시	2		학습 방법	조별 활동
학습 목표	-몬순 아시아 지역 국가들의 문화가 어떤 성격인지 이해할 수 있다. -몬순 아시아 지역 국가들의 문화와 한국의 문화를 서로 비교할 수 있다.			
준 비 물	교 사	Hofstede의 문화 차원(cultural dimensions) 개념 및 웹사이트 활용법 숙지, 활동 조 사전 편성, 조별 조사용 전자기기(태블릿/노트북 등)		
	학 생			

단계	학습내용	교수-학습 활동		시간(분)	자료 활용 및 유의점
		교 사	학 생		
도입	출석 및 수업 준비	인사 후 출석을 확인한다.	교과서를 꺼내며 수업을 들을 준비를 한다.	1	
	전 차시 복습	간단한 퀴즈를 통해 전 차시의 수업 내용을 복습한다.	교과서에 표시된 전 차시의 중요 내용들을 다시 확인한다.	2	
	학습 목표 제시	오늘의 단원명과 학습 목표를 제시한다.	학습목표를 읽으며 오늘 배울 내용들을 확인한다.	1	
전개	문화 차원 개념 설명	Hofstede의 네 가지 문화 차원에 대해 설명한다(개인주의/집단주의, 남성성/여성성, 권력 거리, 불확실성 회피).	일상생활의 경험에 비추어 보며 각 문화 차원의 내용을 이해해 본다.	5	
	활동 내용 설명	활동 내용을 간략하게 설명하고, 조별로 조사할 몬순 아시아 지역의 국가를 1곳 선정하도록 한다.	조원들과 함께 조사해 보고 싶은 국가를 선정한다.	2	
	한국의 문화 차원 조사	조별로 Hofstede의 문화 차원 웹사이트에 접속하여 한국의 네 가지 문화 차원 점수를 정리하도록 한다.	점수를 정리하며 한국의 문화가 네 가지 문화 차원에서 각각 어떤 성격의 문화인지 생각해 본다.	3	
	선정한 국가의 문화 차원 조사	같은 웹사이트에서 조별로 선정한 국가의 네 가지 문화 차원 점수를 정리하도록 한다.	앞서 정리한 한국의 네 가지 차원별 점수와 비교하며 두 국가의 문화에는 어떤 차이가 있는지 생각해 본다.	3	
	한국과 선정한 국가의 차이 시각화	웹사이트에서 조사한 두 국가의 문화 차원별 점수를 표나 그래프의 형태로 정리하고, 그 결과를 다른 조와 공유하도록 한다.	조원들과 함께 수집한 자료를 효과적으로 표현할 방법이 무엇일지 고민해 보고, 정리한 결과를 안내된 방법을 통해 공유한다.	5	Padlet 등을 통해 학생들이 결과를

단계	학습내용	교수–학습 활동		시간(분)	자료 활용 및 유의점
		교 사	학 생		
	공감 역량 함양 활동	조별로 선정한 국가에서 온 학생이 한국에 이주한 상황을 가정하고, 그 학생이 한국 문화에 잘 적응할 수 있을지 의견을 정리해 보도록 한다.	앞서 정리한 두 국가 사이의 문화 차이에 비추어 보며 조원들과 서로 의견을 나누고, 내용을 정리하여 다른 학생들과 공유한다.	7	공유할 수 있도록 한다.
	조별 발표	조별로 학생 1명을 지목하여 조사한 국가와 한국의 문화 차이, 앞서 부여한 상황에 대한 토의 결과를 발표하도록 한다.	본인이 속한 조의 발표와 다른 조의 조사 결과를 경청한다.	15	
	활동 정리	학생들의 발표를 간략하게 요약하고, 활동의 의미를 다시 한번 강조한다.	활동 내용을 되돌아보며 다른 나라 사람과 나의 차이를 대하는 태도에 대해 다시 한번 생각해 본다.	5	
정리	핵심 내용 정리	간단한 퀴즈를 통해 수업의 핵심 개념을 다시 한번 정리한다.	Hofstede의 네 가지 문화 차원을 복습한다.	3	
	차시 예고	차시 예고를 하고, 인사를 하며 수업을 마무리한다.	인사를 하며 수업을 마무리한다.	2	

5. 결론

이 장은 한국의 다문화교육과 지리학적 관점이 기존 다문화 교육의 몇몇 문제들을 극복하는 데 어떻게 기여할 수 있는지에 초점을 맞추었다. 다문화 교육에 대한 정의는 일반적으로 포괄적인 경향이 있기 때문에, 단순히 용어의 일반적인 정의에 의존하기보다 다문화 교육의 측면들이 갖는 실천적 잠재력을 활용하는 것이 더 효과적이라는 주장이 제기되었다. 이를 동기로 삼아, 이 장은 다문화 교육의 다양한 측면, 특히 문화 간 역량과 기술 개발이 가교 역할을 하여 세계 지역지리학 교육에 어떻게 적용될 수 있는지를 보여주고자 하였다. 학생들이 자신의 학습과 지식 형성에 능동적으로 참여하면서 동시에 공감 능력과 새롭게 얻은 지식을 적용하는 기술을 개발할 수 있는 의미 있는 학습 접근법이 제안되었다.

구체적인 사례로 세계 지역지리학 교육을 중심으로 한 예시가 제공되었다. 필자는 이 활동이 교사들에게 유용하게 활용되기를 바라며, 학생들에게도 만족스러운 학습 경험이 되기를 기대한다. 또한, 한국인 학생들과 비-한국인 학생들이 서로의 문화를 이해하고 존중할 수 있도록 Hofstede의 문화 차원을 활용한 두 번째 사례도 제시되었다. 이 활동은 특정 과목과 관계없이 모든 교실에서 활용 가능하다.

아울러 앞서 언급했듯이, 국내 다문화 교육에서 지속적으로 해결해야 할 과제로 지적되는 비한국인 학생과 학부모(대부분 어머니)를 이해하고 수용하기 위해 교사들이 상호작용형 웹사이트를 활용할 수 있음을 제안하였다(Kim & Kim, 2012 참조).

참고문헌

Aspaas, H.R. (1998). Integrating world-views and the news media into a regional geography course. *Journal of Geography in Higher Education*, 22(2), 211–227. https://doi.org/10.1080/03098269885912

Banks, J.A. (1993). Multicultural education: Historical development, dimensions, and practice. *Review of Research in Education*, 19, 3-49.

Banks, J.A., & Banks, C.A.M. (2001). *Multicultural Education: Issues and perspectives*. 4th ed: John Wiley.

Caruso, A. (2015). Competences and geography. A meta-cognitive approach. *Journal of Research and Didactics in Geography (J-READING)*, 1(4), 43-52. DOI: 10.4458/5196-05

Chang, I-S. (2017). Multicultural education in Korea. In W.T. Pink & G.W. Noblit (Eds.), *Second international handbook of urban education,* (1st edition) (pp. 173-193). Switzerland: Springer International Publishing.

Cho, Y-D., Yoon, H-W., & Park, S-C. (2006). A Study on Education in Multicultural Families. Seoul: Korean Ministry of Education and Human Resources Development.

Dowler, L. (2002). The uncomfortable classroom: Incorporating feminist pedagogy and political practice into world regional geography. *Journal of Geography*, 101(2), 68-72.

Fritzsche, L. (2021). Integrating contemplative pedagogy and anti-oppressive pedagogy in geography higher education classrooms. *Journal of Geography in Higher Education*, 46(2), 167–184.

Gress, D.R., & Tschapka, J.M. (2016). Bridging geography and education for sustainable development: A Korean example. *Journal of Geography,* 116(1), 34-43.

Hill, A.D. (1995). Geography standards, instruction and competencies for the new world of work. *Geographical Education*, 8(3), 47-49, 63-64.

Hofstede, G. (1980). Culture's Consequences. Beverly Hills, CA: Sage.

Hofstede, G. (1986). Cultural differences in teaching and learning. *International Journal of Intercultural Relations,* 10, 301-320.

Hofstede, G. (2011). Dimensionalizing cultures: The Hofstede model in context. *Online Readings in Psychology and Culture,* 2(1), 2307-0919.

Hofsted, G. Geert Hofstede: Country comparison graphs downloaded from the World Wide Web

on 30 October 2024
http://geerthofstede.com/country-comparison-graphs/

Hong, W-P. (2010). Multicultural education in Korea: its development, remaining issues, and global implications. *Asia Pacific Education Review*, 11, 387–395.

Kang, J-Y. (2020). Reconciling progressivism and xenophobia through scapegoating: anti multiculturalism in South Korea's online forums.*Critical Asian Studies,* 52(1), 87-108.

Kim, S-R. (2022). A transnational application of critical race theory: Schooling experiences of multicultural students in South Korea. *Multicultural Education Review*, 14(3), 194-208. DOI: 1.1080/2005615X.2022.212929

Kim, S.K., & Kim, L.H.R. (2012). The need for multicultural education in Korea. In D.A. Urias (Ed.), *The immigration and education nexus: A focus on the context and consequences of schooling* (pp. 243-253). Brill.

Klein, P. (2003). Active learning strategies and assessment in world geography classes. *Journal of Geography*, 102(4), 146-157.

Mandal, S. (2012). Learners of geography today: Skills and competences for today and tomorrow. *The Indian Journal of Spatial Science*, 3(3)
(30 October 2024) at art_016-libre.pdf.

Özturgut, O. (2011). Understanding multicultural education. *Current Issues in Education*, 14(2), 1-9.

Park, C-H. (2007). A critical study on the contents of elementary social studies and moral textbooks in the view of multicultural education. *Korean Journal of Sociology of Education*, 17(1), 109–129.

Rawling, E. (2018). Place in geography: Change and challenge. In M. Jones & D. Lambert (Eds.), *Debates in geography education* (2nd edition) (pp. 49–61). Abingdon: Routledge.

Shen, S. (2019). Teaching 'multiculturally': Geography as a basis for multicultural education in Korea. *Multicultural Education Review*, 11(1), 37-58.

Sziarto, K.M., McCarthy, L., & Padilla, N.L. (2014). Teaching critical thinking in world regional geography through stakeholder debate. *Journal of Geography in Higher Education*, 38(4), 557–570.
https://doi.org/10.1080/03098265.2014.958658

Tsai, J.H. (2006). Xenophobia, ethnic community, and immigrant youths' friendship network. *Adolescence,* 41(162), 285.

Weinert, F.E. (2001). Concept of competence: A conceptual clarification. In L. H. Salganik & D. S. Rychen (Eds.), *Defining and selecting key competencies* (pp. 45–65). Seattle: Gottingen.

Whaley, W.B., Saunders, A., Lewis, R.A., Buenemann, M.A., & Suttons, P.C. (2011). Curriculum development: Producing geographers for the 21st century. *Journal of Geography in Higher Education*, 35(3), 379-393.

Yang, Y. J. (2007). Compatibility between nationalism and multiculturalism as a multicultural education idea in nationally divided multicultural Korean society. *The Journal of Curriculum Studies,* 25(3), 23-48.

Chapter

10

다문화 과학 수업의 원리와 방법

Sonya N. Martin (마틴 산야)
서울대학교 생물교육과 교수

1. 다문화 과학 교육의 이해

전통적인 과학 교육 연구의 패러다임은 과학 학습을 학습자가 처한 사회문화적 맥락이나 학습자가 갖고 있는 문화적 특성과 분리하여 다루는 경우가 많았다(Atwater, 1996). 이러한 근시안적 접근은 과학과의 상호작용을 형성하는 학생들의 다양한 정체성, 경험, 그리고 도전을 간과하는 결과를 초래한다. 연구에 따르면, 문화적 · 언어적으로 다양한 배경을 가진 학생, 여학생, 장애 학생, 그리고 낮은 사회경제적 배경을 가진 학생들이 과학 분야에서 성공하는 데 방해가 되는 제도적 장벽에 직면하게 되는 경우가 많다는 사실이 계속해서 밝혀지고 있다(Im & Martin, 2015; Martin et al., 2013; Park et al., 2015). 이러한 장벽에는 양질의 교육과정에 대한 접근의 제한이나 실습 수업의 부족, 그리고 과학 분야 참여를 저해하는 부정적인 고정관념 등이 포함된다(Lee & Buxton, 2013; Rodriguez, 1998). 예를 들어, Lee와 Luykx(2006)는 언어 능력과 지배적인 과학 규범에 대한 문화적 적응이 과학 교실에서 다문화학생들에게 불리하게 작용하여, 이들의 참여와 성취를 제한할 수 있음을 지적했다. 이와 마찬가지로, 여학생과 경제적으로 어려운 환경에 놓인 학생들은 여전히 심화 과학 수업이나 STEM(Science, Technology, Engineering, and Mathematics) 활동에 소수만 참여하고 있는 것으로 나타나, 구조적 불평등이 지속되고 있음을 보여준다(Archer et al., 2012). 이러한 불평등은 다문화 과학 교육의 이상과 소외된 학생들의 실제 생활과의 격차를 해소하기 위한 포용적인 교육 접근 방식의 필요성을 시사한다.

비판 이론에 기반을 둔 다문화 과학 교육은 사회적 불평등을 지속시키는 전통적인 학교 교육 구조에 도전하며, 과학 교실 내에서의 형평성과 역량 강화를 강조함으로써 이러한 간극을 해소하고자 한다(Atwater, 1996). 이 접근법은 모든 학생들이 과학을 학습하고 탁월한 성취를 이룰 잠재력을 가지고 있으며, 문화적 다양성이 과학 학습의 풍요로움과 효과를 증진시킨다는 믿음에 뿌리를 두고 있다. 다문화 과학 교육은 개별 학습자의 요구를 충족시키는 교수법을 우선시할 뿐만 아니라, 차이를 존중하고 이를 긍정적으로 수용하는 환경을 조성한다. 불평등을 해결하기 위한 노력은 학생들이 자신만의 관점을 통해 세상을 이해하고, 과학에 적극적으로 참여함으로써 사회 정의에 기여하는 주체적인 시민으로 성장하도록 돕는 데 필수적이다(Atwater, 2010).

이 접근법은 고정된 관행이나 정형화된 교육과정을 지칭하는 것이 아니다. 오히려, 모든 학생이 가치 있다고 느끼는 포용적인 과학 교실을 만들 책임이 교사와 학교에 있음을 강조하는 사고방식을 나타낸다. 그러나 불평등을 해결하기 위해서는 과학 교사들이 형평성에 대한 자신의 신념을 성찰하고, 포용적 교육을 실행하기 위한 지식과 자신감을 키우며, 학생 참여를 가로막는 장벽을 제거하기 위한 전략을 채택해야 한다(Kang & Martin, 2018). 교사의 형평성에 대한 인식과 형평성 있는 교육을 실현하기 위한 능력은 모든 학생이 의미 있는 과학 학습 기회를 가질 수 있는지 여부를 결정하는 데 중요한 역할을 한다(Park & Cho, 2021).

형평성 있는 교실을 만들기 위해 노력하는 과정에서 과학 교사들은 학생들의 다양한 요구를 충족시키는 현실적 문제를 해결해야 한다. 포용적 교육(inclusive education)이라는 개념은 형평성(equity)의 범위를 확장하여, 문화적, 언어적으로 다양한 학생들뿐만 아니라 장애, 성 불평등, 그리고 사회경제적 어려움으로 인해 소외된 학생들을 포함한다. 포용적 교육은 배움의 장벽을 없애고, 모든 학생들이 그들의 배경이나 능력에 관계없이 성공할 수 있는 교실 환경을 조성하는 것을 강조한다.

2. 포용적 과학 교육에서 교사의 신념과 태도의 역할

최근 몇 년간 한국 교실의 학생 구성은 다문화가정과 장애 학생의 증가로 상당한 변화를 겪고 있다. 한국교육개발원(KEDI, 2023)에 따르면, 다문화가정의 학생들은 현재 전체 학생 수의 3.5%를 차지하며, 이는 베트남, 필리핀, 중국 등의 국가 출신 이주민과 한국인 간의 결혼에 기인한 결과이다. 2022년 기준으로, 장애 학생의 73%가 일반 학교에 통합되어 학습하고 있어, 포용적 교육이 확대되고 있음을 알 수 있다(Kim et al., 2024). 이러한 변화는 점점 더 다양해지는 교실 환경을 이해하고 관리해야 하는 교사들에게 새로운 과제와 기회를 제공한다.

그러나 이러한 인구통계학적 변화에도 불구하고, 한국의 다양한 학습자들은 여전히 학업 성공을 가로막는 제도적 장벽을 마주하고 있다. 예를 들어, 다문화 배경을 가진 학생들은 한국어 실력의 한계로 인해, 교실 활동에 참여하는 데 어려움을 겪을 수 있다(Park et al., 2016; Park & Cho, 2021). 이러한 어려움과 더불어 문화적 편견과 고정관념은 교사의 기대치를 낮추는 결과를 초래한다(Kang & Martin, 2018b). 마찬가지로, 장애 학생들 역시 교실 내에서 차별화된 교수법이나 적응형 학습 도구가 부족한 상황을 자주 접하게 된다(Kang & Martin, 2017; 2018a). 이러한 어려움은 교사의 신념이 교육 방식이나 학생들에 대한 기대를 형성하는 데 있어 결정적인 영향을 미친다는 점을 강조한다. 특히 교사가 특정 집단에 대해 낮은 기대치를 가질 경우, 이는 학생들의 자기 효능감을 약화시키고 소외 현상을 지속시킬 위험이 있다(Park et al., 2016; Kim & Rundgren, 2021).

3. 교사의 신념이 학생 성과에 미치는 영향

다양한 학습자에 대한 교사의 인식은 과학 교육 경험을 형성하는 데 있어 결정적인 역할을 한다(Bryan, 2012; Mansour, 2009). 과학은 전문적인 용어와 추상적인 개념에 크게 의존하기 때문에, 이는 문화적, 언어적으로 다양한 학생들에게 특히 어렵게 느껴질 수 있다. 연구에 따르면, 한국어 능력이 부족한 학생들은 한국의 교실 상황에서 과학 용어를 이해하는 데 어려움을 겪는 경우가 많다(Ahn et al., 2016). 이러한 어려움에도 불구하고, 다문화 배경의 학생들은 과학적 탐구에 중요한 관점을 제공할 수 있지만, 그들의 관점은 교실 토론에서 종종 배제된다(Shin et al., 2021). 또한 과학 교육과정에 다양한 문화적 맥락이 고려되지 못한 것은 다문화학생을 소외시킬 뿐만 아니라, 모든 학생이 풍부한 학습 경험을 누릴 기회를 제한한다.

문화적, 언어적으로 다양한 학생과 장애 학생이 직면하는 제도적 장벽을 인식하는 것은 교사에게 자신의 신념과 편견을 비판적으로 성찰할 필요성을 제기한다. 형평성에 중점을 둔 교사는 다양한 학습자가 스스로 가치 있고 충분히 지원받고 있다고 느낄 수 있는 포용적인 학습 환경을 더 적합하게 조성할 수 있다. 그러나 이들에 대한 무의식적인 편견과 고정관념이 지속된다면, 과학 수업에 다양한 문화적 관점을 통합하는 것을 소홀히 하는 등의 다문화 학생을 배제하는 관행으로 이어질 수 있다(Park et al., 2016). 이러한 문제를 해결하기 위해선 교사들의 신념을 포용적인 교수 전략과 일치시키기 위한 세심한 노력을 기울여야 한다.

교사의 형평성, 다양성, 포용성에 대한 신념과 태도는 교실 수업 방식과 학생들의 성과에 큰 영향을 미친다(Cakiroglu et al., 2012). 이러한 신념은 교사가 학생의 잠재력을 인식하고, 학생의 행동을 해석하며, 학생의 학습 요구에 대응하는 방식을 형성한다(Kang & Martin, 2017). 연구에 따르면, 다양한 학습자를 가르치는 데 있어, 강한 자기 효능감을 가진 교사는 포용적인 교수 전략을 채택하여 모든 학생이 스스로 가치 있고 성공할 수 있다고 느낄 수 있는 환경을 조성할 가능성이 높다(Woodcock et al., 2022). 반대로, 무의식적으로 편견을 가지고 있거나 고정관념을 고수하는 교사는 소외된 학생에 대한 기대치를 낮추거나 필요한 지원을 제공하지 않음으로써, 의도치 않게 불평등을 부추길 수도 있다(Kang & Martin, 2017; 2018a).

예를 들어, 과학 교사는 무의식 중에 여학생들이 STEM 분야에서 낮은 성취도를 보일 것이라고 가정하거나, 장애 학생들이 의미 있는 과학 탐구 활동을 하지 못할 것이라고 생각하거나, 과학 용어에 능숙하지 않은 학생들이 복잡한 개념을 이해할 능력이 부족하다고 판단할 수 있다. 이러한 편견은 실습학습(hands-on learning) 기회의 감소, 심화 과학 과목 수강에 대한 제한적인 장려, 또는 모둠 활동에서의 배제를 초래할 수 있다. 이러한 관행은 학생의 학업 성취를 저해할 뿐만 아니라, 과학 교실에서의 자신감과 소속감을 약화시킨다.

4. 교사를 위한 성찰 질문

성찰적 실천은 자신의 편견에 맞서 보다 포용적인 교수법을 채택하려는 교사에게 매우 중요한 단계이다. 특히 예비 교사는 자신의 신념을 점검하고, 이러한 신념이 교육적 결정에 어떤 영향을 미치는지 고려할 수 있는 체계적인 기회를 통해 많은 이점을 얻을 수 있다. 다음 질문들은 이러한 성찰 과정을 안내하는 데 도움이 될 수 있다.

- 모든 학생이 과학 과목에서 성공할 수 있다고 믿는가?
  이 질문에 대해 생각해봄으로써 교사는 학습자의 배경이나 능력에 상관없이 모든 학습자에게 높은 기대치를 가지고 있는지 확인할 수 있다. 형평적인 사고 방식을 가진 교사들은 모든 학생의 잠재력을 믿고, 그들의 성공에 필요한 자원과 지원을 제공하기 위해 노력할 것이다.
- 삶의 경험이 과학 학습을 바라보는 방식에 어떠한 영향을 미치는가?
  교사들의 배경은 무엇이 "과학적 지식"으로 간주되는지, 그리고 그것을 어떻게 가르쳐야 하는지에 대한 인식을 형성하는 데 영향을 미친다. 이러한 영향에 대해 생각해봄으로써 교사들은 학생들이 교실에 가져오는 다양한 문화적 지식과 경험을 인식하고 이를 가치 있게 여길 수 있다.
- 과학에 어려움을 겪는 학생들에게 어떻게 대응하는가?
  이 질문은 교사들이 그들의 어려움을 성장의 기회로 보는지, 아니면 학생의 한계를 보여주는 증거로 보는지를 생각해 보도록 유도한다. 포용적인 교사는 어려움에 공감하며 접근하고, 학생의 학습을 돕기 위한 발판을 만들어줄 전략을 찾는 데 주력한다.

포용적 교육을 위한 프레임워크: 학습을 위한 보편적 설계 (Universal Design for Learning, UDL)

교사가 포용적인 수업 방식을 개발할 수 있도록 돕는 또 하나의 중요한 도구는 학습을 위한 보편적 설계(UDL) 프레임워크이다(Kim & Kim, 2019; Kim et al., 2018). UDL은 문화적, 언어적, 또는 능력 차이에 관계없이 모든 학생이 성공할 수 있는 학습 환경을 설계하도록 지원하는 프레임워크이다(CAST, 2024). 포용성과 형평성을 기반으로 한 UDL은 교사에게 의미 있는 참여를 보장하고, 접근 가능한 콘텐츠를 제공하며, 유연한 학습 표현을 보장하는 전략을 제공한다. 예비 교사에게 UDL은 다문화 과학 교육의 이상을 실행 가능한 수업 설계로 연결하는 실용적인 도구가 될 것이다.

UDL의 궁극적인 목표는 학습자 주체성(learner agency)을 육성하는 데 있다. 이는 학생들이 학습 목표를 향해 목적 의식을 가지고, 전략적이며, 반성적인 행동을 취할 수 있도록 지원하는 것을 의미한다. 교사는 흥미롭고 다양한 관점을 반영하며, 학생들이 학습에 참여하고 표현하는 방식에 적응할 수 있는 수업을 설계함으로써, 형평성과 학생 역량 강화가 중심이 된 학습 환경을 만들 수 있을 것이다. 다음 내용은 CAST 2024 가이드라인 버전 3.0에서 발췌한 것이다(CAST, 2024).

5. 보편적 학습 설계 가이드라인(UDL)의 세 가지 원리

UDL은 참여(Engagement), 표상(Representation), 그리고 행동 및 표현(Action and Expression)이라는 세 가지 핵심 원리를 중심으로 구성되어 있으며 각각은 포용적 교수-학습의 특정 차원을 다룬다. 이 원리는 형평성과 접근성을 갖춘 교육 환경을 설계하기 위한 기초를 제공한다.

다양한 참여 방식 설계 (Multiple Means of Engagement)
참여는 모든 학생들에게 흥미, 동기 부여, 소속감을 키우는 데 중점을 둔다. 교사는 다음과 같은 방법으로 이를 달성할 수 있다. • **선택권과 자율성 제공 (가이드라인 7.1):** 예를 들어, 에너지원에 관한 수업에서 학생들은 현대의 재생 에너지 혁신이나 다양한 문화의 전통적인 에너지 사용 방식을 조사하도록 선택할 수 있다. • **적합성과 실제성 보장 (가이드라인 7.2):** 수업은 학생들의 실제 경험과 연계되어야 한다. 예를 들어, 한국, 베트남, 태국의 에너지 사용 방식을 서로 탐구하는 등, 학생들의 문화적 정체성을 확인하고 존중하도록 한다. • **협력과 공동체 육성 (가이드라인 8.4):** 다양한 배경을 가진 학생들이 함께 모둠으로 활동하도록 장려하여 상호 학습과 존중을 촉진한다.
다양한 표상 방식 설계 (Multiple Means of Representation)
표상은 모든 학습자들이 정보를 접근하고 이해할 수 있도록 보장한다. 다음과 같은 전략이 포함된다. • **다양한 형식의 콘텐츠 제공 (가이드라인 1.2):** 교사는 이중언어 비디오, 실물 모형, 지도 및 도표와 같은 시각 자료를 사용하여 추상적인 개념을 구체적으로 설명할 수 있다. • **새로운 내용을 기존 지식과 연결 (가이드라인 3.1):** 예를 들어, 가정에서의 에너지 사용과 같은 익숙한 경험과 연결함으로써 학생들이 기존 지식을 바탕으로 새로운 내용을 이해할 수 있도록 한다. • **다양한 매체를 통해 설명 (가이드라인 2.5):** 도표, 비디오, 실습 도구를 사용하여 장애를 가진 학생이나 언어 능력이 제한적인 학생들도 수업에 충분히 참여할 수 있도록 한다.
다양한 행동 및 표현 수단 설계 (Multiple Means of Action and Expression)
이 원리는 학생들이 자신의 이해를 표현하고 학습 활동에 참여하는 방식의 유연성을 강조한다. 교사는 다음을 통해 이를 지원할 수 있다. • **다양한 표현 방식 권장 (가이드라인 5.1):** 학생들이 전통적인 평가 방식에 국한되지 않고 포스터, 구두 발표, 비디오 등으로 학습 내용을 보여줄 수 있도록 한다. • **보조 기술 및 스캐폴딩 (scaffolding) 통합 (가이드라인 4.1):** 도해조직자(graphic organizer) 및 또래 멘토링과 같은 도구는 장애를 가진 학생이나 언어 장벽으로 어려움을 겪는 학생들을 지원할 수 있다. • **전략적 학습 안내 (가이드라인 6.1, 6.2):** 지속 가능한 에너지 계획 설계와 같은 모둠 활동 과제는 학생들이 목표를 설정하여 다 함께 문제를 해결하는 데 도움이 된다.

이 사례는 UDL이 역동적이고 포용적인 과학 교실을 어떻게 조성하여 모든 학생이 의미 있는 학습 경험에 참여하고 기여할 수 있도록 하는지를 보여준다.

1) UDL 실제 적용: 과학 수업 설계에 프레임워크 적용하기

다음 교수-학습 지도안인 "*다문화적 관점에서 본 에너지 자원과 지속 가능성*"은 UDL 원칙이 어떻게 포용적 수업 계획의 지침이 될 수 있는지를 보여준다. 이 수업 계획은 UDL이 어떻게 과학 교육을 모든 학생이 성공할 수 있는 공간으로 변화시킬 수 있는지를 보여준다. 참여, 표상, 행동 및 표현의 다양한 수단을 통합함으로써 교사는 모든 학생이 가치 있다고 느끼고 성장할 수 있는 교실을 만들 수 있다. 이러한 접근법은 과학 학습이 단순히 학업 성취에 국한되지 않고, 모든 학생의 호기심, 비판적 사고, 그리고 주체성을 함양하는 데 초점이 맞추어져 있음을 보여준다.

수업 계획에 대한 참여 (Engagement in the Lesson Plan)
• **학생의 선택(Student choice):** 학생들은 자신의 관심사와 문화적 배경에 부합하는 에너지 활용 방법(예: 재생 가능 에너지 혁신 vs. 전통적 방법)을 선택한다. • **적합성 및 공동체 의식(Relevance and community):** 수업은 한국, 베트남, 태국의 에너지 활용 방법을 강조하여 학생들의 문화적 정체성에 대한 자부심을 키우고 상호 학습을 장려한다.
수업 계획에서의 표상 (Representation in the Lesson Plan)
• **다양한 형식(Multiple formats):** 자막이 있는 비디오, 실물 모형, 다국어 용어집을 활용하여 다양한 학습 선호도를 가진 학생들이 콘텐츠에 접근할 수 있도록 한다. • **기존 지식과의 연결(Connecting prior knowledge):** 학생들은 자신의 에너지 사용 경험을 반영하며, 수업의 추상적 개념을 자신의 실제 경험과 연계한다.
수업 계획에서의 행동 및 표현 (Action and Expression in the Lesson Plan)
• **유연한 학습 시연(Flexible demonstrations of learning):** 학생들은 지속 가능한 에너지 계획을 협력하여 설계하고, 도해조직자를 활용하거나 자신이 선택한 매체(예: 구두 발표나 시각 자료)를 통해 아이디어를 발표한다. • **포용적인 참여(Inclusive participation):** 또래 멘토링과 시각 자료와 같은 보조 도구를 활용하여 모든 학생이 언어 능력이나 장애와 관계없이 의미 있게 참여할 수 있도록 한다.

다문화적 관점에서의 에너지 자원 및 지속 가능성 교수-학습 지도안

- **학년:** 중학교 1학년
- **수업 시간:** 45분
- **주제:** 다문화적 관점에서의 에너지 자원 및 지속 가능성
- **학습 목표:**
  - 다양한 에너지원과 그 문화적, 환경적 맥락을 식별할 수 있다.
  - 다양한 관점을 통합하여 지속 가능한 에너지 계획을 설계하기 위해 협력할 수 있다.
  - 형평성과 학습자의 주체성을 강조하면서, 지속 가능성에 대한 다문화적이고 포용적인 접근 방식의 가치를 이해할 수 있다.
- **필요 자료:**
  - 다국어 자막(한국어, 영어, 기타 관련 언어)이 포함된 비디오 클립
  - 태양광 패널과 풍력 터빈의 실물 모형
  - 지도 및 도표와 같은 시각 자료
  - 다국어 용어집(한국어, 베트남어, 중국어, 영어)
  - 모둠 활동을 위한 도해조직자

단계	학습 과정 및 UDL 통합		교사 활동	학생 활동	시간(분)	장소
도입:	학습 환경 조성	• **참여:** 학생들의 일상과 수업 내용을 연계하여 관련성 확보(**가이드라인** 7.2). • **표상:** 문화적으로 관련된 사례를 사용하여 주요 개념 소개 (**가이드라인** 3.1).	**관련성과 실제성을 최적화:** "우리가 매일 사용하는 에너지는 어떤 종류인가요?"라는 질문으로 시작한다. 학생들에게 가정과 지역사회에서 사용하는 에너지 활용 경험을 되돌아보게 한다. **학생들의 문화적 배경과의 연결:** 한국, 베트남, 태국의 전통 및 현대적 에너지 활용 사례를 공유하며, 문화적 차이가 에너지 사용에 어떻게 영향을 미치는지와 다양한 공헌이 지속 가능성을 어떻게 촉진하는지를 강조한다. 모든 목소리와 관점을 중요시하는 환경을 조성하여 개방적인 분위기를 만들도록 한다.	가정에서의 에너지 사용 경험을 공유하여, 학생들이 자신의 독특한 경험을 기여할 수 있도록 한다. 교사와 동료가 공유한 문화적 사례를 듣고 다양한 상황에 대한 이해를 넓힌다.	5분	교실
전개	콘텐츠 발표	• **표상:** 다양한 매체를 사용하여 정보 제공 (비디오, 실물 모형, 시각 자료) 및 접근성 보장 (**가이드라인** 1.2). • **참여:** 다국어 자료를 제	에너지 혁신을 보여주는 비디오 (예: 한국의 태양광 패널, 베트남의 바이오매스, 태국의 풍력 발전)를 시청한다. 이 비디오는 다양한 학습 요구를 충족하도록 간단한 해설과 자막이 포함된다.	멀티미디어 자료에 집중하면서 비디오를 주의 깊게 시청한다. 실물 모형과 시각 자료를 이용하여 이해를	15분	교실

단계		학습 과정 및 UDL 통합	교사 활동	학생 활동	시간(분)	장소
		공하여 학생들의 다양한 언어 및 문화적 배경을 고려 (**가이드라인** 3.3).	실물 모형과 시각 자료 (예: 지도, 태양광 패널 원형, 도표)를 사용하여 주요 개념을 설명하고 다양한 학습 선호도를 가진 학생들의 참여를 유도한다. 다국어 용어집 및 간소화된 학습 자료를 제공하여 재생 가능한 에너지, 지속 가능성, 탄소 발자국과 같은 용어를 소개한다.	높인다. 다국어 용어집을 활용하여 기술 용어와 개념을 이해한다.		
	모둠 활동	• **행동 및 표현:** 창의적인 모둠 활동을 통해 학생들이 협력적으로 학습 내용을 표현할 수 있도록 지원한다. (**가이드라인** 4.1). • **참여:** 협력적인 모둠 활동을 통해 소속감과 상호의존성을 육성한다. (**가이드라인** 8.4). • **표상:** 도해조직자를 사용하여 학생들이 아이디어를 구성하고 표현하도록 지원한다. (**가이드라인** 6.3).	**협력 촉진:** 학생들을 다양한 모둠으로 나누어 언어적, 문화적 배경이 다른 학생들을 의도적으로 혼합한다. 문화적, 환경적 고려사항을 통합한 지속 가능한 에너지 계획 설계를 위한 지침을 제공한다. 다음과 같은 성찰적인 질문을 던져 토론을 유도한다. 문화적 배경은 에너지 사용에 어떤 영향을 미치나요? 다양한 집단을 위한 포용적인 솔루션을 어떻게 설계할 수 있을까요? 인지적 어려움이 있는 학생들을 지원하고 또래 멘토링을 장려하기 위해 도해조직자와 같은 스캐폴딩을 제공한다.	모둠 내에서 협력하며, 지속 가능한 에너지 계획을 세우고, 독창적인 아이디어와 문화적 통찰을 공유한다. 다양한 관점에서 아이디어를 논의하고 통합하여 공감과 비판적 사고를 키운다. 스캐폴딩과 또래 멘토링을 활용하여 적극적으로 참여하고 기여한다.	20분	교실
결론	성찰 및 검토	• **행동 및 표현:** 성찰적 토론과 개별 후속 과제를 통해 이해를 심화하도록 장려 (**가이드라인** 5.3). • **참여:** 수업을 글로벌 이슈와 연결하여 관련성과 진정성을 강조 (**가이드라인** 7.2).	**전체 학급 토론 진행:** 다양한 문화가 에너지 혁신을 어떻게 이루었는지에 대해 배운 점을 공유하도록 유도한다. 학생들이 배운 내용을 명확하게 표현하고 다양한 기여의 중요성에 대해 생각해 보도록 독려한다. 지속 가능성, 협력, 포용성의 중요성을 강조하며 핵심 내용을 요약한다. 후속 과제 소개: 다른 문화의 에너지 문제 해결 방안과 과제에 관해 조사한다.	학습 및 그룹 활동에 대한 성찰을 공유하며 성취감과 공유된 이해를 촉진한다. 후속 과제를 준비하며 다문화적 에너지 사용에 대한 탐구를 확장한다.	5분	교실

2) 교사를 위한 성찰: 포용적 과학 수업 개발

교사들은 자신의 수업 계획과 교수법을 성찰함으로써 자신이 위에서 언급한 원칙들에 부합하는 접근 방식을 취하고 있는지 확인할 수 있다. 포용적 과학 교육을 실현하기 위해서는 다음과 같은 비판적 질문을 스스로에게 던질 수 있어야 한다.

- 나의 수업은 다양한 관점을 반영하고 있는가?
- 모든 학생들이 접근 가능하게 설계되었는가?
- 학생들의 참여와 협력을 촉진하고 있는가?
- 수업이 교육에서의 구조적 불평등을 해결하고 있는가?

이와 같은 성찰적 접근은 단순히 학업적 성공을 지원하는 것을 넘어, 학생들이 자신의 개인적 및 문화적 정체성을 과학과 연결할 수 있도록 돕는 학습 환경을 조성하는 데 필수적이다.

포용적 과학 수업 개발: 다음 성찰적 질문을 활용하여, 교사는 자신의 수업을 UDL과 다문화 과학 교육 원칙에 맞게 조정하고, 포용적이고 영향력 있는 수업이 되도록 할 수 있다.

표상성(Representation)

- 수업이 다양한 문화, 성별, 그리고 능력집단의 기여를 강조하는가?
- 인종적, 언어적으로 다양한 학생들을 지원하기 위해 다국어 자료가 제공되고 있는가?
- 장애 학생들을 위해 실물 모형, 시각 보조 자료 또는 기타 접근 가능한 자료가 포함되어 있는가?

참여(Engagement)

- 수업이 학생들의 실제 경험과 과학과 교육 내용을 연결하는가?
- 활동이 학생들의 지역사회와 문화적 배경에 공감할 수 있는 현실적인 문제와 관련되어 있는가?
- 수업에서 학생들이 과학을 개인적이고 사회적으로 의미 있는 것으로 볼 수 있는 기회를 제공하고 있는가?

접근성(Accessibility)

- 다양한 학습 요구를 충족시키기 위해 자막이 있는 비디오, 실물 모형, 또는 단순화된 텍스트와 같은 자료가 제공되고 있는가?
- 공평한 참여를 보장하기 위해 스케폴딩(scaffolds)과 보조 기술이 통합되어 있는가?
- 학생들이 발표, 시각적 프로젝트, 협력 학습 등 다양한 형식을 통해 지식을 표현하도록 권장되고 있는가?

협력(Collaboration)

- 모든 학생들이 배경이나 능력에 관계없이 의미 있는 기여를 할 수 있도록 모둠 과제가 구성되어 있는가?
- 학생들이 각자의 고유한 관점을 공유하고 서로 배울 수 있는 기회가 있는가? 예를 들어, 서로 다른 강점을 가진 학생들이 동등하게 기여할 수 있는 모둠 과제를 설계할 수 있는가?

비판적 성찰(Critical Reflection)

- 수업이 학생들로 하여금 형평성, 포용성, 그리고 사회적인 문제를 해결하는 데 있어서 과학의 역할에 대해 비판적으로 생각할 수 있도록 장려하는가?
- 과학이 다양한 공동체에 영향을 미치는 사회 및 환경적 문제를 어떻게 해결할 수 있을지 탐구할 수 있는 기회를 제공하는가?

3) 포용적 과학 교육의 힘

교사는 문화적, 언어적, 능력적 배경에 관계없이 모든 학생들이 과학 교육의 변혁적 힘을 활용할 수 있도록 형평성과 포용성을 우선시하는 교실을 조성할 수 있는 독보적인 위치에 있다. 포용적인 과학 교육은 학업 성취도를 향상시킬 뿐 아니라, 공감, 협력, 문화적 인식과 같은 다양하고 상호 연결된 세상에서 성공하는 데 필수적인 기능을 함양한다. 학생들의 문화적 기여를 반영하고 이를 존중하는 교실은 상호 존중을 촉진하며, 모든 사람에게 더 풍부하고 의미 있는 학습 경험을 제공할 것이다. 교사는 성별 고정관념, 장애 학생의 배제, 그리고 문화적, 언어적으로 다양한 학습자에 대한 저평가와 같은 구조적 편견에 적극적으로 맞서, 공평한 참여를 가로막는 장벽을 허물 수 있도록 해야 한다. 예를 들어, 여성 과학자의 공헌을 강조하거나 다국어 자료를 통합하는 등 이러한 방식은 사회 정의를 촉진함과 동시에, 과학 교육의 발전에 기여할 수 있다.

UDL(보편적 학습 설계) 프레임워크는 포용적이며 역량을 함양할 수 있는 수업을 설계하기 위한 효과적인 관점을 제공한다. UDL은 다양한 참여, 표상, 그리고 행동과 표현 방법에 초점을 두어, 교사가 모든 학생이 과학에 기여할 수 있는 유능하고 가치 있는 사람으로 자신을 바라볼 수 있는 교실을 만들도록 지원한다. 이러한 포용적 교수 실천은 학생들이 학업적으로 성공하도록 도울 뿐만 아니라, 학생들이 공감, 혁신, 협력 정신을 바탕으로 현실 세계의 문제를 해결할 수 있도록 준비시킨다. 포용적 과학 교육은 소외된 집단이 직면한 불평등을 해소하고, 형평성을 촉진하며, 다양성을 존중하고, 보다 정의롭고 포용적인 사회를 만들어낸다. 형평성 중심의 사고방식을 채택함으로써, 과학 교사는 학생들의 학업적, 사회적, 시민적 발달에 긍정적인 영향을 미칠 수 있으며, 학생들이 지역 및 글로벌 문제에 적극적으로 참여하고 해결할 수 있도록 힘을 실어줄 수 있다.

포용적 과학 교육은 단순한 전략의 집합이 아니라 다양성이 존중되고 형평성을 우선시하는 세상을 만들기 위한 노력이다. 교사는 차세대 과학자, 사회 변화의 주역, 그리고 정보를 갖춘 시민을 양성해야 하는 막중한 책임과 권한을 가지고 있다. 수업에 다문화적 관점과 UDL 원칙을 통합함으로써, 교사는 과학이 다양한 공동체가 직면한 문제를 이해하고 해결하는 도구가 될 수 있는 방법을 보여줄 수 있다. 포용적 과학 교육의 변혁적 잠재력을 수용함으로써, 교사는 한 번에 한 수업 씩 더 공정하고 포용적인 세상을 만들어 가는 데 기여할 수 있다. 그 결과, 학생들은 과학을 단순히 배워야 할 과목이 아니라, 자신의 삶과 공동체에 의미 있는 변화를 가져올 수 있는 도구로 인식할 것이다.

감사의 글

이 장은 영어로 작성되었으며, ChatGPT를 사용하여 한국어로 번역되었습니다. 번역된 원고를 교정해 준 제 연구실(SASEE Lab - 과학 교육의 사회문화적 접근과 형평성 연구실)의 박사과정 연구원 엄기은 님께 깊은 감사를 드립니다. 그의 전문성과 세심한 교정 작업 덕분에 이 작업의 품질과 명확성이 크게 향상되었습니다.

참고문헌

Archer, L., Dewitt, J., Osborne, J., Dillon, J., Willis, B., & Wong, B. (2012). Balancing acts: Elementary school girls' negotiations of femininity, achievement, and science. *Science Education, 96*(6), 967-989. https://doi.org/10.1002/sce.21031

Atwater, M. M. (1996). Social constructivism: Infusion into the multicultural science education research agenda. *Journal of Research in Science Teaching, 33*(8), 821-837.

Atwater, M. M. (2010). Multicultural Science Education and Curriculum Materials. *Science Activities*, *47*(4), 103-108. https://doi.org/10.1080/00368121003631652

Bryan, L. A. (2012). Research on science teacher beliefs. In B. Fraser, K. Tobin, & C. Campbell [eds.] *Second International handbook of science teaching and learning* (477-498). The Netherlands: Springer.

Cakiroglu, J., Capa-Aydin, Y., & Hoy, A. W. (2012). Science Teaching Efficacy Beliefs. In B. Fraser, K. Tobin, & C. Campbell [eds.] *Second International handbook of science teaching and learning* (pp. 449—461). The Netherlands: Springer.

CAST. (2024). *UDL guidelines: Version 3.0.* CAST. Retrieved from https://udlguidelines.cast.org

Im, S., & Martin, S. (2015). Using cogenerative dialogues to improve coteaching for language learner (LL) students in an inclusion science classroom. *Asia-Pacific Journal of Teacher Education. 43*(4), 355-369.

Kang, D. Y., & Martin, S. (2017). Examining the impact of an experiential learning special education course on pre-service science teachers' perceptions about inclusive science education. *The Journal of Special Education: Theory and Practice, 18*(4), 327-356.

Kang, D. Y., & Martin, S. (2018a). Improving learning opportunities for special education needs (SEN) students by engaging pre-service science teachers in an informal experiential learning course. *Asia Pacific Journal of Education,* 38(3), 319-347. doi.org/10.1080/02188791.2018.1505599

Kang, D.Y., & Martin, S. (2018b). Understanding structures preventing teachers from supporting culturally and linguistically diverse students in science learning. *The Journal of Learner-centered Curriculum and Instruction,* 18(8), 563-592.

Kim, S. K., & Rundgren, S. C. (2021). South Korean elementary school teachers' experiences of inclusive education concerning students with a multicultural background. *International Journal of Inclusive Education, 25*(12), 1327–1341. https://doi.org/10.1080/13603116.2019.1609606

Kim, N.-J., & Kim, Y.-W. (2018). A study on the development of Korean UDL based instructional design model (K-PAL) (한국형 UDL 기반 수업설계 모형(K-PAL)개발 연구). *Journal of Special Education: Theory and Practice* (특수교육 저널: 이론과 실천), *19*(3), 45-86. https://doi.org/10.19049/JSPED.2018.19.3.03

Kim, Y.-S., Kim, N., Lee, H. J., & Kim, Y.-W. (2019). The impact of science classes based on universal design for learning (UDL) on middle school students' positive experiences of science. *Journal of Special Education & Rehabilitation Science, 58*(1), 49–79. https://doi.org/10.23944/Jsers.2019.03.58.1.3

Kim, U., Kim, A., Kim, B., & Baek, J. (2024). Inclusive education in South Korea. *Remedial and Special Education, 45*(6), 339–350. https://doi.org/10.1177/07419325241240060

Korean Educational Development Institute (KEDI). (2023). *2023 brief statistics on Korean education: Multicultural student status*. Retrieved from https://kess.kedi.re.kr/index

Lee, O., & Buxton, C. A. (2013). *Diversity and equity in science education: Research, policy, and practice.* Teachers College Press.

Lee, O., & Luykx, A. (2006). *Science education and student diversity: Synthesis and research agenda.* Cambridge University Press. https://doi.org/10.1017/CBO9780511617508

Martin, S., Wassell, B., & Scantlebury, K. (2013). Frameworks for examining the intersections of race, ethnicity, class and gender: An analysis of research on English language learners in K-12 science education. In J.A. Bianchini, V.A. Akerson, A. Calabrese Barton, O. Lee. & A.J. Rodriguez, (Eds) *Moving the Equity Agenda Forward: Equity Research, Practice, and Policy in Science Education* (pp. 81-98). The Netherlands: Springer.

Mansour, N. (2009). Science teachers' beliefs and practices: Issues, implications and research agenda. *International Journal of Environmental and Science Education*, 4(1), 25-48.

Park, S., Lee, H., & Heo, S. (2015). 전국 중학교 특수학급 및 통합학급 수업의 실제 [The reality of special and inclusive class teaching in middle schools across Korea]. *Special Education, 14*(1), 27–62. https://doi.org/10.18541/ser.2015.02.14.1.27

Park, J., Chu, H.E., & Martin, S. (2016). Exploring how Korean teacher's attitudes and self-efficacy for using inquiry and language based teaching practices impacts learning for culturally and linguistically diverse students: Implications for science teacher education. *EURASIA Journal of Mathematics, Science and Technology Education, 12*(7), 1799-1841

Park, S., & Cho, Y. (2021). Explaining academic achievement gaps in South Korea with multicultural education paradigms. *Asia Pacific Journal of Education, 41*(3), 503–526. https://doi.org/10.1080/02188791.2020.1823315

Rodriguez, A. J. (1998). Strategies for counter-resistance: Toward sociotransformative constructivism and learning to teach science for diversity and for understanding. *Journal of Research in Science Teaching*, 35(6), 589-622.

Shin, D., Kim, S., & Lee, J. (2019). 소외 계층 학생들의 과학 학습 유형 [Science learning patterns of marginalized students]. *Journal of the Korean Association for Science Education, 39*(1), 129–141.

UNESCO. (1994). *The Salamanca Statement and Framework for Action on Special Needs Education: Adopted by the World Conference on Special Needs Education; Access and Quality.* Salamanca: UNESCO. https://unesdoc.unesco.org/ark:/48223/pf0000098427

Woodcock, S., Sharma, U., Subban, P., & Hitches, E. (2022). Teacher self-efficacy and inclusive education practices: Rethinking teachers' engagement with inclusive practices. *Teaching and Teacher Education, 117*, 103802. https://doi.org/10.1016/j.tate.2022.103802

Chapter

11

다양한 학습자를 위한 체육 수업

권순용

서울대학교 체육교육과 교수

1. 체육의 다문화교육적 의미

현재 우리나라는 다문화사회로 전환되고 있으며 이는 다문화 가정과 다문화학생의 수 증가 추세 통계에서 잘 나타나고 있다. 최근 5년간 다문화학생은 매년 1만여 명 이상 증가해 왔으며, 2023년에는 181,178명, 2024년에는 193,814명을 넘어선 것으로 나타났다. 이러한 다문화학생 수와 비율의 증가는 우리나라의 저출산·고령화 현상과 맞물려 앞으로도 더욱 가속화될 것으로 예상된다.

이에 한국의 각급 학교는 다문화적 공간으로 급변하고 있으며, 다문화학생의 학업성취 및 학교생활, 심리·사회적 발달과 정체성 형성과정에서의 교육적 지원 필요성뿐만 아니라 비다문화학생을 포함한 모든 학생 나아가 우리 사회구성원 모두에게 다문화사회 적응과 공존이라는 새로운 도전 과제를 부여하고 있다. 특히 다문화사회로의 전환을 효과적이고 적절하게 준비하고 대응할 수 있는 영역으로 학교교육의 중요성이 대두되면서 다문화교육에 대한 관심과 지원도 증가하고 있다.

통계와 연구에 따르면, 다문화가정 학생은 언어적 능력과 학력 저하, 우울, 낮은 자존감, 심리적 위축 등을 경험할 가능성이 높고 이는 다문화가정 학생의 삶의 만족도에도 부정적 영향을 미치는 것으로 나타난다(김경근, 2019; 모상현, 2018).[1] 이에 우리나라 다문화교육은 2006년 교육부의 '다문화가정 자녀

1) 관련하여 다문화가정 아동 및 청소년의 심리·정서적, 또한 사회적 취약성과 어려움을 전제하는 접근 자체에 문제가 있으며, 실제로 다문화 가정 구성원에만 발생하는 현상인지에 대해서는 보

교육지원 대책'을 그 시점으로 2007년부터는 다문화 현실을 반영하는 교육과정의 개정이 본격적으로 이루어졌다. 이후 다문화교육은 국가정책 차원에서 주도되어 오면서 다문화가정 학생을 주된 대상으로 이루어져 온 경향이 있는데, 이는 다문화가정 학생들이 학교와 사회 적응과정에서 겪는 실질적인 어려움에 대한 교육적 대책과 지원에 대한 현실적 요구가 두드러진 결과로 볼 수 있다. 이와 같이 초창기에는 다문화가정 자녀들을 대상으로 하는 시혜적 교육복지 차원의 접근에서 시작하였지만 최근에 이르면서 다문화사회 구성원 모두의 다문화 역량을 제고하기 위한 교육적 노력으로 그 대상이 점차 확장되어 왔다(김형렬, 이슬기, 2021). 이는 다문화가정과 학생 수의 증가에 따라 비단 다문화학생의 적응문제에 국한되기 보다 다문화학생에 대한 편견과 오해, 차별과 배제의 문제 또한 증가하고 있으며, 따라서 다문화학생을 포함 모든 학생들 간의 관계갈등 경험과 적응 문제로 나타나게 되기 때문이다. 이에 다문화교육은 모든 학생이 성별, 계층, 인종, 민족, 문화적 특징과 자신의 사회적, 문화적, 경제적 배경에 구애받지 않고 학교에서 교육적 평등의 기회가 주어져야 한다는 관점(Banks, 2022)에서 출발하는 것임을 인식할 필요가 있다.

체육활동은[2] 다양한 많은 사람들이 함께 모여 자연스런 상호작용을 하게 하는 근원적인 사회적, 문화적 잠재력을 지니며 따라서 포용적인 사회 통합의 가치를 가지는 것으로 인정되고 있다(Chepyator-Thompson, 1994).[3] 예를 들어

다 많은 실증적 연구가 필요하다는 주장이 있다(김혜미, 문혜진, 2013).

2) 현재 체육과 교육과정에서는 체육과의 내용영역을 '운동', '스포츠', '표현'의 세 가지 '신체활동 형식'으로 제시하고 있다. 여기서는 운동, 스포츠, 표현 등 신체활동 형식을 모두 포괄하는 용어로 체육활동으로 사용하고 맥락에 따라 필요시 체육 또는 신체활동으로 표기하고자 한다.

3) 최근 2022년 6월부터 시행된 스포츠기본법은 '모두를 위한 스포츠'라는 비전을 달성하기 위한 스포츠의 다문화적 가치에 대한 사회적 합의를 기반으로 한다고 볼 수 있다. 스포츠기본법의 기본이념을 보면 스포츠의 다문화적 가치와 의미가 잘 제시되고 있다. ― "제2조(기본이념) 이 법은 국민 모두가 스포츠 및 신체활동에 자유롭고 평등하게 참여하여 건강하고 행복한 삶을 영위할 수 있도록 스포츠의 가치가 교육, 문화, 환경, 인권, 복지, 정치, 경제, 여가 등 우리 사회 영역 전반에 확산될 수 있게 국가와 지방자치단체가 그 역할을 다하며, 개인이 스포츠 활동에서 차별

체육활동은 언어적 장벽에서 상대적으로 자유로우며, 일상의 자연스러운 대화 소재가 될 뿐 아니라, 남녀노소뿐만 아니라 다양한 문화적 배경의 사람들이 어색함이나 낯섦 없이 자연스럽게 어울릴 수 있는 소통과 교류, 그리고 그를 통한 공동체 형성 및 사회통합의 효과적인 기회를 제공해 주는 특징을 지니고 있다. 특히 다문화교육의 차원에서 볼 때 체육활동은 성장기 아동 및 청소년들이 가장 선호하는 활동 중의 하나일 뿐만 아니라, 다양한 사회문화적, 계층적 배경의 또래들과 자연스럽게 어울릴 수 있게 하고, 공통의 감정적 유대를 공유할 수 있는 기회를 제공해 주는 교육적 가치가 크다. 따라서 체육활동은 학생들의 자신감 및 자아존중감 함양, 원만한 대인관계의 형성과 사회 적응력을 높이는데 좋은 다문화 교육수단이 된다(권민혁, 2008). 이에 본 장에서는 다문화 체육 프로그램의 효과에 대하여 연구문헌을 중심으로 정리한 후 체육과 교육과정과 다문화교육의 관계에 대하여 살펴보고자 한다. 나아가 다문화 체육수업을 설계·운영하기 위한 다문화교수법에 대하여 알아보고 그에 기반한 교수·학습 구성안을 제시하고자 한다.

받지 아니하도록 하고, 스포츠의 다양성, 자율성과 민주성의 원리가 조화롭게 실현되도록 하는 것을 기본이념으로 한다."

2. 다문화 체육 프로그램의 교육적 효과 및 유의점

국내에서는 2000년대 들어와 학교 및 지역사회에서 체육활동이 다문화 아동 및 청소년의 사회적, 문화적, 정서적 적응과 발달에 기여하는 교육적 가치와 의미에 대한 학술적 연구가 다수 진행되었다. 현재 국내 다문화 체육 프로그램은 학교 다문화 체육 프로그램과 지역사회 다문화 체육 프로그램[4] 두 영역으로 구분하여 살펴볼 수 있는데, 본 절에서는 학교 다문화 체육 프로그램의 효과에 대하여 살펴보고자 한다.

곽윤경과 양영미(2017)는 2010년부터 2016년까지 한국아동·청소년패널조사(KCYPS) 참여자 7,071명을 대상으로 중학생 체육활동 참여가 다문화 수용성에 미치는 영향을 분석한 결과, 체육활동에 참여한 중학생이 비참여 중학생에 비하여 자아존중감이 높은 것으로 나타났으며, 특히 이러한 중학생의 체육활동 참여는 자아존중감을 매개로 하여 다문화 수용성에 영향을 미침을 보고하고 있다. 또한 김동한과 이윤정(2015)은 아시아 전통놀이 프로그램 참

4) 국내에서 비영리 공공체육 단체에서 운영되는 지역사회 다문화 스포츠 프로그램을 보면 가장 먼저 2003년 당시 '국민생활체육협의회' 지원으로 외국인 노동자 및 다문화가정을 대상으로 한 다문화 생활체육교실, 방학을 이용한 생활체육 캠프, 그리고 다문화가정 어울림 생활체육 축제 등의 사업을 들 수 있다. 최근에 와서는 대한체육회에서 진행하는 행복나눔 종목별 생활체육교실 강습과 또바기 체육돌봄 사업을 들 수 있다. 행복나눔 종목별 생활체육교실 강습은 다문화센터, 지역아동센터, 꿈드림센터, 청소년수련원 등을 대상으로 2009년부터 시행된 생활체육교실 사업이며, 종목별 교실 강습과 더불어 캠프운영, 부대프로그램(1일 클리닉, 교류전, 대회 참가) 등을 통해 다문화학생을 포함한 소외계층 아동 및 청소년에게 신체활동의 기회를 제공하고 있다. 또한, 또바기 체육돌봄은 2021년부터 초·중·고 이주배경 및 다문화 청소년에게 생활체육교실 강습 및 캠프형 프로그램을 제공하는 사업이다.

여 경험의 결과 초등학생들의 다문화태도에 긍정적 효과가 나타난 것으로 보고하고 있다. 구체적으로 초등학교 학급단위의 실험집단과 비교집단을 구성하여 실험집단을 대상으로 1개월 동안의 아시아 전통놀이 다문화교육 프로그램을 실시한 결과 실험집단 학생들의 다문화태도에 긍정적 효과가 있음을 검증하였다.

한편, 이근모와 최동일(2017)은 2013년부터 2016년까지 초등학교 농구 학교스포츠클럽 참여 다문화학생을 대상으로 참여관찰 및 인터뷰를 통하여 학생들에게 나타난 긍정적인 변화를 분석하였다. 결과에 따르면 연구 참여자들은 농구클럽 참여과정을 통하여 초기 차별과 무관심으로 인한 학교부적응 경험을 극복하면서 성취감과 자신감을 갖게 되었고 교우관계에서도 적극적으로 임하게 됨과 동시에 나아가 스스로 삶의 능동적인 주체로 성장하는 변화를 가져온 것으로 나타났다. 임수원 외(2013)는 다문화 및 비다문화 가정 초등학생이 함께 참여하는 총 6개월간 진행된 '함께하는 토요스포츠교실' 프로그램 참여경험에 대하여 참여관찰과 심층면담을 진행하였다. 연구결과로 다문화 가정 아동들은 처음에는 학교생활에 있어 편견과 오해, 부모님의 관심부족, 교사 및 친구들과의 소통부족으로 인해 어려움을 겪고 있었으며, 함께하는 토요스포츠교실 참여를 통하여 체육에 대한 관심 증가, 활동력과 체력향상, 새로운 친구관계 형성, 교사들과의 관계 호전, 적극적인 태도 함양의 긍정적 효과가 나타난 것으로 보고하고 있다. 또한 이정열, 오승재, 하재필(2018)은 지역교육청과 협약으로 초등학생 대상으로 12주 동안 운영한 "스포츠를 통한 다문화교실" 프로그램 참여경험에 대하여 참여관찰과 심층면담을 진행하였다. 연구결과에 따르면 다문화학생들은 스포츠에 대한 관심의 증가와 활동참여를 통하여 자신감 향상을 가져왔고 동시에 존중과 협동을 통한 소통의 방법을 이해하게 되었으며, 나아가 팀의 주축으로서 책임감 향상, 그리고 생활

기술(life skills)로의 전이 효과 등이 관찰되었다.

이와 같이 학교 다문화 체육 프로그램의 운영과 그 참여 경험에 대한 연구 문헌에 따르면 다문화가정 학생들은 초기 언어적, 문화적 차이로 인한 학교 생활 부적응 경험에서 체육 및 스포츠 등 신체활동 프로그램 참여를 통한 성취감 경험으로 자신감을 얻게 되고 나아가 교우관계 형성 및 확장에서도 긍정적 변화를 가져오면서 스스로 자신의 삶에 책임감을 가지게 되어 주체적인 존재로 변화해 가는 과정을 공통적으로 보고하고 있음을 알 수 있다. 이러한 효과는 정현수와 박선윤(2024)의 최근 문헌분석 연구에서 제시된 바와 같이 다문화학생들은 다문화 체육 프로그램 참여경험을 통하여 자신감 함양, 타인에 대한 관심 증가를 통한 내면적 성장, 그리고 동료 간 그리고 교사와의 대인관계 형성 및 개선에 긍정적인 변화를 가져왔으며, 나아가 리더십 함양 및 다문화적 태도 형성을 통하여 주변적 인물에서 사회적 존재로서 자립 등의 효과를 보고한 점과 일관된다고 할 수 있다.

정현수와 박선윤(2024)은 그동안 학교 현장에서 실제 체육 프로그램을 적용한 경험적 연구를 대상으로 체계적 문헌분석을 실시한 결과 학교 다문화 체육 프로그램 구성 및 실행과 관련된 주요 고려사항을 다음과 같이 체계적으로 제시해 주고 있다. 첫째, 체육 프로그램의 주요 목적이 한국 사회 또는 학교 생활의 적응을 중심으로 하고 있다는 점에서 다문화학생을 한국 사회에 '적응'이 필요한 수동적이고 동질적이며 사회적, 경제적, 문화적 자원이 결핍된 대상으로 상정하고 있다. 둘째, 관련하여 다문화학생의 문화적 배경을 기반으로 한 체육 프로그램이 부족하다는 점에서 다문화학생의 문화를 기반으로 한 체육 및 신체활동 프로그램 설계와 운영이 필요하다는 점이다. 셋째, '다문화'의 의미를 주로 인종, 민족에 기반하고 있다는 점에서 계층, 언어, 종교, 성적 지향성, 장애 등 다문화를 구성하는 교차성(intersectionality)을 고려하여 다양한 다문화 영역과 요소로 확장할 필요가 있다는 점이다. 넷째, 체육 프로그램의 참여대상을 다문화가정 학생만을 대상으로 하고 있으며, 따라서 비다문화학생 그리고 이들을 포함하는 보다 넓은 가정과 지역사회까지 확장할 필요가 있다는 점이다. 마지막으로 체육 프로그램을 설계하고 운영하는 교사 및 지도자의 관심과 역할의 중요성이다. 즉, 체육, 스포츠, 무용 등 신체활동의 잠재된 근원적인 다문화 교육적 가치에도 불구하고 그러한 잠재성은 자동적으로 발현되지 않다는 점이다. 예를 들어 팀 스포츠 종목을 운영한다고 해서 단결력이나 협동심의 함양이 자동적으로 결과되는 것은 아니라는 것이다. 따라서 프로그램의 설계와 운영 시 어떤 목적으로 어떻게 운영할 것인지에 대하여 교사 및 지도자의 체계적이고 성찰적인 자세가 매우 중요하다.

3. 체육과 교육과정과 다문화교육

국가 수준 교육과정 개정은 미래 사회의 변화에 대응하기 위한 국가 · 사회적 요구를 반영하고자 하는 목적을 가지며, 2000년대 들어와 이주민의 유입이 증가하면서 국가 수준에서 다문화교육의 필요성이 제기되었다.[5] 교육과정에서 다문화교육 용어가 등장하기 시작한 것은 2007 개정 교육과정에서 다문화교육을 범교과 교육과정(cross curricular)의 학습 주제로 지정된 시점에서부터이다.[6]

이후 교과과정 개정에서는 비록 총론에서 범교과를 제외하고 '다문화교육'이 직접적으로 언급되지는 않지만, 다문화사회로의 변화에 학습자가 주체적으로 대응할 수 있는 역량 함양에 대한 강조가 두드러지고 있다. 특히 학교 교육과정을 설계하고 운영할 때 지향해야 할 방향과 고려해야 할 일반적인 원칙의 하나로 '모든 학생을 위한 교육기회의 제공', 즉 "교육활동 전반을 통하여 남녀의 역할, 학력과 직업, 장애, 종교, 이전 거주지, 인종, 민족, 언어 등 다양한 특성을 가진 학습자들이 차별을 받지 않고 적합한 교육기회가 제공되어야 함"(교육부 2022a, 13)을 강조하고 있다.

하지만 교육과정에서 다문화교육에 대한 중요성이 증가함에도 불구하고

5) 특히, 주목할 사건으로 2006년 미식축구 선수 하인즈 워드의 NFL 슈퍼볼 MVP 선정과 이후 방한과 관련된 일련의 사건들은 우리 사회에서 "다문화"에 대한 사회 전반의 폭발적인 관심을 촉발시킨 계기가 되었다고 할 수 있다(김연권, 2007; 권민혁, 2008).

6) 범교과는 2007 개정 교육과정에서 총 35개, 2009년 38개의 주제로 범주화된 후 2015년 안전 · 건강교육, 인성 교육, 진로 교육, 민주시민 교육, 인권 교육, 다문화 교육, 통일 교육, 독도 교육, 경제 · 금융 교육, 환경 · 지속가능발전 교육 등 10개 대주제로 재개념화되었다.

정규 교육과정이 아닌 범교과 주제로 제공되고 있고, 따라서 일회성 개념학습 및 체험의 단편적 프로그램 제공에 머물고 있으며, 다문화교육의 목표, 역량, 성취기준 등에서 교과 교육과정과 연계된 통합적인 내용, 방법, 평가의 체계성이 미흡한 실정이다(염태근, 차우규, 2022). 이에 각 개별 교과과정에서 다문화 주제를 포함하는 통합적 교육과정 설계와 운영에 대한 필요성이 제기되고 있다.

2007년 이전 체육과 교육과정은 체조, 육상, 게임, 표현, 체력, 보건 등의 영역을 중심으로 체육을 통한 전인적 발달을 강조하였는데, 2007 개정 교육과정에서 체육의 건강, 도전, 경쟁, 표현, 여가의 영역으로 체육의 교육적 가치를 중시하는 가치 중심 교육과정으로 구조화되었다. 이후 2015 개정 교육과정에서는 핵심 역량을 중심으로 교육과정을 재구조화하였고,[7] 이러한 역량 중심 교육과정 체계는 2022 개정 교육과정에서도 계속되었는데 체육과 교육과정에서는 '신체활동 역량'으로 재개념화되었다. 여기서 타교과와 구분되는 체육과의 본질적 주제인 '신체활동'은 최근의 교육과정 개정에서 더욱 강조되고 있다고 할 수 있다.

2022 개정 교육과정에 따르면 체육과의 성격을 "신체활동의 학습을 통해 활동적이고 창의적인 삶, 건강하고 주도적인 삶, 신체활동 문화를 향유하며 사회 속에서 바람직하고 더불어 사는 삶의 자질을 길러주는 교과로 규정"(교육부, 2022b, 5)하면서 신체활동을 놀이, 게임, 운동, 스포츠, 표현 등의 신체활동 형식으로 개념화하고 있다. 이러한 신체활동은 인간의 신체와 관련된 문화적 양식으로 형성, 변화, 실천되어 온 신체활동 문화를 구성하며, 이때 신

7) 총론에서는 자기관리 역량, 지식정보처리 역량, 창의적 사고 역량, 심미적 감성 역량, 의사소통 역량, 공동체 역량, 그리고 체육과 교육과정에서는 건강관리 능력, 신체수련 능력, 경기수행 능력, 신체표현 능력으로 설정하였고, 동시에 기존의 여가 영역을 안전 영역으로 대체하는 변화를 보였다.

체활동 문화는 "신체적 수월성을 겨루는 경기 문화, 인간의 삶을 풍요롭게 하는 놀이 및 여가 문화, 신체적 움직임이 미적으로 승화한 표현 문화, 제도화된 신체활동에 내재한 정신문화, 건강한 생활을 추구하는 과정에서 형성된 건강 문화"(교육부, 2022b, 5) 등의 양식을 포함하는 것으로 이해된다.[8)]

이와 같은 신체활동 문화 기반의 체육과 교육과정은 교육과정 내에서 '다문화교육'의 용어가 직접적으로 언급되지는 않지만 본질적으로 다문화교육의 원리와 의미를 담고 있다고 할 수 있다. 신체활동 문화와 관련되어 체육과에서 추구하는 신체활동 역량 목표로 "신체활동의 고유한 문화 특성을 이해하고, 신체활동 문화를 일상생활에서 누리며, 다양한 문화 양식에 내재한 가치와 태도를 실천함"(교육부, 2022b, 6)에 두고 있다. 구체적으로 신체활동 역량은 움직임 수행 역량, 건강 관리 역량, 신체활동 문화 향유 역량으로 구분되며, '신체활동 문화 향유 역량'은 다양한 신체활동 문화를 전 생애 동안 즐기며 타인과 상호작용할 수 있는 능력을 의미한다. 여기서 신체활동 문화 향유 역량은 다양한 신체활동 문화를 향유하고 타인과 상호작용할 수 있도록 하는 능력으로 문화적 다양성에 대한 다문화교육의 원리 및 의미와 직접적으로 관련되어 있다고 볼 수 있다. 또한 체육과 교육과정의 학교급별 성취기준에서도 다문화교육의 개념과 원리가 잘 드러나고 있다. 예를 들어 움직임, 놀이, 게임, 운동, 스포츠, 표현 등 각 신체활동 형식과 관련된 문화 및 다양성 요소, 즉, 역사와 특성, 유래와 변천, 인물, 기록, 사건, 이벤트, 규칙, 방법 및 전략, 규범 등의 보편성과 특수성에 대한 폭넓은 이해와 개방적 태도를 강조하는 지식, 기능, 태도에 대한 기준들은 다문화교육의 원리와 의미를 잘 반영하고 있다.

8) 2022 개정 체육과 교육과정의 용어 해설에는 신체활동 문화를 "제도화된 신체활동의 역사와 정신, 지식과 수행 방법 등 신체활동과 관련된 생활양식을 총체적으로 일컫는 용어"(p. 117)라고 규정하고 있다.

2022 개정 교육과정에서는 '교수 · 학습' 방향을 6가지로 제시하고 있는데, 그 중 '신체활동 역량 함양을 위한 교수 · 학습'[9], '신체활동의 시간적 · 공간적 확장을 위한 교수 · 학습'[10], 그리고 '창의성과 인성 함양을 위한 통합적 교수 · 학습'의 방향성에서 다문화교육의 관점과 내용이 직 · 간접적으로 연계되어 나타나고 있다. 특히 창의성과 인성 함양을 위한 통합적 교수 · 학습과 관련하여 두 가지 측면에서 다문화교육의 관점과 내용이 보다 직접적으로 강조되고 있다. 먼저 신체활동의 직접체험활동과 더불어 간접체험활동을 통하여 신체활동과 관련된 다양한 문화 자원을 탐색할 수 있도록 하고, 나아가 범교과 학습 주제로서 다문화교육을 체육과 학습 내용과 연계하여 학습함으로써 비판적 사고, 바람직한 가치 판단, 그리고 공동체 삶의 방식 수용 및 실천을 강조하고 있다. 따라서 다문화 체육수업의 설계 및 운영에서 직접체험과 간접체험, 그리고 범교과와의 통합적 교수 · 학습 접근이 중요함이 강조되고 있음을 알 수 있다.

이상과 같이 신체활동 문화의 다문화적 본질을 고려할 때 체육교사는 수업의 설계와 운영시 제시된 교육과정의 내용과 활동 및 교수법, 교수전략 수립 과정에서 보다 적극적으로 다문화교육의 원리와 의미가 반영되도록 구성하여 운영할 필요가 있다. 이에 체육교사가 다문화 체육수업 설계 · 운영 시 고려할 방향성과 원칙과 관련하여 뱅크스(Banks, 2022)가 개념화한 다문화 교육과정의 구성 차원의 관점에서 정리해 보면 다음과 같다. 뱅크스(2022, 84-92)는 다문화교육 구성 차원을 내용 통합(content integration), 지식 구성 과정

9) 예를 들어 "…신체활동을 통한 학습에서 자신의 신체활동 경험을 성찰하며 사회 속에서 자신과 타인의 관계를 인식함으로써 신체활동의 의미 있는 가치와 태도를 함양하도록 한다"(교육부, 2022b: 38)고 기술되어 있다.

10) "…생애주기별로 지속해서 신체활동에 참여하며 다양한 문화적 삶을 향유할 수 있도록 안내한다"(교육부, 2022b: 39)라고 기술되어 있다.

(knowledge construction process), 편견 해소(prejudice reduction), 공평한 교수법(equity pedagogy), 그리고 학생의 역량을 강화하는 학교 문화와 조직(empowering school culture)의 다섯 가지 구성 영역으로 구분하였는데, 이중 다문화 체육 교육과정에 직접적으로 관련되는 앞의 네 가지 차원에 대하여 간략히 살펴보고자 한다.

먼저, 내용 통합(content integration)은 교사가 자신의 교과나 학문 영역에 등장하는 주요 개념, 원칙, 일반화, 이론을 설명하기 위해 다양한 문화 및 집단의 사례, 자료, 정보를 가져와 활용하는 정도를 말한다. 다문화 체육수업에서 내용 통합은 앞에서 본 바와 같이, 직접체험활동과 간접체험활동의 통합, 신체활동 문화에 관련된 심동적, 정의적, 인지적 영역의 학습효과 통합, 그리고 범교과로서 다문화교육 내용과의 통합 등 다양한 수준에서 이루어질 수 있다. 직접체험활동과 간접체험활동 간의 통합은 신체활동과 직접적으로 연관된 다문화 사례, 자료, 정보를 활용하는 정도를 말하며, 이러한 과정에서 신체활동을 통한 다문화수업의 인지, 정의, 행동적 차원의 통합적 수업을 설계, 운영할 수 있다. 예를 들어 다양한 다문화적 배경의 민속놀이, 게임, 스포츠, 춤 등의 직접, 간접적 체험을 통하여 다양한 신체활동 문화에 대하여 이해하고 체험할 수 있다. 둘째, 범교과로서 다문화교육의 주제 및 내용과 연계하여 다문화 체육수업을 설계, 운영함으로써 신체활동 문화에 기반한 비판적 사고, 바람직한 가치 판단, 그리고 공동체 삶의 방식 수용 및 실천을 도모할 수 있다.

둘째, 지식 구성 과정(knowledge construction process)은 특정 학문 영역에 내재하는 문화적 가정, 준거틀, 관점, 편견 등이 해당 학문영역에서 지식이 형성되는 과정에 어떤 영향을 미치는지를 학생이 이해하고 조사하고 판단할 수 있도록 교사가 도와주는 과정이다. 교사는 학생들로 하여금 지식이 어떻게 만들어지고 그것이 개인과 집단의 인종, 민족, 성, 사회계층 등에 의해 어떤 영향을 받는지 이해할 수 있도록 돕는 역할을 하게 된다. 예를 들어 특정한 종목에 특정한 인종적, 민족적 배경 출신의 운동선수들이 집중적으로 성공적 수행을 보이는 현상에 대한 대중적 설명들의 가정과 준거틀에 대하여 논의할 수 있으며, 또는 학생들을 인종, 민족, 계층, 젠더 등의 특정 종목 대표팀의 가설적 모둠으로 구성하여 편견이 어떻게 형성되는지에 대하여 학습할 수 있는 기회를 제공할 수 있다.

셋째, 편견 해소(prejudice reduction) 영역은 학생들의 인종적, 민족적 태도와 특징 및 그것이 교수법이나 교재에 의해 어떻게 긍정적으로 변화될 수 있는지에 중점을 둔다. 연구에 따르면 학생들은 자신이 속하지 않은 인종, 민족, 사회계층에 대하여 다양한 고정관념, 오개념, 부정적 태도를 지닌 채 학교에 오게 된다. 따라서 다문화 수업에서는 학생들이 다양한 인종, 민족, 사회계층, 언어 집단의 개인들에게 긍정적 태도와 행위를 지니며, 그러한 사람들에 대하여 숙고하고, 그들과 만날 때 동등한 지위로 대하도록 환경을 조성하는 것이 중요하다. 체육활동은 수업에서 적절하게 설계 운영될 때 학생들에게 동등한 지위와 역할수행이 주어지며 신체활동 특성상 다문화학생들이 모둠이나 팀에서 주인의식을 적극적으로 발휘할 수 있도록 동기유발 될 수 있다.

넷째, 공평한 교수법(equity pedagogy) 구성요소이다. 공평한 교수법은 교사가 다양한 인종, 민족, 사회계층 학생들의 학업성취도를 향상시키는 방식으로 수업을 수정하는 것을 말하며, 여러 문화적, 인종적 집단 내에 존재하는 독특한 학습 양식에 부합하는 다양한 교수법을 사용하는 것을 포함한다. 이는 모든 학생들에게 동일한 내용과 자료를 제공하기보다 다문화 배경을 지닌 학생들의 다양성과 차이를 인식하고 그에 맞게 다양한 집단의 학습 특징과 문화적 특징을 반영하여 수업을 수정하는 것이 중요하다. 따라서 체육교사는 학급의 모든 학생들의 신체활동 문화에 관련된 역사, 언어, 의례, 관습, 전통 등 문화적 배경뿐만 아니라 사회적 동향 등에 대해서도 파악하여 수업을 계획 운영할 필요가 있다. 이를 통하여 다양한 문화적 배경의 학생들이 신체활동 문화 학습의 동등한 기회를 가지면서 보다 의미 있고 편안함을 느끼는 학습 경험을 도모할 수 있다.

4. 체육수업에서 다문화교수법

우리나라 교육과정에서는 수업을 설계하고 운영할 때 고려해야 할 '교수·학습'의 주요 원칙 중의 하나로 "교과의 특성과 학생의 능력, 적성, 진로를 고려하여 학습활동과 방법을 다양화하고, 학교의 여건과 학생의 특성에 따라 다양한 학습 집단을 구성하여 학생 맞춤형 수업을 활성화" 함을 강조하고 있으며, 구체적으로 "다문화가정 배경, 가족 구성, 장애 유무 등 학습자의 개인적·사회문화적 배경의 다양성을 이해하고 존중하며, 이를 수업에 반영할 때 편견과 고정관념, 차별을 야기하지 않도록 유의함"을 중시하고 있다(교육부, 2022a: 11).

다문화사회에서 학교는 학생들이 자신의 사회문화적 배경과 다른 신체적 특징, 언어, 사회적 행동을 지닌 동료와 상호작용하게 되는 최초의 제도적 공간이 된다는 점에서 다문화교육의 차원에서 이루어지는 학생들의 교육 기회와 경험은 매우 중요하다. 체육활동은 성장기 학생들에게 중요하면서 자연스럽게 어울릴 수 있는 사회적, 문화적 상호작용의 경험과 기회를 제공해 주기 때문에 다문화학생들에게 보다 포용적인(inclusive) 환경을 제공해 줄 수 있다. 그러나 그러한 특징이 자동적으로 이루어지는 것이 아니기 때문에 다문화 교수·학습 환경을 적극적이고 체계적으로 고려하는 것이 중요하다.

여기서는 다문화 체육수업을 설계·운영시 반영할 수 있는 고려할 수 있는 다문화교수법으로 문화감응교수법(culturally responsive pedagogy)(Gay, 2021) 사례를 제시하고자 한다. 문화감응교수법 개념은 앞에서 다룬 뱅크스(2022)의 다문화 교육과정 구성 차원의 원리와 일맥상통한다고 볼 수 있다. 문화감응교수법은 다문화학생이 문화적 결손을 지닌다고 전제하는 동화주의적 관점의 문화결핍(cultural deprivation) 패러다임의 한계를 극복하고자 다문화학생들의 언어, 가치관, 행동양식, 관점, 경험 등의 장점과 강점을 발견하여 이끌어냄으로써 긍정적 교육효과를 도모하려는 교수법 원리를 강조한다. 따라서 다문화학생 개인의 가정과 지역사회 사회문화 및 경제적 배경에 따른 제한된 문화적 자원과 경험보다 그들이 경험하는 학교 문화와 가정 및 지역사회 문화 사이의 불연속성에 주목하고 학교의 교육과 문화를 변화시키고자 한다.

체육활동은 문화 감응성(cultural responsiveness)을 경험하고 실천하기 위한 효과적인 기회가 될 수 있다. 이에 체육교사는 성장기 학생들이 자연스러운 체화된 상호작용을 통하여 감정적 유대를 공유할 수 있는 포용적인 신체활동의 잠재력이 최대한 발휘되도록 다문화 체육수업 설계 · 운영 시 전략적으로 노력할 필요가 있다. 즉, 체육수업은 타교과와 다르게 신체활동의 심동적 영역 학습이 본질적 토대가 되며, 신체 언어, 신체 접촉, 체화된 경험 등을 체험하고 공유하는 특징을 지닌다. 이를 토대로 움직임, 놀이, 게임, 춤, 스포츠 등 다양한 신체활동 문화 형식과 관련된 언어, 관행, 규범, 지리, 축제, 의복, 건축, 장비 등 물질적, 비물질적 문화 양식을 학습할 수 있다는 점에서 심동적, 인지적, 정서적 차원의 문화 감응성을 함양할 수 있는 전인교육의 중요한 축으로 인식될 수 있다. 예를 들어 수업 참여 학생들의 다양한 신체활동의 문화적 배경을 내용 통합(content integration)의 수업자료로 적극적으로 활용할 수 있다. 학생들로 하여금 문화적으로 익숙한 전통적 신체활동 문화에 대하여 수업시간에 소개하고 공유하도록 할 수 있는데, 만약 학생이 잘 모르는 경우 가족 성원이나 지역사회 성원의 경험을 인터뷰하여 수업에 활용하도록 할 수 있다(Young & Sernod, 2011). 따라서 부모나 조상 세대로부터 전승되어 온 게임, 춤, 레크리에이션 등 전통적 신체활동에 대하여 그 용어와 방법, 도구나 장비, 음악 등에 대해 소개하고 수업에서 실제로 함께 배우는 기회를 가질 수 있다.

문화감응교수법 관점에서 다문화 체육수업 설계 · 운영 시 고려할 사례를 제시하면 다음과 같다. 다문화 체육수업은 학생들의 다양한 가정 및 지역사회의 문화적 배경에 대한 이해를 토대로 다문화학생들이 익숙하고 편안하게 느끼면서 모든 학생들이 동등하게 참여할 수 있는 기회를 제공하는 것이 중요하다. 예를 들어 다문화학생들의 가정과 지역사회의 다양한 신체활동 형식을 함께 배우고 경험하는 기회의 제공에 대한 고려이다. 또한 개별 학생들의 다양한 문화적 전통과 경험에 따른 문화적 차이를 이해하고 체육수업 내용 및 방법과 연계시키려는 노력도 필요하다. 예를 들어 경쟁 가치에 대한 문화적 선호도, 개인주의와 집합주의의 문화적 배경, 체육활동에서 수신호, 신체 접촉 및 공간, 복식 및 환복 등의 문화적 다양성 등에 대한 고려를 반영하는 것이다(Young & Sernod, 2011). 다시 말하면, 다문화 체육수업에서는 *모든*(all) 학생들이 다양한 신체활동 문화를 경험하고 서로에 대하여 배우는 동등한 기회를 조성하는 것이 중요하다. 이를 위하여 천편일률적 수업이 아닌 학생들의 교육경험을 가정 및 지역사회의 문화적 배경과 연계하여 보다 의미있고, 연관되며, 풍성하게 구성되어야 하고, 따라서 체육교사는 모든 학생의 문화적 배경, 수요와 요구를 잘 이해할 필요가 있고, 그를 적극적으로 반영하도록 학생들의 선택과 참여를 적극적으로 유도하는 데 중점을 둘 필요가 있다.

이러한 다문화 체육수업 원칙을 효과적으로 반영하고 실천할 수 있는 교수 전략(teaching strategies)으로 협동학습(cooperative learning), 상호교수(reciprocal teaching), 안내된 발견식 수업(guided discovery teaching), 문제해결학습(problem-solving learning) 등 다양한 전략을 활용할 수 있다(Young & Sternod, 2011). 특히 협동학습은 협력, 소통, 관계, 공동체적 과정과 성취를 중시한다는 점에서 문화반응교수법(Gay, 2021)에서 그리고 특히 체육수업에서 많이 활용되고 있다.

협동학습은 서로 다른 학습 능력을 지닌 학습자들이 협력하여 공동의 과제를 수행함으로써 동일한 학습목표를 달성하는 수업방법을 의미한다. 학생들은 공동의 목표를 위하여 서로 책임감을 가지고 상호의존하면서 참여자 모두가 성취를 경험할 수 있도록 학습 전략 및 조직을 운영한다는 점에서 특히 다문화 체육수업에서 효율적 교수법으로 활용될 수 있다. 협동학습은 다문화 교육 맥락의 의사소통 과정에서 서로 다른 관점과 경험을 공유하고 이를 바탕으로 지식을 확장하는 데 긍정적인 기여를 한다는 점에서, 신체활동을 기반으로 한 협동학습에서 이루어지는 언어적·비언어적 의사소통을 통하여 협력적인 학습 환경을 조성하고 집단 간 긍정적 상호작용을 증진시키는 데 기여할 수 있다. 이러한 협동학습의 수업유형으로 성취과제 분담학습(Student Teams Achievement Division; STAD), 팀 경쟁학습(Team Games Tournaments; TGT), 직소(Jigsaw) 등이 활용되고 있다. 특히, 체육수업에서는 학생들은 모둠 구성하기, 모둠 나누기, 역할 수행하기 및 규칙의 적용과정에서 갈등을 경험할 수도 있는데, 협동학습은 학교 현장에서 다양한 갈등을 경험할 수 있는 다문화학생들을 위해 적합한 수업방법이 될 수 있다(고문수, 2013).

또한 다문화 체육수업에서 고려할 수 있는 교수 전략으로 프로젝트 접근법을 들 수 있다. 프로젝트 접근법은 한 반, 소집단, 혹은 개별 또는 소수의 학습자가 여러 주에 걸쳐 하나의 주제를 탐구하며 심화학습을 실행하는 목적 지향적인 탐구학습 방법이다(신재흡, 2021). 신체활동 문화의 다양한 양식, 규칙, 규범, 관행, 인물, 사건 등은 다양한 문화적 배경의 학생들이 흥미를 유발할 수 있는 탐구주제로 적합하다. 또한 학생들이 모둠으로 서로 협력하는 학습과정을 통하여 실제 신체활동 수행과 연계한 체화된 경험을 수반함으로써 해당 주제에 대하여 보다 심층적으로 탐구할 수 있다.

5. 다문화 체육수업 교수·학습 과정안

본 절에서는 지금까지의 다문화 체육수업과 관련된 논의를 토대로 다문화 체육수업 교수 · 학습 과정안 예시를 제시하고자 한다. 〈표 11-1〉의 해당 교수 · 학습과정안은 중학교 2학년 경쟁 단원 내 영역형 스포츠 활동인 농구를 중심으로 설계되었다.[11] 〈표 11-1〉은 농구 단원 32차시 중 총 10차시(22~32차시)를 '로컬 룰' 학습 주제를 중심으로 프로젝트 접근법으로 구성된 안이다. '로컬 룰'이란 각 경기장의 특수한 조건에 맞게 설정된 지역적인 특수 규칙을 의미한다(이태신, 2000). 이는 특정 스포츠의 표준화된 규칙이나 규범을 넘어서 지역적 필요와 문화적 · 역사적 맥락을 반영하고 있다는 점에서 신체활동 문화의 다양성을 이해하는데 효과적인 학습자료로 활용할 수 있다. 제시된 4점 슛은 필리핀에서 비롯한 변형규칙이며 다양한 지역과 문화에서 행해지는 로컬 룰은 각 지역의 문화적 특성이 반영되는 방식을 나타낸다고 할 수 있다. 이에 학생들은 로컬 룰 학습과정을 통해 다양한 문화적 맥락에서 행해지는 신체활동 문화를 이해하고 경험하면서 문화적 다양성 태도를 함양할 수 있다.

〈표 11-2〉와 〈표 11-3〉은 각각 22차시와 23차시에 대한 구체적인 교수 · 학습 과정안 예시이며, 다양한 로컬 룰과 그에 관련된 문화적 배경을 이해하고,

11) 2022 개정 교육과정 내에서 중학교 1~3학년의 체육 수업 시간은 총 272시간으로 편성된다. 학교별 운영 방식에 따라 일부 차이가 있을 수 있지만, 중학교 2학년의 경우 일반적으로 학기 당 약 50시간의 체육 수업이 배정된다. 한 학기 전체 차시를 단일 종목으로 운영하는 데는 현실적인 어려움이 존재하므로, 학기 중 총 32차시를 농구활동을 중심으로 구성하였다.

새로운 규칙을 적용하여 다양한 전략을 설계하고 실천하는 것을 목표로 한다. 즉, 다양한 로컬 룰을 탐색하는 것에서부터 실제 해당 규칙을 적용한 경기 전략을 실행하고 분석하고, 나아가 새로운 로컬 룰을 고안하는 것까지 포함한다. 따라서 4점 슛을 활용한 연습경기를 수행하거나 새로운 로컬 룰을 고안하는 활동을 통하여 학생들은 직접 · 간접신체활동을 통합적으로 수행하면서 신체활동에 대한 주체적 태도와 창의적 사고를 도모할 수 있고, 나아가 동료 학생들과의 협동적 상호작용을 통하여 체화된 공동체 경험을 함양하게 된다. 또한, 27차시에 제시된 '한국농구발전연구소'에서 운영하는 '글로벌프렌즈 농구단'과의 교류 경기는 다문화 및 비다문화학생들과 함께하는 농구경기 참여 경험을 제공할 뿐 아니라, 지역사회 단체와의 실질적인 협력적 교류를 통해 농구를 중심으로 한 신체활동 문화에 대한 폭넓고 실천적인 이해를 도모할 수 있다.

〈표 11-1〉 **다문화 체육수업 교수 · 학습 과정안 사례: 중학교 (차시별 계획)**

<table>
<tr><th rowspan="2">차시</th><th rowspan="2">학습주제</th><th rowspan="2">학습내용</th><th colspan="2">수업진행</th></tr>
<tr><th>직접체험활동</th><th>간접체험활동</th></tr>
<tr><td>1–2</td><td>농구의 이해</td><td>- 농구의 역사
- 농구의 규칙
- 포지션의 이해
- 전략의 이해
- 팀 구성</td><td>• 전략 수립
• 팀 구성</td><td>• 농구의 역사 자료 시청 (동영상 자료 감상)
• 농구 규칙 이해</td></tr>
<tr><td>3–11</td><td>기술 연습</td><td>- 드리블
- 패스
- 슈팅</td><td>• 협동학습 모형을 통한 농구 기술 연습</td><td></td></tr>
<tr><td>12–21</td><td>경기 시행</td><td>- 리그전 실시</td><td>• 규칙과 기술을 적용한 경기 시행</td><td></td></tr>
<tr><td>22</td><td>로컬 룰의 이해</td><td>- 필리핀 4점 슛 규칙과 그 배경 이해
- 로컬 룰 만들기</td><td>• 농구에서 나타나는 다양한 로컬 룰 탐색
• 직접 로컬 룰 만들기</td><td>• 로컬 룰이 적용된 경기 영상 시청</td></tr>
<tr><td>23–26</td><td rowspan="4">로컬 룰의 적용</td><td>- 필리핀 4점 슛 규칙을 적용한 경기 실시</td><td>• 새로운 규칙의 적용에 따라 요구되는 기술 연습
• 새로운 규칙의 적용에 따라 요구되는 전략 수립
• 로컬 룰을 적용한 농구 경기 실시</td><td></td></tr>
<tr><td>27</td><td>- (한국농구발전연구소 방문) 서로 다른 농구 문화 경험하기</td><td>• 글로벌프렌즈 농구단과 교류 경기</td><td></td></tr>
<tr><td>28–31</td><td>- 직접 만든 로컬 룰을 적용한 경기 실시</td><td>• 직접 만든 로컬 룰을 적용하여 경기 실시</td><td></td></tr>
<tr><td>32</td><td>- 농구에서 나타나는 다양성 이해하기</td><td></td><td>• 다양한 농구 문화 경험 소감 공유
• 농구 규칙의 변화 가능성 논의</td></tr>
</table>

〈표 11-2〉 **다문화 체육수업 교수 · 학습과정안 사례(22차시)**

<table>
<tr><td>교 과 명</td><td>체육</td><td>대 상</td><td>중학교 2학년</td></tr>
<tr><td>대 단 원</td><td>경쟁</td><td>소 단 원</td><td>영역형 스포츠</td></tr>
<tr><td>차 시</td><td>22</td><td>수업모형</td><td>프로젝트 접근법</td></tr>
<tr><td>학습 목표</td><td colspan="3">학습목표 1. 다양한 국가에서 변형되어 적용되는 '로컬 룰'을 이해할 수 있다.
학습목표 2. 기존의 규칙과 로컬룰의 공통점과 차이점을 비교 · 분석할 수 있다.
학습목표 3. 로컬 룰이 발생하게 된 문화적 배경을 이해할 수 있다.

[09체02-10] 영역형 스포츠의 역사와 특성을 탐색하고 비교한다.
[09체02-27] 스포츠 환경에 대한 친화적 태도와 지속 가능한 스포츠 환경을 만들기 위한 공동체 의식을 발휘한다.</td></tr>
<tr><td rowspan="2">준 비 물</td><td>교 사</td><td colspan="2">PPT, 영상자료, 카훗(퀴즈 제작), 학습지</td></tr>
<tr><td>학 생</td><td colspan="2">태블릿, 카훗(사전 설치 필요)</td></tr>
</table>

<table>
<tr><td rowspan="2">단계</td><td rowspan="2">학습내용</td><td colspan="2">교수–학습 활동</td><td rowspan="2">시간(분)</td><td rowspan="2">자료 활용 및 유의점</td></tr>
<tr><td>교 사</td><td>학 생</td></tr>
<tr><td rowspan="2">도입</td><td>전시복습 및 이해도 확인</td><td>• 되돌아보기:
1~11차시 내 학습하고 경험한 일반적인 농구의 규칙을 상기시킴</td><td>• 교사의 질문에 대한 답변을 통해 농구의 규칙을 상기함</td><td rowspan="2">5
(5)</td><td>PPT</td></tr>
<tr><td>본 시 학습목표 제시</td><td>• 퀴즈를 통한 농구의 규칙 변화 역사 제시
문) 3점 슛은 1979년 도입되었다
문) 농구에서 한 번의 슛으로 획득할 수 있는 가장 높은 점수는 3점이다.

• 퀴즈의 정답에 대한 보충 설명 제시

• 본 시 학습목표 및 학습 내용을 간략하게 제시</td><td>• 개인별 전자기기를 통해 퀴즈 풀기
답) (O/X)

• 정답 및 규칙 이해

• 학습목표 및 학습 내용 이해</td><td>태블릿, 카훗</td></tr>
<tr><td>전개</td><td>탐구활동1</td><td>• 필리핀 농구 하이라이트 영상 제시
유) 4점 슛을 통한 변화가 잘 드러날 수 있는 영상 선정</td><td>• 영상 시청</td><td>10
(15)</td><td>영상자료, PPT</td></tr>
</table>

단계	학습내용	교수-학습 활동		시간(분)	자료 활용 및 유의점
		교 사	학 생		
		• 활동 1 안내 유) 학생들이 기존 농구와의 차이점을 중심으로 소감을 공유할 수 있도록 지도 • PBA 4점 슛 도입의 배경 설명	• 필리핀 농구 하이라이트 시청 소감 공유 • 4점 슛 도입의 배경 이해		
	탐구활동2	• 활동 2 안내 활동 2) 필리핀 외 다양한 국가에서 발생하는 로컬 룰을 탐색한다.	• 활동 2 조별 실시 예시) 북한 농구에서 버저비터 골은 8점으로 인정된다.	15 (30)	태블릿
	활용활동1	• 활동 3 안내 활동 3) 우리만의 로컬 룰 만들기 • 투표 실시	• 활동 3 조별 실시 • 조별 활동 결과 공유 • 투표 실시	12 (42)	학습지
정리	차시 예고	• 투표 결과 공개 • 차시 예고 – 로컬 룰의 적용 실천		3 (3)	

〈표 11-3〉 **다문화 체육수업 교수 · 학습과정안 사례(23차시)**

<table>
<tr><th>교 과 명</th><td colspan="3">체육</td><th colspan="2">대 상</th><td>중학교 2학년</td></tr>
<tr><th>대 단 원</th><td colspan="3">경쟁</td><th colspan="2">소 단 원</th><td>영역형 스포츠</td></tr>
<tr><th>차 시</th><td colspan="3">23</td><th colspan="2">수업모형</th><td>프로젝트 접근법</td></tr>
<tr><th>학습 목표</th><td colspan="6">학습목표 1. 필리핀 농구의 로컬 룰(4점 슛 규칙)을 경기에 적용할 수 있다.
학습목표 2. 새로운 규칙을 통해 창의적 경기 전략을 설계하고 협력의 중요성을 학습한다.
학습목표 3. 다양한 스포츠 규칙의 경험을 통해 스포츠에서 나타날 수 있는 문화적 다양성을 존중한다.

[9체02-11] 영역형 스포츠의 수행 원리를 적용하여 경기 기능을 수행하고 향상한다.
[9체02-26] 스포츠의 연습과 경기 과정에서 구성원 간에 서로 신뢰하며 팀 목표를 달성하기 위해 노력하고 경기 예절을 갖추며 정정당당하게 참여한다.</td></tr>
<tr><th rowspan="2">준 비 물</th><td>교 사</td><td colspan="5">농구공, 고깔, 호루라기</td></tr>
<tr><td>학 생</td><td colspan="5">체육복</td></tr>
</table>

<table>
<tr><th rowspan="2">단계</th><th rowspan="2">학습내용</th><th colspan="2">교수-학습 활동</th><th rowspan="2">시간
(분)</th><th rowspan="2">자료
활용 및
유의점</th></tr>
<tr><th>교 사</th><th>학 생</th></tr>
<tr><td rowspan="2">도입</td><td>전시 복습 및 이해도 확인</td><td>• 4점 슛 규칙 설명:
4점 슛 라인이 3점 슛 라인보다 멀리 떨어져 있으며, 이를 통해 창의적 득점 전략을 유도한다는 점 설명
• 필리핀 농구에서 4점 슛 규칙이 채택된 이유와 그 특징 소개(다양성과 창의성 강조)</td><td>• 규칙 이해: 필리핀 4점 슛 규칙에 대해 이해하며 이해되지 않는 내용에 대해 질문</td><td rowspan="2">5
(5)</td><td></td></tr>
<tr><td>본 시
학습목표
제시</td><td>• 활동 안내:
수업은 4점 슛 라인을 포함한 5대5 연습경기로 진행하며, 팀 전략 설계와 협력을 강조할 것임을 설명
• 팀 구성 및 포지션 분담 안내</td><td>• 팀 구성 및 역할 정하기:
5인 1팀으로 팀을 구성하고 포지션(가드, 포워드, 센터 등)을 분담</td><td></td></tr>
<tr><td>전개</td><td>적용활동 1</td><td>• 전략 설계 지원:
각 팀이 4점 슛 규칙을 포함한 공격 및 수비 전략을 논의하도록 유도
예시) “4점 슛은 언제, 누가 시도할지?”, “수비는 어떻게 조직할지?”</td><td>• 팀 전략 논의:
4점 슛 활용 방법 및 경기 운영 전략 설계
팀원 간 역할 분담과 전략 공유</td><td>10
(15)</td><td></td></tr>
</table>

단계	학습내용	교수-학습 활동		시간(분)	자료 활용 및 유의점
		교 사	학 생		
	적용활동 2	• 기술 연습 지도: 드리블과 패스를 활용한 공간 창출 기술 피드백 4점 슛 라인에서의 슛 연습 방법 지도 예시) 스텝 밸런스, 거리 조절 등	• 기술 연습: 4점 슛 라인에서 슛 연습 실시 팀 간 드리블과 패스 연습으로 협력 강화		
	적용활동 3	• 경기 진행 유) 공정한 판정을 통해 규칙 이해를 돕고, 학생들이 규칙을 따르도록 유도 • 경기 피드백: 경기 중 관찰하며 팀의 협력과 전략 실행에 대한 긍정적 피드백 제공 예시) "4점 슛을 시도하기 전에 공간을 더 확보해 보세요."	• 경기 참여: 팀 전략을 실전에서 실행하며 득점과 수비에 협력 4점 슛을 활용해 창의적 플레이 시도 • 경기 중 조정: 상대 팀 전략에 따라 팀 전략 수정 예시) 더 강한 수비, 빠른 패스 플레이	22 (37)	
정리	평가 및 피드백	• 각 팀의 4점 슛 활용도와 경기 중 협력 정도 평가 • 학생들이 전략을 얼마나 창의적으로 실행했는지 피드백	• 자기 평가 및 팀 피드백 수용	3 (40)	
	정리운동	• 정리 스트레칭: 대형안내 손목, 어깨를 중심으로 스트레칭 실시	• 활동 내 많이 사용한 신체 부위를 중심으로 정리운동 실시	3 (43)	
	차시예고	• 로컬 룰의 특징 설명: 필리핀의 4점 슛 규칙이 농구를 더 창의적이고 다양하게 만든다는 점 강조 본 차시를 통해 경험한 다문화적 스포츠 규칙의 중요성을 설명	• 수업에서 배운 내용을 바탕으로 농구 경기에서의 새로운 시도를 계획	2 (45)	

참고문헌

고문수(2013). 다문화 가정 학생을 위한 체육수업 활성화 방안. 한국스포츠교육학회지, 20(4), 133-156.

교육부(2022a). 초 · 중등학교 교육과정 총론. 교육부 고시 제202-33호 [별책 1]

교육부(2022b). 체육과 교육과정. 교육부 고시 제2022-33호 [별책 11].

권민혁(2008). 다문화사회와 체육정책의 대응: 다문화 사회에서 체육정책 방향. 스포츠과학, 103, 2-8.

곽윤경, 양영미(2017). 중학생의 체육활동 참여가 다문화 수용성에 미치는 영향: 자아존중감의 매개효과를 중심으로. 다문화교육연구, 10(2), 147-170.

김경근(2019). 다문화가정 학생의 실태 및 발달 추이. 한국의 사회동향 2019. 통계청.

김동한, 이윤정(2015). 아시아 전통놀이를 활용한 다문화교육프로그램이 초등학생들의 다문화 태도에 미치는 효과. 교육논총, 35(1), 73-95.

김연권(2007). 다문화교육 개념정립을 위한 시론. 인문논총, 15, 81-90.

김형렬, 이슬기(2021). 학교 다문화교육의 체계적 접근 방안: 전문가 델파이 조사를 중심으로. 교육문화연구, 27(6), 93-110.

김혜미, 문혜진(2013). 다문화가정 아동청소년과 비다문화가정(한국인 부모가정) 아동청소년의 학교적응 비교 연구. 한국사회복지학, 65(4), 7-31.

모상현(2018). 문화적응스트레스와 사회적 지지가 다문화청소년의 사회적 위축에 미치는 영향: 교사 및 또래친구 요인의 조절효과. 청소년문화포럼, 54, 68-93.

신재흡(2021). 글로벌 시대의 문화다양성을 위한 다문화사회와 교육. 동문사.

염태근, 차우규(2022). 범교과 다문화 교육자료 개선 방안 연구. 교원교육, 38, 55-80.

이근모, 최동일(2017). 다문화가정 학생들의 학교스포츠클럽 참여에 따른 학교생활적응경험. 한국체육학회지, 56(2), 115-124.

이정열, 오승재, 하재필(2018). 개발을 위한 스포츠(SFD) 프로그램의 효과: 다문화가정 학생을 중심으로. 한국체육과학회지, 27(6), 419-432.

이태신(2000). 체육학대사전(학술용어편). 민중서관.

임수원, 이원희, 이혁기, 박현권(2013). 다문화가정 아동의 '함께하는 토요스포츠교실' 참가를 통한 학교생활적응력 향상. 한국체육학회지, 52(4), 91-102.

정현수, 박선운(2024). 학교 내 다문화 체육 프로그램에 관한 체계적 문헌 분석. 한국스포츠교육학회지, 31(1), 31-55.

Banks, J. A. (2022). An introduction to multicultural education (6th ed.). Hoboken, NJ: Pearson.

모경환, 임정수, 이경윤 (공역). 다문화교육 입문. 서울: 아카데미프레스. (Original work published 2019).

Chepyator-Thomson, J. R.(1994). Multicultural education: Culturally responsive teaching. *Journal of Physical Education, Recreation & Dance, 65*(9), 31-32.

Gay, G. (2021). Culturally responsive teaching: Theory, research, and practice (3rd ed.). New York, NY: Teachers College Press. 명화연, 박선운, 조현희, 천나은 (공역). 문화감응교수: 이론과 연구 그리고 실천. 파주: 교육과학사. (Original work published 2018)

Young, S., & Sternod, B. M. (2011). Practicing culturally responsive pedagogy in physical education. *Journal of Modern Educational Review, 1*(1), 1-9.

Chapter

12

경제 · 금융교육과 다문화 수업

박형준
서울대학교 사회교육과 교수

1. 다문화가족의 경제 현황

「2021년 전국다문화가족실태조사」(2022.03.)[1]에 따르면, 우리나라 다문화가구 수는 346,017가구로 추정되고, 이 가운데 결혼이민자 가구는 82.4%, 기타 귀화자 가구는 17.6%를 차지한다.[2] 지역별 분포를 살펴보면, 동부가 76.8%, 읍면부가 23.2%이고, 서울, 경기, 인천의 수도권 지역의 거주 비율이 56.1%로 주로 수도권, 동부 거주 비율이 높다.

〈표 12-1〉 유형별 다문화가구 분포

(단위: %)

결혼이민자	기타귀화자	합계
82.4	17.6	100.0

자료: 최윤정 외(2022), 「2021년 전국다문화가족실태조사」, p. 33 (발췌 인용)

〈표 12-2〉 거주지역별 다문화가구 분포

(단위: %)

거주지역		시 · 도				합계
동부	읍면부	서울	경기	인천	수도권 외	
76.8	23.2	19.0	30.1	7.0	43.8	100.0

자료: 최윤정 외(2022), 「2021년 전국다문화가족실태조사」, p. 34 (발췌 인용)

1) 2008년에 제정된 『다문화가족지원법』에 따라 여성가족부가 주관하여 2009년부터 3년 주기로 조사하는 국가승인통계이다. 「2024년 전국다문화가족실태조사」는 2024년 10월~12월에 조사가 진행되었다.

2) 결혼이민자란 현재 국적과는 상관없이 대한민국 국민과 혼인한 적이 있거나 혼인관계에 있는 외국출신자를 의미하고, 기타귀화자는 혼인귀화를 제외한 모든 귀화자를 의미한다(최윤정 외, 2022, p. 29).

결혼이민자 · 귀화자의 일반적 특성을 살펴보면, 여성이 82.5%로 압도적으로 많았고, 30대와 40대의 비율이 60.4%로 다수였다. 교육수준은 고등학교 졸업 이상이 62.1%를 차지하였다. 국내 거주기간은 10년 이상 장기 거주자의 비율이 68.8%로 나타났다.

〈표 12-3〉 **결혼이민자 · 귀화자의 일반적 특성** (단위: %)

성별		연령				
여성	남성	29세 이하	30~39세	40~49세	50~59세	60세 이상
82.5	17.5	14.3	36.4	24.0	16.0	9.2

교육수준				국내 거주기간			
초등학교 졸업 이하	중학교 졸업	고등학교 졸업	대학교 졸업 이상	5년 미만	5~10년 미만	10~15년 미만	15년 이상
12.4	25.5	44.6	17.5	12.1	19.2	28.9	39.9

자료: 최윤정 외(2022), 「2021년 전국다문화가족실태조사」, pp. 73-74 (발췌 인용)

다문화가구의 77.1%는 아파트(43.6%)나 단독주택(33.5%)에 거주하고 있으며, 자가 거주 비율은 54.0%, 전세나 월세 비율은 43.4%로 나타났다. 다문화가구의 월평균 가구 소득은 200~300만 원 미만이 24.8%로 가장 많았고, 300~400만 원 미만이 22.7%, 400~500만 원 미만이 15.3% 순이었다. 국민기초생활보장 수급 가구 비율은 6.4%로 2015년 5.1%, 2018년 5.7%보다 높게 나타났다.

〈표 12-4〉 **다문화가구의 주택 종류** (단위: %)

단독주택	아파트	연립주택	다세대주택	기타	합계
33.5	43.6	7.2	9.9	5.8	100.0

자료: 최윤정 외(2022), 「2021년 전국다문화가족실태조사」, p. 58 (발췌 인용)

〈표 12-5〉 **다문화가구의 주택 점유 형태** (단위: %)

자기집	전세 (월세 없음)	보증금 있는 월세	보증금 없는 월세	무상	합계
54.0	18.3	23.8	1.3	2.5	100.0

자료: 최윤정 외(2022), 「2021년 전국다문화가족실태조사」, p. 60 (발췌 인용)

〈표 12-6〉 **다문화가구의 월평균 가구 소득** (단위: %)

100만 원 미만	100~200 만 원 미만	200~300 만 원 미만	300~400 만 원 미만	400~500 만 원 미만	500~600 만 원 미만	600만 원 이상	합계
10.2	14.3	24.8	22.7	15.3	7.3	5.5	100.0

자료: 최윤정 외(2022), 「2021년 전국다문화가족실태조사」, p. 61 (발췌 인용)

가정 내 경제적 역할을 살펴보면, 저축 · 대출 등의 재산 관리 주체는 '대체로 배우자가'와 '배우자가'의 비율이 42.3%로, '항상 내가'와 '대체로 내가'의 비율 21.0%보다 두 배 이상 높게 나타났다. 그런데 가정 내 성 역할 인식을 조사한 '여성이 경제적으로 자립하는 것이 중요하다'는 문항에는 동의 비율이 87.2%로 압도적으로 높게 나타났으며, 2018년 조사의 57.4%보다 30%p가량 높았다.

〈표 12-7〉 **가정 내 저축 · 대출 등 재산 관리 주체** (단위: %)

항상 내가	대체로 내가	부부가 똑같이	대체로 배우자가	항상 배우자가	가구원 중 다른 사람이	합계
6.1	14.9	36.2	27.9	14.4	0.6	100.0

자료: 최윤정 외(2022), 「2021년 전국다문화가족실태조사」, p. 115 (발췌 인용)

〈표 12-8〉 **여성의 경제적 자립의 중요성** (단위: %)

전혀 그렇지 않다	그렇지 않다	그렇다	매우 그렇다	합계
1.5	11.3	65.5	21.7	100.0

자료: 최윤정 외(2022), 「2021년 전국다문화가족실태조사」, p. 186 (발췌 인용)

결혼이민자 · 귀화자 가운데 취업자는 60.8%로 나타났고, 국민 일반과 비교하면 고용률은 약간 더 낮고 실업률은 약간 더 높으며 비경제활동인구는 비슷한 수준이었다. 직종은 단순 노무가 32.4%로 국민 일반보다 단순 노무 종사자 비율이 월등히 높았다. 서비스 종사자도 국민 일반에 비해 높은 직종이었다. 반면, 관리자와 전문가 직종은 상대적으로 낮았다.

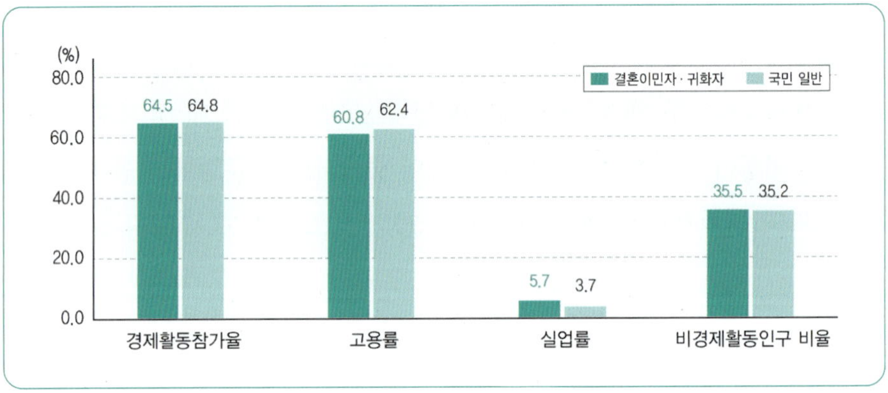

자료: 최윤정 외(2022), 「2021년 전국다문화가족실태조사」, p. 256

[그림 12-1] **다문화가구의 고용 통계(단위: %)**

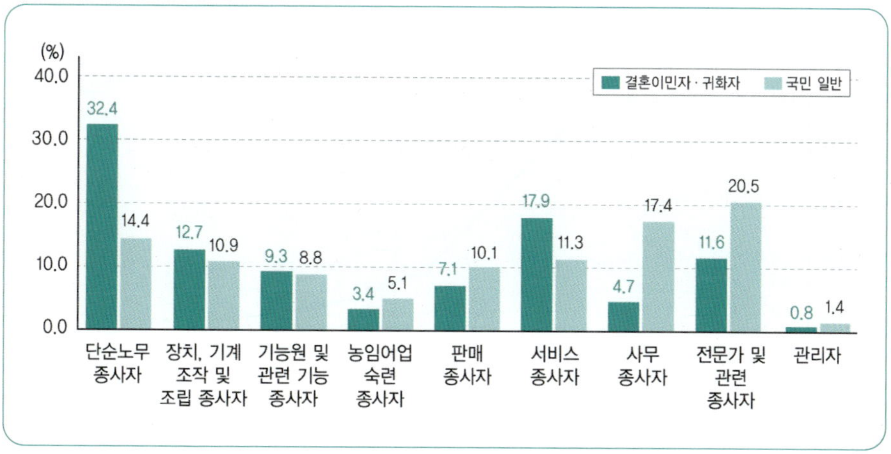

자료: 최윤정 외(2022), 「2021년 전국다문화가족실태조사」, p. 264

[그림 12-2] 다문화가구의 직종 분포(단위: %)

결혼이민자 · 귀화자의 월평균 임금은 150~200만 원 미만 28.7%, 200~250만 원 미만 19.1%로, 150~250만 원 미만이 전체의 절반 정도를 차지하였다. 국민 일반과의 비교를 위해 결혼이민자 · 귀화자 중에서 임금근로자만을 대상으로 월평균 임금을 살펴보면, 150~200만 원 미만 32.4%, 200~250만 원 미만 20.6%로, 150~250만 원 미만의 비율이 더 높아졌다. 국민 일반의 임금 수준과 비교하면 여전히 낮은 층에 집중되어 있는데, 임금근로자 일반에 비해 결혼이민자 · 귀화자 등의 월평균 임금은 200만 원 미만 층이 월등히 많은 반면, 200만 원 이상은 크게 적은 것으로 나타났다. 특히 월평균 임금 500만 원 이상 층은 임금근로자 일반에 비해 매우 적은 수준이었다.

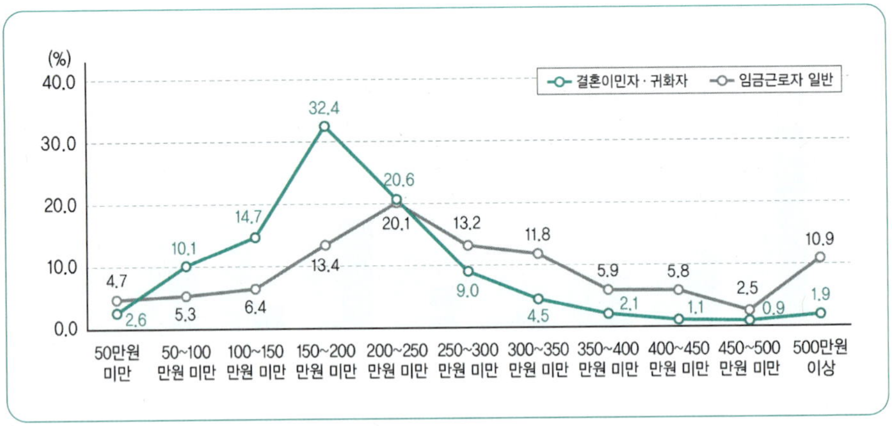

자료: 최윤정 외(2022), 「2021년 전국다문화가족실태조사」, p. 277

[그림 12-3] **결혼이민자 · 귀화자 중 임금근로자의 월평균 임금 분포(단위: %)**

2. 다문화가족을 위한 경제·금융교육 기초 연구

송인호 외(2022)[3]는 결혼이주여성을 위한 경제 · 금융교육 현황 및 요구를 파악하기 위해 FGI 조사를 실시하고, 그 결과를 바탕으로 결혼이주여성에게 필요한 경제 · 금융교육 내용을 제시하였다.[4] 앞서 소개한 바와 같이, 결혼이민자 가구는 전체 다문화가구의 82.4%를 차지하고, 결혼이민자 · 귀화자 중 여성의 비율은 82.5%로 압도적으로 높다.[5] 따라서, 결혼이주여성을 위한 경제 · 금융교육 요구를 분석한 이 연구는 다문화가족을 위한 경제 · 금융교육 수업의 내용과 방향을 설정하는 데 매우 중요한 기초 자료를 제공해 준다.

FGI에서 파악된 결혼이주여성 경제 · 금융교육 핵심 내용은 다음과 같다. 〈표 12-9〉에서 알 수 있듯이, 6개 항목의 경제 · 금융교육 핵심 내용은 공급자와 수요자 모두에서 강조되었다. 이하에서는 위 연구에서 FGI를 통해 추출한 경제 · 금융교육 핵심 내용을 간략히 요약해 제시한다(송인호 외, 2022: 172-189).

3) 이 연구는 결혼이주여성을 포함하여 발달장애인, 미혼모, 자립준비청년, 자활근로사업 참여자와 같이 취약계층을 대상으로 경제교육 현황 및 요구를 조사하였다. 이 가운데 결혼이주여성에 대한 연구 결과를 중심으로 소개한다.

4) FGI는 결혼이주여성 경제교육 공급자 4명(1회차 1명, 2회차 3명)과 결혼이주여성 경제교육 수요자 15명(1회차 3명, 2회차 4명, 3회차 2명, 4회차 3명, 5회차 3명)을 대상으로 실시하였다. 경제교육 공급자 FGI는 수도권 지역의 가족센터에 소속된 실무자 및 교육 담당자를 대상으로 진행했으며, 경제교육 수요자 FGI는 입국 초기의 결혼이주여성과 입국한 지 5년 이상의 결혼이주여성으로 나누어 실시하였다(송인호 외, 2022: 16-17).

5) 전체 다문화가구 중 결혼이주여성의 비율은 알 수 없으나, 통계청의 「2023년 다문화 인구동태 통계」(2024)에 따르면, 2023년 다문화 혼인 20,431건 중에서 외국인 아내의 비율은 69.8%로 나타났다. 여기에 한국 국적을 취득한 귀화 아내의 비율을 고려하면, 다문화 혼인 중 외국출신 아내(결혼이주여성)의 비율은 대략 80% 정도로 추정된다(p. 5).

〈표 12-9〉 **결혼이주여성을 위한 경제금융교육 핵심 내용**

공급자	수요자
① 합리적 소비와 지출 관리 ② 개인사업자 관련 세금에 대한 이해 ③ 은행 기능에 대한 이해와 은행 제공 서비스 활용 ④ 예·적금 등 은행 금융 상품에 대한 이해와 가입 ⑤ 보험에 대한 이해와 자신에게 필요한 보험 가입 ⑥ 전·월세 등 부동산 관련 제도 이해와 주거 관련 문제에 대한 대비 ⑦ 금융사기에 대한 대비	① 합리적 소비와 지출 관리 ② 효과적인 카드 사용 ③ 은행 기능에 대한 이해와 은행 제공 서비스 활용 ④ 예·적금 등 은행 금융 상품에 대한 이해와 가입 ⑤ 보험에 대한 이해와 자신에게 필요한 보험 가입 ⑥ 수집 정보를 바탕으로 한 투자 계획 수립과 실천 ⑦ 신용의 중요성에 대한 이해와 신용 관리 ⑧ 창업 정보 수집과 창업 준비 ⑨ 전·월세 등 부동산 관련 제도 이해와 주거 관련 문제에 대한 대비 ⑩ 금융사기에 대한 대비 ⑪ 자신의 재무 상황 이해와 노후 대비를 위한 저축 실천

자료: 송인호 외(2022), 「취약계층 대상 경제교육 현황 및 특성에 관한 연구」, p. 172

1) 경제교육 공급자가 강조한 경제·금융교육 내용

① 합리적 소비와 지출 관리

본국에서의 소비 경험이 거의 없을 경우, 취업 등을 통해 가용할 수 있는 소득이 생기면 결혼이주여성은 지출 관리에 어려움을 겪기도 한다. 따라서 가계부 작성 등을 통해 돈과 지출을 관리하는 경험을 해보고, 향후 취업 등을 통해 경제력이 생길 경우 급여를 관리하면서 어떤 항목에서 얼마나 지출하고 있는지 파악할 수 있는 교육이 필요하다.

② 개인사업자 관련 세금에 대한 이해

결혼이주여성 중 일부는 창업하거나 SNS 등을 통해 경제활동을 하는데, 개인사업자가 내야 할 세금에 대한 이해가 부족해 세금이 체납되는 등 어려움을 겪고 있다. 창업 후 부가가치세, 소득세 등 개인사업자가 내야 할 세금이 무엇인지 모르고 있을 뿐 아니라, 네트워크 마케팅(방문 판매 등) 참여 시 개인사업자 등록을 타인이 진행하는 경우도 있어 본인이 세금을 내야 한다는 것을 인지하지 못하기도 한다.

③ 은행 기능에 대한 이해와 은행 제공 서비스 활용

④ 예 · 적금 등 은행 금융 상품에 대한 이해와 가입

⑤ 보험에 대한 이해와 자신에게 필요한 보험 가입

처음 한국에서 경제생활을 시작할 때, 특히 은행 방문과 인터넷뱅킹 활용, 예 · 적금, 보험 등의 금융 상품 가입에 어려움을 겪고 있다. 결혼이주여성은 한국어가 능숙하지 않아 발생하는 문제에 더해, 계약서에 표기된 정보가 많아 금융서비스를 활용하는 데 어려움을 느낀다. 따라서 금융 상품에 가입하거나 서비스를 활용할 때의 상황을 결혼이주여성들이 단계별로 직접 경험해 볼 수 있는 교육이 필요하다.

⑥ 전 · 월세 등 부동산 관련 제도 이해와 주거 관련 문제에 대한 대비

부동산 거래 등 계약과 관련된 교육, 부동산 거래 시 발생하는 피해 사례를 소개하는 교육이 필요하다. 특히 전세제도는 한국의 특수한 제도로, 월세와의 차이점, 전세 계약 시 주의해야 할 점 등에 대해 설명할 필요가 있다. 또한 주택청약종합저축에 대한 설명이나 부동산 계약서 작성법, 부동산 계약

피해 사례 등에 대한 교육도 필요하다.

⑦ 금융사기에 대한 대비

결혼이주여성이 경제활동을 시작하는 시기에 경험할 가능성이 있는 경제적 위기 상황들에 대비하는 교육이 필요하다. 한국의 제도에 대한 이해나 경제활동 경험이 부족해 위기에 직면하게 되거나, 위기 상황임을 인식하지 못하는 경우도 있다. 자신의 명의 대신 타인의 명의를 사용하거나, 자신의 명의를 빌려주기도 하는 등 개인 정보의 중요성에 대한 이해도가 부족하다. 또한 결혼이주여성은 상대적으로 경험과 정보가 부족해 경제 · 금융 거래 시 사기 피해에 노출될 가능성이 높다.

2) 경제교육 수요자가 강조한 경제 · 금융교육 내용

① 합리적 소비와 지출 관리

결혼이주여성이 가계 경제권을 관리하게 되면서, 혹은 취업 후 소득이 생기면서 합리적으로 소비하는 방법, 지출을 관리하는 방법 등에 대해 관심을 갖게 된다. 특히 가계부 활용법이나 어떤 항목에 얼마나 지출하는 것이 적합한지에 대한 교육이 필요하다.

② 효과적인 카드 사용

본국에서는 체크카드나 신용카드를 거의 사용하지 않아 한국에서 이를 처음 경험하게 되는 경우가 많다. 입국 초기에는 신용카드의 원리를 제대로 이해하지 못해 지출 관리에 어려움을 겪기도 한다. 따라서 체크카드와 신용카드가 무엇이고 특징과 장 · 단점은 무엇인지, 신용카드의 원리는 무엇인지에 대한 교육이 필요하다.

③ 은행 기능에 대한 이해와 은행 제공 서비스 활용

④ 예 · 적금 등 은행 금융 상품에 대한 이해와 가입

많은 결혼이주여성이 입국 초기에 은행과 관련된 업무를 처리하는 것이 가장 어려웠다고 한다. 언어 문제와 더불어 돈과 관련되어 있어 은행 업무를 보는 데 두려움이 더욱 컸던 것으로 나타났다. 결혼이주여성 혼자서는 계좌를 개설하고 통장을 만드는 것부터 인터넷뱅킹까지 누군가의 도움을 받지 않으면 진행하기 어려워, 관련 교육이 필요하다. 더불어 대출이나 마이너스 통장(대월대출) 등 은행에서 제공하는 상품의 금리, 가입 조건 등과 관련된 교육의 필요성도 제기되었다.

⑤ 보험에 대한 이해와 자신에게 필요한 보험 가입

결혼이주여성은 보험에 대한 정보를 얻거나, 보험 가입을 권유받았을 때 본인에게 적합한 보험인지 아닌지를 판단하는 데 어려움을 겪고 있다. 교육을 받으러 갔다가 보험에 대한 이해도가 부족한 상태에서 상품을 권유받고 가입해 원금 손실을 경험하기도 한다.

⑥ 수집 정보를 바탕으로 한 투자 수립과 실천

결혼이주여성은 주식 및 부동산 투자하는 법, 재테크하는 법 등에 대해 많은 관심을 보였으나 투자 정보를 얻기 어렵고, 거래 방법을 몰라 막연한 두려움을 갖고 있다. 주식 등 투자 상품의 종류와 거래 방법 등 기초적인 지식에 대한 교육이 필요하다. 일부는 학령기에 있는 자녀도 주식 투자에 관심을 보이고 있어, 자녀교육을 위해서라도 관련 지식을 얻고 싶다고 한다.

⑦ 신용의 중요성에 대한 이해와 신용 관리

한국 정착 후 생활비나 주거 관련 비용 마련 등을 위해 대출을 받게 되면서 신용의 중요성에 대해 알게 되었으나, 신용점수제와 신용 관리법에 대한 이해가 부족하다. 특히 한국 체류 기간이 짧은 초기 입국자는 한국의 신용평가제도에 대한 이해가 부족하고, 출신 국가에 따라 신용에 대한 이해도가 다르기 때문에, 추후 대출에 어려움을 겪지 않도록 입국 초기 단계부터 신용에 대한 교육이 필요하다.

⑧ 창업 정보 수집과 창업 준비

사업자등록 등 창업에 필요한 절차와 창업 후 납부해야 할 세금에 대한 정보를 얻기 어려워, 관련 내용에 대한 교육이 필요하다.

⑨ 전 · 월세 등 부동산 관련 제도 이해와 주거 관련 문제에 대한 대비

입국 초기에는 한국의 전세나 월세 제도에 익숙하지 않아 보증금 등의 마련에 어려움을 겪었던 것으로 나타났다. 언어에서 오는 어려움까지 결합되어 계약서 작성 시 내용을 알지 못하고 서명하는 경우가 많아 부동산 거래 시 주의해야 할 점 등에 대한 교육이 필요하다.

⑩ 금융사기에 대한 대비

결혼이주여성은 경제 시스템의 차이로 인한 적응의 어려움, 경험 부족 등으로 인해 본격적으로 경제활동을 시작하면서 사기 등 위기에 직면할 가능성이 높다. 따라서 개인 정보의 중요성, 통장 및 명의대여의 위험성 등에 대한 교육을 실시해 위기 상황에 대한 예방이 필요하다. 특히 입국 초기에는 통장 및 명의대여의 위험성에 대해서 전혀 인지하지 못하며, 통장 대여로 인해 자신도 모르게 범죄에 연루되거나 수급자 신청 등에 불이익을 받기도 한다.

⑪ 자신의 재무 상황 이해와 노후 대비를 위한 저축 실천

대부분의 결혼이주여성은 예기치 못한 사건이나 노후에 대비하기 위해 저축이 필요하다는 점에 대해서는 인지하고 있으나, 구체적인 방법을 잘 모르고 있다. 따라서 자신의 재무 상황에 맞는 저축 계획을 세우고, 이를 실천하는 방법에 대한 교육이 필요하다.

3. 다문화가족을 위한 경제·금융교육 프로그램

다문화가구는 연령, 교육수준, 국내 거주기간, 경제적 상황 등에 따라 다양한 분포를 보여주고 있다. 따라서, 다문화가족을 위한 효과적인 경제·금융교육 프로그램을 제안하기 위해서는 이러한 다문화가구의 특성과 이들의 경제·금융교육에 대한 요구를 충분히 고려해야 한다. 여기서는 앞서 살펴본 다문화가족의 경제 현황과 다문화가족을 위한 경제·금융교육 기초 연구를 고려하여 현재 정부 및 공공기관에서 제공하고 있는 다문화가족을 위한 경제·금융교육 프로그램을 소개한다.

1) 금융감독원 e-금융교육센터

① (다문화가족) 한국 금융의 이해

다문화가족의 한국 금융 이용을 돕기 위해 소비와 지출, 은행 이용법, 신용관리, 보험 등에 대해 안내하는 동영상이다. 도입과 마무리 부분에 아나운서(김호수)가 각 차시의 주요 내용을 소개한다. 차시마다 약간 차이가 있으나, 주로 두 명의 외국인이 각 차시의 주제에 대해 대화를 나누면서 궁금한 내용을 질문하면 해설자가 그 내용에 대해 설명해 나가는 형식으로 구성되어 있다. 각 차시 동영상은 25분 내외로 구성되어 있다.

〈표 12-10〉 (다문화가족) 한국 금융의 이해 차시별 주요 내용

차시별 주제	주요 내용
합리적인 소비	한국 화폐의 단위와 물가, 돈 관리 방법, 금융의 개념 및 금융회사
은행 이용하기	은행의 업무와 이용, 통장 만들기, 은행 이용하기, 저축 상품의 종류와 선택
신용의 중요성	금융 생활에서의 신용 거래, 신용등급, 신용카드 사용법
보험의 이해	보험의 개념, 보험의 종류, 보험 가입 시 유의사항

② 외국인을 위한 금융생활 가이드

다문화가족, 외국인 근로자, 유학생 등 외국인의 안정적인 금융생활을 지원하기 위해 외국인의 눈높이에 맞추어 제작된 금융교육 자료이다. 션(미국인, 한국 생활 5년), 갓 소파니(캄보디아인, 한국 생활 8년), 리페이(중국인, 한국 생활 2년)라는 세 명의 외국인이 등장하여 각 차시의 주제에 대해 이야기를 나누는 형식으로 구성된 각 5분 내외('금융 사기 예방'은 12분 내외)의 동영상이다. '은행 이용하기'와 '환전과 해외 송금'은 션이 직접 은행을 방문하여 체험하는 내용을 포함하고 있고, '금융 사기 예방'은 다른 주제와 달리 해설자의 음성 설명과 금융 사기 사례들로 구성되어 있다.

〈표 12-11〉 외국인을 위한 금융생활 가이드의 차시별 주요 내용

차시별 주제	주요 내용
은행 이용하기	은행에서 통장 만들기, ATM을 이용해 출금하기, 공인인증서 발급 방법
환전과 해외 송금	은행에서 환전하기, 은행에서 외화 송금하기 해외송금 시 유의사항, 인터넷뱅킹으로 해외 송금하기
저축	저축 상품(예금, 적금, 주택청약저축), 예금자보호법
보험	보험의 뜻, 보험의 종류(실손의료보험, 자동차보험, 화재보험 등) 보험 용어(보험계약자, 피보험자, 보험수익자), 보험가입 시 유의사항
금융 사기 예방	보이스피싱, 메신저피싱, 스미싱, 파밍, 유사수신

③ Financial Guide for Foreigners in Korea

한국에 거주하는 외국인의 은행 이용, 저축 상품 구입, 카드 사용, 보험 가입, 환전과 해외 송금, 금융사기 예방을 돕기 위해 제작된 동영상이다. 아나운서가 외국인과 대화를 나누면서 각 차시의 주제에 대해 차근차근 설명해 나가는 형식으로 구성되어 있다. 대화는 한국어로 진행되지만 여러 국가의 언어로 자막을 제공하고 있다. 특히 동영상과 함께 여러 국가의 언어로 된 교재를 제공하고 있어 외국인이 자국 언어로 학습할 수 있다는 점이 강점이다. 현재 영어, 베트남어, 러시아어, 인도네시아어, 중국어, 캄보디아어, 태국어, 필리핀어 등의 자막이 들어 있는 동영상과 교재가 제작되어 있다. 각 차시의 동영상은 15분가량이다.

〈표 12-12〉 Financial Guide for Foreigners in Korea의 차시별 주요 내용

차시별 주제	주요 내용
How to Use Banking Services	Opening a bank account, Using an ATM, Internet banking, Mobile banking, How to pay utility bills
How to Save Money	Introducing various savings products, Useful information you need to know when you sign up for a savings product
How to Use Payment Cards	Credit cards and check cards, Precautions for payment cards, Convenient use of payment cards
How to Use Insurance Services	Four major social insurances, Private insurances, Precautions when signing up for insurance
How to Exchange and Send Money Abroad	Checking exchange rates and exchanging money, Sending money abroad, Personalized money transfer service, FinTech small-sum money exchange and transfer service
How to Prevent Financial Fraud	Phising, Pharming and smishing, Loan fraud, Financial fraud involving illegally obtained bank account, Insurance fraud

[그림 12-4] 외국인을 위한 금융생활 가이드북(영어, 베트남어, 태국어)

2) 한국소비자원[6)]

① 스마트 언택트

다문화가정을 비롯하여 느린 학습자, 북한이탈주민, 은퇴자를 위한 경제 · 금융교육 동영상이다. 딸이 엄마에게 스마트폰으로 간편인증하는 방법, 선물하는 방법, 커피 주문하는 방법, 키오스크에서 영화 예매하는 방법, 마트에서 무인계산대 이용하는 방법을 단계별로 설명해 주는 내용이다. 차시마다 5분 내외로 제작되어 있다.

[그림 12-5] 스마트 언택트

② Korea Online Shopping Tips

유린(대만인, 한국 생활 3년), 가예(튀르키예인, 한국 생활 4년), 아이보(프랑스인, 한국 생활 5년), 알렉스(우즈베키스탄인, 한국 생활 8년)라는 네 명의 외국인이 온라인 쇼핑 후 환불 미션을 받고 서로 의논하면서 문제를 해결하는 내용의 동영상이다. 첫 번째 '환불 가능한 제품을 찾아라!' 편에서는 네 가지 상품 중에서 환불이 가능한 상품을 찾는 과정에서 온라인 쇼핑 환불 규정을 살펴본다. 두 번째 '전화로 환불 요청해보기!' 편에서는 실제로 해당 상품을 판매한 곳에 전화를 걸어 환불을 신청해 보는 내용이며, 환불 거절을 당했을 때 대응 요령을 함

6) 여기서 소개된 한국소비자원의 교육 자료는 [기획재정부 경제배움e+] 누리집에서 찾을 수 있다.

께 살펴본다.

[그림 12-6] Korea Online Shipping Tips

③ 길바닥 소비원정대: 외국인 길거리 퀴즈쇼

외국인 친구들과 알아보는 소비자 피해 대처법, 소비자 정보 활용법을 다루고 있다. 진행자가 길거리에서 외국인을 만나 퀴즈를 푸는 형식으로 구성된 동영상이다. 첫 번째 '망원' 편에서는 소비자 피해 발생 시 처리 단계(사업자와 직접 협의, 소비자 상담 신청, 한국소비자원 피해 구제 제도 이용), 소비자 상담 신청 및 피해 구제 접수 방법, 소비자 피해 구제 제도를 신청할 수 없는 경우를 다루고 있다. 두 번째 '한강공원' 편에서는 전자상거래와 청약철회, 전자상거래 대처방법, 청약철회를 할 수 없는 경우, 택배 반품 비용 부담을 다루고 있다.

[그림 12-7] 길바닥 소비원정대: 외국인 길거리 퀴즈쇼

3) 서민금융진흥원 금융교육포털

① 내 돈을 지키는 사기 피해 예방법

특수 계층을 위한 서민금융진흥원의 온라인 교육 프로그램이다. 회원 가입이 필요하며, 수강 신청 후 학습관리시스템(LMS)을 통해 차시별로 학습 진도를 관리할 수 있다. '저축과 부채의 이해'와 '금융사기의 이해' 편에서는 아나운서가 주요 내용에 대해 설명해 나간다. '금융사기 수법과 사례'와 '금융사기 대처법' 편에서는 아나운서와 금융교육 전문강사가 대화를 나누면서 진행하고 중간중간에 연기자가 실제 사례를 재현한 영상이 포함되어 있다. 특히 '금융사기 대처법' 편의 3차시에서는 한국에 온 지 얼마 되지 않은 이주 노동자

〈표 12-13〉 내 돈을 지키는 사기 피해 예방법의 차시별 주요 내용

차시별 주제	주요 내용
저축과 부채의 이해	1차시: 저축이란 무엇인가? 저축이란? 예금자보호제도란? 예금과 적금, 단리와 복리, 보험이란? 보험의 종류, 보험가입 시 체크리스트, 금융 투자 상품의 종류, 직접 투자와 간접 투자 2차시: 부채란 또 무엇인가? 부채란? 채무조정제도란? 대출과 대출 이자, 대출의 종류, 금리의 종류, 대출금 상환 방식, 신용카드의 의미, 신용카드의 장점, 신용카드의 단점, 카드의 종류와 특징, 신용카드 바르게 사용하기 TIP
금융 사기의 이해	1차시: 금융 사기란 무엇일까? 금융 사기란? 금융 사기를 예방하는 방법, 금융 사기를 당한 경우의 대처 방법 2차시: 다양한 금융 사기 유형의 이해 보이스피싱, 스미싱, 메신저피싱, 파밍, 메모리 해킹, 유사수신 사기, 불법 사금융, 서민금융 사칭 사기, 대환대출 사기, 대포통장 사기
금융 사기 수법과 사례	1차시: 금융 사기 수법과 사례1(보이스피싱, 스미싱, 메신저피싱, 파밍) 2차시: 금융 사기 수법과 사례2(유사수신, 불법 사금융, 대출 사기, 대포통장)
금융 사기 대처법	1차시: 대상별 금융 사기 대처법1(채무조정 미취업청년, 자립준비청년) 2차시: 대상별 금융 사기 대처법2(한부모 가정, 플랫폼 노동자) 3차시: 대상별 금융 사기 대처법3(북한 이탈 주민, 이주 노동자)

의 피해 사례와 대처법을 자세히 소개한다. 각 주제의 학습을 완료하면 서민금융진흥원장 명의의 수료증을 발급해 준다.

② 다문화가정 대상 금융기초정보 핸드북

한국어가 능숙하지 않은 다문화가정도 금융기초정보를 쉽게 배울 수 있게 영어, 중국어, 베트남어, 태국어 및 러시아어로 금융기초 핸드북을 제작하여 서민금융통합지원센터 7곳(양천, 계양, 성남, 대전, 북광주, 대구, 수영)과 한국건강가정진흥원이 운영하는 다문화가족지원센터 20곳에 배포하였다. 주요 내용은 '현명한 금융생활 첫걸음(금융 지식 및 거래 방법)', '든든한 자산 관리(보험 및 제도)', '올바른 신용 및 부채 관리', '똑똑한 금융사기 예방법'과 같은 실제 금융생활에서 활용도가 높은 정보로 구성되었다.

[그림 12-8] 다문화가정 대상 금융기초정보 핸드북(영어, 중국어, 베트남어, 태국어)

4. 다문화가족을 위한 경제·금융교육 수업 사례

2장에서 소개한 기초 연구에서 다문화가족을 위한 경제 · 금융교육의 공급자와 수요자가 모두 요구한 핵심 내용은 합리적 소비와 지출 관리, 은행 기능에 대한 이해와 은행 제공 서비스, 예 · 적금 등 은행 금융 상품에 대한 이해와 가입, 보험에 대한 이해와 가입, 전 · 월세 등 부동산 관련 제도 이해와 주거 관련 문제에 대한 대비, 금융사기에 대한 대비와 같이 6개 항목이다. 3장에서는 이런 주제와 관련한 공공기관의 경제 · 금융교육 프로그램을 살펴보았다. 여기서는 이 가운데 '예 · 적금 등 은행 금융 상품에 대한 이해와 가입'에 대한 구체적인 수업 사례[7]를 소개하고자 한다(박형준 외, 2022a: 60-65; 2022b: 82-87).

- 주제: 예 · 적금 등 은행 금융 상품에 대한 이해와 가입
- 학습 목표:
  1. 저축 상품의 종류를 구분하고, 그 특성을 설명할 수 있다.
  2. 단리와 복리의 개념을 이해하고, 차이와 효과를 설명할 수 있다.

7) 여기서 제시한 수업 사례는 금융감독원이 제작한 『중학교 생활금융』이라는 표준 교재에 포함되어 있다. 이 표준 교재는 초등학교용, 중학교용, 고등학교용으로 나누어 개발되었는데, 한국 금융 제도에 대해 익숙하지 않은 학습자의 특성을 고려하여 중학교용을 소개한다. 교재는 「금융감독원 e-금융교육센터」 누리집에서 내려받을 수 있다.

■ 도입

은행원과 마주 앉아 정기적금, 정기예금, 주택청약종합저축 등에 대해 상담하는 그림을 보면서 다양한 저축 상품에 대해 배울 것임을 소개한다.

자료: 박형준 외(2022a), 『중학교 생활금융』, p. 60 재구성.

■ 전개

step 1 생각해 보기 저축 방법과 저축에 대한 생각 비교해 보기

네 가지 저축 방법을 살펴보고, 각 방법의 차이(입출금 방식, 이자율 등)가 무엇인지 생각해 본다.

"남은 돈은 저금해야지"

저축 방법 1

"입출금 통장 간편하게 계좌이체"

저축 방법 2

"은행에 이런 특판 상품이 있구나!"

저축 방법 3

"2,000만 원을 2년 동안 넣어 두려고 해요."
"고객님, 지금 3% 정기예금 상품이 있습니다."

저축 방법 4

자료: 박형준 외(2022a), 『중학교 생활금융』, p. 61 재구성.

나라 또는 문화권에 따라 저축에 대한 생각과 저축하는 방법에 어떤 차이가 있는지 생각해 본다.

☞ 〈결혼이주여성의 저축과 소비에 관한 생각〉을 참고한다.

step 2 내용 살펴보기 다양한 저축 상품

은행(저축을 할 수 있는 대표적인 금융회사)과 예금자 보호, 그리고 저축 상품의 종류(정기예금, 정기적금, 수시 입출금식 예금, 주택청약종합저축)에 대해 알아본다.

정기예금	목돈을 일정 기간 은행에 넣어두고 만기일에 약속된 이자와 원금을 함께 돌려받은 예금이다.
정기적금	목돈을 마련하기 위해 일정한 금액을 정기적으로 입금하고 만기가 되면 원금과 이자를 합하여 돌려받는다.
수시입출식예금	입출금을 자유롭게 할 수 있는 예금으로 언제든지 돈을 넣고 빼낼 수 있는 대신 이자율이 매우 낮다. 입출금이 잦은 자금을 일시적으로 보관하기 좋다.
주택청약 종합저축	저축과 주택청약을 동시에 준비할 수 있는 상품으로 매월 분할 납부 및 일시 예치가 가능하다.

자료: 박형준 외(2022a), 『중학교 생활금융』, p. 62

step 3 활동해 보기 비교 체험, 단리 vs 복리

저축 기간에 따라 단리와 복리가 크게 차이가 난다는 점을 학생 활동을 통해 알아본다.

〈연간 이자율이 2%인 저축 상품에 1천만 원을 투자하여 3년이 지날 경우〉

[복리로 계산하면]

1년 차 : 1,000만 원 + 이자 2%(20만 원) = 1,020만 원

2년 차 : 1,020만 원 + 이자 2%(20.4만 원) = 1,040.4만 원

3년 차 : 1,040.4만 원 + 이자 2%(20.808만 원) = 1,061,208만 원

[단리로 계산하면]

1년 차 : 1,000만 원 + 이자 2%(20만 원) = 1,020만 원

2년 차 : 1,000만 원 + 이자 2%(20만 원) + 이자 2%(20만 원) = 1,040만 원

3년 차 : 1,000만 원 + 이자 2%(20만 원) + 이자 2%(20만 원) + 이자 2%(20만 원) = 1,060만 원

"이처럼 단기적으로 별 차이가 없어 보이지만
장기적으로 운용될수록 복리 방식의 돈이 점점
빠른 속도로 늘어나는 효과가 있습니다."

이자율이 5%일 때, 1,000만 원을 예금할 경우 단리와 복리의 차이를 '금융 소비자 정보 포털(fine.fss.or.kr)'의 금융 거래 계산기를 이용하여 확인하고 그래프로 나타내 보자.

기간	단리	복리
1년 차	1,000만 원 + 이자 5%(50만 원) = 1,050만 원	
10년 차		
20년 차		
40년 차		

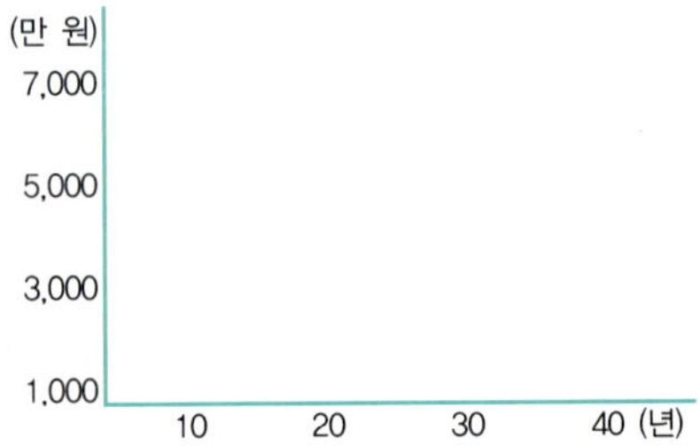

자료: 박형준 외(2022a), 『중학교 생활금융』, p. 63 재구성.

step 4 읽어 보기 저축의 목적과 다양한 저축 상품

저축 상품을 선택할 때는 다양한 저축 상품의 특징을 파악한 후 저축 목표, 자금이 필요한 시기 등을 고려해야 한다는 점을 살펴본다.

자료: 박형준 외(2022a), 『중학교 생활금융』, p. 64 재구성.

■ 마무리

step 5 정리하기

학습한 내용을 요약 및 확인하고, 형성평가를 실시한다.

문제로 확인해보기

❶ 다음 중 수시 입출금식 예금의 특징에 대한 설명으로 가장 적절한 것은?

① 정기 예금보다 이자율이 높다.
② 자유롭게 입출금을 할 수 있다.
③ 일정 기간 동안 목돈을 은행에 예치해야 한다.
④ 일정한 금액을 매월 정기적으로 저축해야 한다.
⑤ 목돈을 마련하고자 할 때 가장 적합한 예금이다.

❷ 1,000만 원을 복리로 2년 동안 예치할 경우 기대할 수 있는 이자는?
(단, 이자율은 10%로 가정한다.)

① 100만 원　② 110만 원
③ 200만 원　④ 210만 원
⑤ 220만 원

자료: 박형준 외(2022a), 『중학교 생활금융』, p. 65

결혼이주여성의 저축과 소비에 관한 생각

- "크게 보면 중국은 한국보다 저금하는 습관이 더 많이 있는 것 같아요. 적금, 저축하는 거. 저도 한국에서 지금은 몇 년에 한 번씩 가보는데 중국에는 돈 없는 집도 거의 다 적금을 들었어요. 비상금 같은 게 기본적으로 다 있어요. 중국은 원래 그런 문화가 있어요. 중국은 한 해의 마지막 날에 생선을 먹어요. 근데 생선 한 마리를 다 먹지 말고 남겨서 내년(다음 날)에 먹어요. 올해 것 다 쓰지 말고 남기라고 그런 문화가 있어요."
- "한국이랑 필리핀이 완전 다른 것 같아요. 한국 사람들은 미래에 대한 준비를 많이 하잖아요. 근데 필리핀 사람들은 저축 같은 거 잘 안 해요. 현재만 살고 있는 것처럼…. 내일 먹을 게 없어도 오늘 행복하면 되고. 그래서 저는 여기 와서 남편이랑 그런 부분에 대해서 싸웠지만 조금씩 바뀌고 있어요. 저축도 하게 됐어요."
- "필리핀에서도 저축을 하긴 하는데, 은행에 대한 문제도 많이 생기고, 저축하다가 돈이 갑자기 없어지고 그런 경우가 많이 생기니까 사람들이 많이 불안해하고, 원래 성격들도 준비 잘 안 하는 성격이기도 하고…. 아는 사람들이나 가족한테 돈을 빌리고, 그래서 위급할 때, 병원에 가야 할 때 가족들한테 돈을 빌리고 그렇게…. 가족들도 저한테 필요할 때 가끔 돈 빌려달라고 하는데 저도 돈 많이 쓰는 것 같아서 줄 수가 없는 경우가 많아요."
- "베트남에서는 '월급날 드릴게요.' 해요. 외상. 한국에 와서도 아마 내가 생활비를 다 갖고 있으면 똑같이 할 것 같아요. 원래 쓸 돈이 없으면 더 척척 내고, 앉아서 다 이렇게 써버려서…."
- "일본은 한국이랑 거의 비슷한 것 같아요. 다 저축하고, 일본에서는 주식하고 부동산 버블도 터졌으니 한국만큼 열정은 없고요. '역시 현금'이라는 게 아직 있는 것 같아요. 그리고 일본 은행은 마이너스 금리라서 은행에 넣어두면 마이너스가 돼요. 그래서 요즘에는 어차피 은행에 넣어도 마이너스가 되니까 주식 시작하는 사람들이 좀 많은 것 같아요. 주식만 사놓으면 올라갈 수도 있으니까. 대출은 기본적으로 직장인들은 자기 집 사려고 다 하고, 자녀 학비를 위한 저축, 노후 저축하는 거는 한국이랑 비슷한 것 같아요. 일본에서는 일단 다 현금으로 했고요. 한국 와서는 카드 막 쓰는 게, 편의점 가서 1,200원짜리 커피에 카드 쓰는 게 처음에는 좀 어색했어요. 이거 괜찮나. 요즘에는 당연하게 카드를 써요. 근데 카드는 돈 썼다는 느낌이 하나도 없어요. 근데 현금이면 지폐가 가는 게 딱 보이니까 '썼으니 좀 줄여야겠네.' 그런 느낌은 있어요."
- "제가 러시아에서 일을 했을 때 월급을 현금으로 받았어요. 현금으로 받고 카드를 잘 쓰지 않고. 그런데 여기에 와서 다 카드를 사용하고 현금은 잘 사용하지 않게 됐고요."

자료: 송인호 외(2022), 『취약계층 대상 경제교육 현황 및 특성에 관한 연구』, pp. 98-99.

교수학습지도안

교 과 명	사회2	대 상	중학생
대 단 원	Ⅲ. 경제생활과 선택	소 단 원	3. 자유 시장 경제에서 금융 생활
차 시	1	학습 방법	강의, 탐구 활동
학습 목표	• 저축 상품의 종류를 구분하고, 그 특성을 설명할 수 있다. • 단리와 복리의 개념을 이해하고, 차이와 효과를 설명할 수 있다.		
준 비 물	교 사	교재	
	학 생	교재	

단계	학습내용	교수-학습 활동		시간(분)	자료 활용 및 유의점
		교 사	학 생		
도입	도입	은행원과 마주 앉아 정기적금, 정기예금, 주택청약종합저축 등에 대해 상담하는 그림을 보면서 다양한 저축 상품에 대해 배울 것임을 소개한다.	교사의 설명을 들으며 이번 차시에 배울 내용을 확인한다.	5	교재 활용
전개	생각해 보기	학생들이 그림을 보고 네 가지의 저축 방법의 차이를 생각해 보게 한다. 나라별 저축에 대한 생각과 저축 방법의 차이에 대해 생각해 보게 한다.	네 가지 저축 방법을 그림을 통해 살펴보고, 각 저축 방법의 입출금 방식과 이자율에 어떤 차이가 있는지 생각해 본다. 나라마다 저축에 대한 생각과 저축 방법의 차이를 생각해 본다.	10	교재 활용
	내용 살펴보기	은행(저축을 할 수 있는 대표적인 금융 회사)과 예금자 보호, 그리고 저축 상품의 종류(정기예금, 정기적금, 수시 입출금식 예금, 주택청약 종합저축)에 대해 설명한다.	교사의 설명을 듣는다.	10	교재 활용
	활동해 보기	저축 기간에 따라 단리와 복리가 크게 차이가 난다는 점을 설명한다. 단리와 복리의 차이를 알아보기 위한 활동을 진행한다.	단리와 복리에 대한 교사의 설명을 듣는다. '금융 거래 계산기'를 통해 단리와 복리의 차이를 확인하고, 그래프로 그려본다.	10	교재 활용
	읽어 보기	교재에서 저축 상품을 선택할 때는 다양한 저축 상품의 특징을 파악한 후 저축 목표, 자금이 필요한 시기 등을 고려해야 한다는 내용을 읽게 한다.	저축의 목적과 다양한 저축 상품에 대한 내용을 읽어 본다.	5	교재 활용
정리	정리하기	학습한 내용을 요약 설명한다.	수업에서 배운 내용을 확인하고 형성평가 문제를 푼다.	5	교재 활용

참고문헌

박형준·김나영·신정아(2022a), 중학교 생활금융, 금융감독원

박형준·김나영·신정아(2022b), 중학교 생활금융 교사용 지도서, 금융감독원

송인호·심재학·박진채·김은숙·조선영·김영인·김수한·서휘원·고광숙·박형준·정유경·한진수(2022), 취약계층 대상 경제교육 현황 및 특성에 관한 연구, 한국개발연구원 경제정보센터

최윤정·전기택·김이선·선보영·동제연·양계민·최영미·황정미(2022), 2021년 전국다문화가족실태조사, 한국여성정책연구원·여성가족부

통계청(2024), 2023년 다문화 인구동태 통계, 통계청 보도자료(2024. 11. 7. 배포)

금융감독원 e-금융교육센터: https://www.fss.or.kr/edu/main/main.do

경제배움e+: https://www.econedu.go.kr/

서민금융진흥원 금융교육포털: https://edu.kinfa.or.kr/main/main.do

<스마트 언택트>

- 스마트폰으로 간편 인증하기: https://youtu.be/fbNghQV2MoI?si=duPRzNczGjvqOvX9
- 스마트폰으로 선물하기: https://youtu.be/C0NxO4vpk1Q?si=-ks03NsIBxM3PmtF
- 스마트폰으로 커피 주문하기: https://youtu.be/Uz41QMetnvo?si=sKr-G5-jCLG_mUT0
- 스마트 키오스크로 영화 예매하기: https://youtu.be/buisJmv-_Ac?si=wGmoPBebt7OV_LLE
- 스피드하게 무인계산대 이용하기: https://youtu.be/WZBiYe7IAKY?si=xYqDKhRx6LSNg0jj

<Korea Online Shopping Tips>

- 환불 가능한 제품을 찾아라: https://youtu.be/uAIJ4gai-H0?si=KT44HW8iHEJvfW3t
- 전화로 환불 요청해보기: https://youtu.be/xkfaIPuYRWk?si=hi3YreRu1Ky7tVGg

<길바닥 소비원정대: 외국인 길거리 퀴즈쇼>

- 망원 편: https://youtu.be/3tfb5oq_Rqk?si=OlHm1OSmHqIKqsYm
- 한강공원 편: https://youtu.be/CFvzyd0sitw?si=iX2vsN5JC_h6RemQ

Chapter

13

프랑스 문화를 활용한 상호문화 교수·학습 방법

서영지
서울대학교 불어교육과 강사

다문화사회 교수방법론

다른 집단과 어떠한 상호작용도 없이 존재하는 집단을 만나기는 불가능하다. 또한, 구성원들이 경제적 관계, 대화, 문화적 교류를 전혀 허용하지 않는 완전히 동질적인 집단을 만나는 것도 현실적으로 불가능하다. 이러한 사회는 일반적으로 다문화사회로 불리며, 이는 현대 사회의 중요한 특징 중 하나로 자리 잡고 있다.

그렇다면, 다양한 문화가 공존하는 사회에서 우리는 어떻게 살아가야 하는가? 이전에 우리는 그 대안 중 하나로 상호문화교육(7장)을 제시한 바 있다. 본 장에서는 상호문화교육을 교수 · 학습 과정에 효과적으로 적용할 수 있는 방법을 논의하고자 한다. 특히, 프랑스 문화를 활용하는 방안을 중심으로 설명하되, 이는 다른 문화권 및 다양한 교과목에 적용 가능한 방법론으로 확장될 수 있다.

이를 위해 우선 '문화'라는 개념의 정의와 외국어(프랑스어) 교육에서 상호문화교육의 필요성에 대해 논의한 뒤, 이를 실제 교육 현장에서 적용할 수 있는 교안을 제시하고자 한다.

1. 문화 개념과 문화 교육의 범주

같은 국가, 동일한 지역, 혹은 같은 학교 내의 사람들조차 동일한 문화를 공유한다고 보기 어려운 경우가 많다. 문화는 이제 특정 계층이나 지역의 고유한 산물이 아니며, 고급문화, 물질문화, 정신문화 등으로 구분하는 전통적인 접근법은 점차 그 타당성을 잃어가고 있다. 최근 연구자들은 문화의 무형적, 상징적, 관념적 측면을 강조하며, 문화의 축적성, 가변성, 상대성, 다양성, 학습성 등에 주목하고 있다. 따라서 전통적인 '문화(culture)'라는 개념만으로는 다원화된 현대 사회를 충분히 설명하기 어려운 상황이다. 이에 일부 학자들은 '문화적인 것(culturel)'이라는 개념을 제시하여 이를 보완하고자 했다. Charaudeau(1987:26)는 "문화적인 것은 단순히 한 나라의 역사, 지리, 제도에 대한 지식만을 의미하는 것이 아니다. 그것은 장소, 사회계층, 나이, 성별, 직업적 범주 등 다양한 요인들에 의해 결정되는 세분화된, 복수적인 실체이다."라고 설명하며, 문화를 하나의 단편적이고 개념적인 틀에 가두지 않고, 그 다양한 측면을 포괄적으로 이해할 필요가 있음을 강조하였다. 그가 말하는 '문화적인 것'은 문화의 다양성과 복잡성을 강조하는 개념으로, 오늘날의 다문화 사회를 이해하는 데 중요한 이론적 토대를 제공한다.

최근 '다문화(multiculturel)'라는 용어도 자주 사용된다. 이는 단순히 여러 문화가 공존하는 상태를 넘어, 다문화 사회 내에서 사람들이 조화롭게 살아가는 방식에 대한 논의를 포함하는 개념으로 확장되었다. 또한, '상호문화(interculturel)'라는 용어는 문화 간 상호작용의 중요성을 강조하는 개념으로, 비교적 최근에 등장한 용어이다. 이들 용어는 현대 사회에서 문화적 다원성을 설명하는 중요한 개념으로, 다양한 문화적 현실을 이해하고 이에 적절히 대응하는 데 필수적인 이론적 틀을 제공한다.

유네스코는 과거 국민국가 단위에서부터 현대에 이르기까지, 문화에 대한 초점이 어떻게 변화해왔는지를 5단계로 설명하고 있다(Stenou, 2007: 75-77).

- **문화와 지식의 단계**: 초기 유네스코 활동은 국민국가 단위로 이해된 문화 교류에 초점을 맞추었으며, 문화는 주로 예술과 그 생산 과정으로 제한되었다(Stenou, 2007: 81-82).
- **문화와 정치의 단계**: 탈식민지 시대(1950-1966) 동안, 문화는 국가별 정체성의 상징으로 부각되었고, 각국은 자국의 독립성과 고유성을 강조했다. 레비스트로스는 문화의 다양성을 국가 간뿐만 아니라 사회 내부의 다양한 집단에 대해서도 고려해야 한다고 주장했다(Levi-Strauss, 1952; Stenou 2007: 88에서 재인용).
- **문화와 발전의 단계**: 1966년 이후, 문화는 경제적, 사회적 발전과 밀접히 연결되었으며, 1982년 '멕시코시티 세계문화정책회의'에서 문화는 단지 예술과 문학이 아닌, 인간 생활의 모든 측면을 포괄하는 개념으로 재정의되었다(UNESCO, 2010:3).
- **문화와 민주주의의 단계**: 1980년대부터, 문화와 민주주의의 연계가 중요해졌으며, 이민자 및 원주민 문제 등 국가 내의 문화적 차이를 존중하고, 공존을 위한 논의가 이루어졌다.
- **문화와 전지구화 단계**: 2000년대에는 전지구화의 진전으로 문화 다양성이 지속 가능성, 평화, 사회 통합 등과 연결되었으며, 문화 간 대

화가 다양한 문화적 정체성의 상호작용과 창조적 다양성을 보호하는 중요한 수단으로 인식되었다.

문화라는 용어는 시대의 변화와 함께 그 의미와 교육적 접근 방식이 진화해왔다. 과거에는 문화교육이 문명교육 또는 문학교육으로 간주되었으며, 18세기와 19세기 초반의 전통적 교수법 시기에는 문화가 음악, 미술, 조각 등 예술과 문학으로 한정되었다. 그러나 직접교수법, 시청각교수법, 의사소통교수법으로의 전환에 따라 문화교육의 범위는 보다 일상적이고 보편적인 주제로 확장되었다. 21세기에는 행위중심 접근법과 상호문화접근법이 등장하면서, 단순한 의사소통 능력에 그치지 않고, 학습자들 간의 상호작용과 문화 인식의 차원까지 강조되었다. 이와 같이 문화교육에서 다루는 주제는 시대의 변화에 맞추어 점차 확장되었으며, 이는 현대 문화교육의 핵심적인 흐름을 형성하고 있다.

한국의 외국어 교육에서 다루는 문화의 범주도 이러한 흐름을 따르고 있다. 1980년대 이전의 중등 프랑스어 교육과정에서는 국가문화와 문명 중심의 고급문화가 중심이었으나, 1980년대 이후부터는 의복, 음식, 주거, 학교생활 등 일상 문화를 더 많이 다루기 시작했다. 2000년대 교육과정(2007 개정, 2009 개정 교육과정)에서는 상호문화적 관점을 도입하며 자문화 인식, 문화 상대성 및 상호작용을 강조하였다. 특히 2015 개정 교육과정과 2022 개정 교육과정에서는 '국가 수준의 공통성과 지역, 학교, 개인 수준의 다양성을 동시에 추구하는 교육과정'이라고 명시하고, '상호문화적 관점'을 강조하며, 상호문화소통역량의 함양을 권장하였다. 이는 단순히 언어교육을 넘어서 문화의 이해와 문화소통역량까지 아우르는 교육적 비전을 제시하는 것이다.

지금까지 살펴본 것처럼 문화라는 용어는 시대의 변화와 함께 그 의미와 교육적 접근 방식을 변화시켜왔다. 예술과 문학을 지칭하는 개념에서 출발한 '문화'는, 인간의 생활양식을 포괄하는 개념으로 확장되었고, 나아가 다원적이고 복잡한 요소를 설명하는 '문화적인 것'의 개념으로 발전하였다. 현대에는 '다문화', '상호문화' 등 다양한 관점을 통해 그 의미가 변화하고 있다. 유네스코가 설명한 문화개념의 5단계, 문화 교육에서 다루는 문화 주제의 변천, 그리고 한국 프랑스어 교육과정에서 다루는 문화의 범주는 각 시기별로 유사한 양상을 보인다.

2. 외국어 교육에서 상호문화교육의 필요성

외국어 학습은 단순히 새로운 언어 능력을 습득하는 과정을 넘어, 새로운 문화와의 접촉을 의미한다. 외국어 수업은 학습자가 다른 지각 방식, 가치관, 생활 방식을 발견하는 중요한 순간이자, 이를 통해 다양한 사고방식과 세계관을 접할 수 있는 기회를 제공한다. 따라서 외국어 학습은 언어 능력의 향상에 그치지 않고, 해당 언어를 사용하는 사람들의 문화적 배경에 대한 이해를 심화시키는 과정이다. 이와 같은 과정에서 상호문화교육은 언어 능력 습득을 넘어서, 학습자들이 다른 문화에 대해 열린 마음을 갖고 이를 이해할 수 있도록 돕는다. 궁극적으로, 상호문화교육은 학습자들이 다양한 문화적 차이를 존중하며 원활하게 의사소통할 수 있는 능력을 배양하는 데 중요한 역할을 한다.

1) 문화와 언어의 밀접한 관계

언어는 본질적으로 문화의 일환이며, 외국어 학습은 단순히 어휘나 문법 구조의 습득을 넘어, 그 언어가 사용되는 문화적 맥락을 이해하는 과정이다. 언어는 해당 사회의 가치관, 사회적 규범, 역사적 배경 등을 내포하고 있으므로, 외국어 교육은 학습자가 다른 문화에 대한 인식을 심화시킬 수 있는 중요한 기회를 제공한다. 예를 들어, 한 문화에서 존경을 표하는 방식이 중요한 사회적 규범으로 자리 잡고 있을 수 있으나, 다른 문화에서는 그와 같은 표현이 상대적으로 덜 강조될 수 있다. 이와 같이, 언어를 통해 학습자는 그 언어를 사용하는 사람들의 사고방식과 사회적 규범을 배우게 되며, 이는 문화적 차이에 대한 이해와 존중을 촉진하는 데 중요한 역할을 한다.

상호문화교육은 외국어 교육에서 이질성, 다양성, 상대성, 정체성 등 현대 사회가 중시하는 요소들을 가르치며, 교육적 목표를 달성하는 데 중요한 역할을 한다. 현대 사회는 경제적 불균형, 교통 및 통신 수단의 발달, 이민자 권리의 신장, 그리고 여러 국가들이 하나로 묶이는 지역화의 추세 등에 힘입어 민족, 문화, 언어가 상이한 사람들 간의 교류가 활발해지고 있다. 이러한 교류는 사회 내 이질성과 다양성을 더욱 확장시키고, 기존의 정체성과 새로운 정체성 간의 갈등을 심화시켰다. 그 결과, 문화적 상대주의를 이해하고 존중하는 태도가 더욱 중요해지고 있다. 이러한 시대적 변화는 교육에도 큰 영향을 미쳤다. 특히 외국어 교육은 학습자가 다른 국가, 사고방식, 가치를 경험하고 이에 대해 개방적인 태도를 형성하는 데 매우 적합한 과목이다. 상호문화교육은 외국어 교육이 이러한 교육적 역할을 효과적으로 수행하도록 돕는 중요한 접근법이다.

2) 상호문화역량의 개발

상호문화교육은 학습자들의 상호문화역량을 개발하는 데 중요한 교수 · 학습 방법이다. 외국어 학습은 학습자에게 의사소통 능력뿐만 아니라 타문화를 발견하고, 상호 교류와 이해의 기본적인 수단을 배우게 한다. M. De Carlo(1997)는 "외국어는 사람들 간의 관계에 대한 주된 성찰의 장소가 되었다."라고 언급하며, 외국어 교실은 더 이상 단지 목표 문화만을 가르치는 곳이 아니라, 학습자가 출신 문화를 포함한 자신의 문화도 발견하고 성찰하는 장소로 확장되어야 한다고 강조하였다. R. Galisson(1994)은 외국어 교실이 "언어적 지식과 의사소통 기술을 전수하는 데 그치지 않고, 처신할 줄 알고 처신할 수 있는 능력의 장"이 되어야 한다고 주장하면서 상호문화적 차원에서의 이해와 실천적 태도를 강조했다.

상호문화교육은 또한 학습자가 복잡한 사회적 상황과 다양한 정체성 문제를 다룰 수 있도록 도와주며, 타문화에 대한 고정관념을 완화하는 데 기여한다. 이 과정에서 학습자는 자신과 타인의 문화적 차이를 이해하고 존중하는 태도를 함양하게 된다. 따라서 상호문화교육은 외국어 학습을 통해 언어적 능력뿐만 아니라, 글로벌 사회에서 효과적으로 상호작용할 수 있는 중요한 상호문화역량을 개발하는 데 중점을 둔다.

3) 다른 교과목과의 연계

상호문화교육은 외국어 교육을 다른 교과목과 연계시키는 데 중요한 기여를 할 수 있다. 현대 교육과정은 과목 간 다학제적 접근(approche interdisciplinaire)을 강조하고 있다. 이는 지금까지의 교육과정이 과목들 간의 경계를 지나치게 명확히 설정하여 서로 간의 교류를 차단해왔다는 교육계의 비판을 반영한 것이다. 실제로 학생들이 배우는 과목들은 상당 부분 상호 연관되어 있다. 특히 인문·사회과학 분야의 과목들은 역사, 언어, 지리, 사회, 도덕 등 다양한 측면에서 서로 보완적인 관계를 형성한다. 그럼에도 불구하고, 이러한 과목들은 각자의 독립성을 강조한 나머지 분리된 상태에서 교육되고 있는 경우가 많다.

상호문화교육은 이러한 교육적 한계를 극복하는 데 매우 유용한 방법이다. 외국어 교육은 단순히 언어를 배우는 것을 넘어, 그 언어를 사용하는 사람들의 문화도 함께 배우는 과정이다. 외국어 교육이 두 가지 이상의 문화를 가진 사람들 간의 만남을 전제로 한다는 점에서, 상호문화교육은 다양성, 정체성, 이질성, 상대성 등을 교육과정에 자연스럽게 통합할 수 있는 기회를 제공한다. 이를 통해 외국어 교육은 역사, 지리, 사회, 경제, 도덕 등 다양한 분야의 다른 과목들과 유기적으로 연계되며, 학생들에게 더 넓은 시각과 통합적인 이해를 제공하는 데 기여할 수 있다.

3. 상호문화 교수·학습 지도안

1) 교수 · 학습 지도안의 구성요소

여기에서는 프랑스 문화를 활용한 상호문화 교수 · 학습 지도안을 소개하고자 한다. 이 지도안의 이론적 토대는 7장에서 설명한 상호문화교육의 목표, 내용, 방법을 바탕으로 삼는다. 우리는 상호문화 교수 · 학습 지도안의 구성 요소를 '주제', '상호문화역량의 구성요소', '목표', '수업 형태 및 교수매체', '교수 · 학습 단계', '시간'이라는 여섯 가지 항목으로 설정하였다.

우선, 상호문화 수업에서의 '주제'는 상호문화교육의 핵심 내용을 반영하는 부분이다. 이 주제는 앞서 언급한 Kit pédagogique, L'interculturel en classe에서 제시된 상호문화 주제들을 기반으로 하며, 프랑스 문화 교재인 Civilisation Progressive du Français(2003)에서 다루는 문화적 테마들 중에서 학습자들에게 필수적인 내용을 선별하여 적용하였다.

〈표 13-1〉 문화 내용과 상호문화 주제

주제	프랑스 문화 내용	상호문화 주제	상호문화역량의 구성요소
1	- 인사, 감사 표현 등	- 다양한 제스처	행동의 유연성 타문화에 대한 모호함 수용성 의사소통적 인식
2	- 프랑스의 주요 인물	- 나는 누구인가? - 정체성	의사소통적 인식 다름의 존중 공감
3	- 프랑스의 상징물	- 바게트와 프랑스인 - (고정관념, 각 국가별 고정관념)	지식의 발견 이질성 존중 감정 이입
4	- 프랑스 지역별 특징(기념일, 국경일)	- 문화 다양성 알기	지식의 발견 이질성 존중
5	- 프랑스 가족제도(한국의 가족제도와 비교)	- 문화 다양성, 선입견, 편견	지식의 발견 이질성 존중 공감
6	- 프랑스 교육제도(한국의 교육제도와 비교)	- 문화다양성, 공통점과 차이점	지식의 발견 이질성 존중
7	- 프랑스적 가치(파업, 혁명 등)	- 톨레랑스, 연대의식, 자유 등	지식의 발견 이질성 존중
8	- 프랑스의 식문화 - (한국의 식문화와 비교)	- 문화다양성, 상호문화적 오해	지식의 발견 이질성 존중 공감

다음으로 '상호문화역량의 구성요소'는 주어진 프랑스 문화 내용과 상호문화 주제를 통해 신장할 수 있는 상호문화역량을 설명한다. 앞서 7장에서 언급한 바와 같이, 상호문화교육의 궁극적인 목표는 상호문화역량의 함양이다. 이 역량은 단순한 인지적 능력을 넘어서, 정의적 및 행동적 특징을 모두 포함하고 있다. 특히 INCA(Intercultural Competence Assessment, 2004:45)는 이를 '모호함 수용성', '행동의 유연성', '의사소통적 인식', '지식의 발견', '이질성 존중',

'공감'이라는 여섯 가지 하위 구성요소로 구분하였으며, 각 요소는 상호문화적 상황에서 효과적으로 의사소통하고 상호작용하는 데 필요한 능력을 포함한다. 다음은 이 여섯 가지 구성요소를 보다 상세히 설명한 것이다.

(1) 이질성 존중(respect de l'altérité)

이질성 존중은 '문화상대주의(cultural relativism)'와 관련이 깊다. 이는 자문화에 대한 신념과 타문화에 대한 불신을 자제하고, 타문화에 대해 호기심과 개방적인 태도를 갖는 것을 의미한다. 이질성을 존중하는 능력을 가진 사람은 자신의 권리와 가치만큼이나 타인의 가치와 관습, 관행을 존중할 준비가 되어 있다. 이는 또한 자기중심 탈피(décentralisation) 능력으로도 설명될 수 있으며, 이는 개인이 자신의 문화적 배경을 넘어서는 사고방식을 기를 수 있도록 돕는다.

(2) 모호함 수용성(tolérance à l'égard de l'ambiguïté)

모호함 수용성은 불확실성과 모호함을 받아들이고 이를 효율적으로 처리하는 능력이다. 이는 예기치 못한 상황이나 낯선 요소를 도전적으로 받아들이고, 다양한 문화적 배경을 가진 사람들이 문제를 해결할 수 있도록 돕는 능력이다. 모호함을 수용하는 태도는 상호문화적 상호작용에서 중요한 역할을 하며, 변화하는 환경에 적응하는 데 필수적이다.

(3) 지식의 발견(découverte de savoirs)

지식의 발견은 문화와 문화적 관습에 대한 새로운 지식을 습득하고, 실제 의사소통과 상호작용 상황에서 제약에 부딪혔을 때 지식, 태도나 기술을 적절히 적용하는 능력이다. 다른 문화권의 사람들과 상호작용할 때, 사람들은 언제 어디에서 익숙지 않은 상황에 놓일지 늘 예측하기가 어렵다. 그래서 새로운 지식을 찾고, 사람들이 이미 알고 있는 것을 재해석하는 능력이 중요하다. 또한, 타문화에 속한 사람들의 행동 패턴과 무의식적 믿음을 관찰하고 이해하는 방법을 배우는 것도 중요한 과정이다.

(4) 감정 이입(empathie)

감정 이입은 타인의 감정과 사고를 직관적으로 이해하고, 그들이 처한 상황에서 어떻게 느끼는지 공감하는 능력이다. 감정 이입을 통해 학습자는 타인의 감정, 바람, 사고방식을 적절하게 다룰 수 있게 되며, 다른 사람의 입장에서 상황을 이해하고 조망하는 능력을 기를 수 있다. 이는 타문화와의 상호작용에서 중요한 상호문화적 기술로 작용한다.

(5) 행동의 유연성(souplesse du comportement)

행동의 유연성은 자신의 행동을 다양한 요구와 상황에 맞추는 능력으로, 상대방의 문화적 기대와 절차에 맞춰 자신의 행동 방식을 조정하는 것이다. 상호문화적 상황에서는 예상치 못한 행동 양식이 등장할 수 있으며, 이에 따라 자신의 행동을 적응시키고 확장하는 유연성이 필요하다. 이러한 유연성은 문화 간 충돌을 최소화하고 효과적인 상호작용을 가능하게 한다.

(6) 의사소통적 인식(conscience communicative)

의사소통적 인식은 상호문화적 의사소통에서 언어적 표현과 문화적 맥락 간의 관계를 인식하고 이를 적절하게 조정하는 능력이다. 다양한 문화적 배경을 가진 사람들 간의 의사소통에서는 언어적 차이뿐만 아니라 비언어적 차이도 존재하며, 이는 종종 오해를 초래할 수 있다. 의사소통적 인식은 학습자가 이러한 차이를 이해하고, 자신의 언어 표현을 상황에 맞게 조정하는 능력을 개발하는 데 중요한 역할을 한다.

교안의 세 번째 구성요소인 '목표'는 해당 수업을 통해 학생들이 무엇을 할 수 있느냐과 관련되어 있다. 목표는 해당 수업에서 배우게 되는 지식 내용 부분과 정의적, 행동적 영역까지 진술하고자 하였다.

교안의 네 번째 항목은 '수업 형태와 수업 매체'이다. 상호문화수업은 학생 중심의 토의식, 탐구식 수업 방식을 택하였으며 2인 1조, 4인 1조의 소집단별로 이루어졌다. 이렇게 한 이유는 상호문화접근법이 가장 중시하는 것은 상호작용이고, 이 두 수업 형태가 이러한 상호작용에 가장 적합하다고 보았기 때문이다. 수업 매체는 수업 시 필요한 매체를 말하는 것으로 본 수업에는 주로 파워포인트, 인터넷, 사진, 소품 등을 사용하였으며 필요에 따라 가감할 수 있다.

'시간' 란에는 이 활동을 하는 데 소요되는 시간을 기재하였다. 이 부분은 수업의 성격에 따라 유연하게 할 필요가 있을 것이다. 문화 교육만을 위한 수업일 경우에는 수업 시간 전체를 할애할 수도 있을 것이고, 외국어 수업이 주가 되는 경우에는 수업의 마지막 10분 또는 소단원 또는 대단원의 마지막 시간을 할애하는 것도 방법이 될 수 있다.

본 장에서는 전체 15분으로 설정하였고, 각 학습 단계(도입, 전개, 활용, 정리)별로 예상되는 소요 시간을 분배하여 구체적으로 기재하였다. 이 15분이라는 소요 시간은 수업 내용 및 진도나 다른 여건에 따라 다소 짧을 수도 있고 길 수도 있으므로, 교사는 이러한 여러 가지 요인들을 감안하여 그 시간을 유연하게 가감할 필요가 있다.

마지막 구성요소는 '교수 · 학습단계'로 실제 수업 전개 과정을 나타낸다. 상호문화교안은 일반적인 수업 절차인 '도입-전개-활용-정리' 단계로 교안을 구성하되 앞서 언급한 상호문화접근법의 절차를 여기에 적용하였다.

2) 교안 예시와 수업 전개 과정

다음은 앞서 제시한 여섯 가지의 구성요소를 바탕으로 설계한 상호문화교안이다.

〈표 13-2〉 **상호문화교안**

주제	바게트 빵과 프랑스인
상호문화능력	지식의 발견, 이질성 존중, 감정 이입
목표	1. 외국인과 자국인에 대한 고정관념을 알아본다. 2. 친구들이 나와 유사한 생각을 가지고 있음을 확인할 수 있다. 3. 친구들이 나와 상이한 생각을 가질 수 있음을 이해한다.
수업형태 및 수업매체	1. 4인 1조 2. 파워포인트, 인터넷 3. 학습활동 일지, 필기구
시간	15분

단계	교사활동	학생활동	수업매체	시간
도입〈문화개념이해〉	 ① 다음 사진을 보여주면서 프랑스인에 대한 고정관념을 물어본다.	① 사진을 보면서 대답한다.	파워포인트	2분
	② -우리 모두에게는 어떤 대상에 대한 고정관념이 있음을 알려준다. -고정관념에 대한 이론적 설명하기.	② 경청하면서 생각해본다.		
전개〈타문화발견〉	① 조별로 한 장의 종이를 나눠주고 국가명과 보기의 단어를 연결해 보게 한다. 예) 햄버거 없는 미국인처럼 [보기: 예절, 차(tea), 바게트, 열정, 오염] _______없는 일본인처럼 _______없는 영국인처럼 _______없는 중국인처럼 _______없는 이탈리아인처럼 _______없는 프랑스인처럼	① 조별로 상의하고, 나누어 준 종이에 단어를 쓴다.	파워포인트, 학습활동 일지	5분

	② 조별로 작성한 답과 그 답을 선택한 이유를 설명하게 한다.	② 각 조별로 작성한 답과 그 답을 선택한 이유를 설명하게 한다.		
	③ 본 자료의 답은 프랑스인들이 생각하는 고정관념을 반영한 것임을 안내한다.	③ 경청한다.		
활용 〈자문화인식〉	① - 앞서 제시된 문제에 대한 각자의 생각을 나눈다. - 고정관념과 관련된 개인적인 경험이나 구체적인 예시를 공유한다.	① 각 조별로 논의하며 주요 내용을 메모한다.	파워포인트	6분
	② 각 조별로 작성한 종이를 수합한 후, 교사가 이를 칠판에 판서하여 공유한다.	② 칠판을 보면서 경청한다.		
	③ 각 조별로 해당 어휘를 선택한 이유와 그 어휘에 대한 생각을 발표하게 한다.	③ 조별로 발표한다.		
	④ 한 국가, 한 사물, 한 사건에 대해 우리가 가진 생각이 다양하고 서로 다를 수 있음을 인식하게 한다.	④ 조별로 발표한다.		
정리 〈타문화관용〉	① 외국인과 자국인에 대한 고정관념이 존재함을 확인하였다. ② 급우들이 자신의 생각과 유사하거나 상이한 견해를 가질 수 있음을 이해하도록 안내한다.	① 경청한다.		2분

교사는 이 상호문화교안을 기반으로 다음과 같은 방식으로 수업을 전개할 수 있다.

첫째, '도입' 단계는 선정된 문화 개념을 학습자들에게 제시하는 〈문화 개념 이해〉 단계로, 이는 학습자가 기존에 관련 과목에서 배운 프랑스 문화 이론과 연계된다. 이 단계에서 교사는 해당 과목의 주요 용어나 문화적 내용을 상기시키며, 관련 사진이나 그림을 활용해 학습자의 흥미를 유도한다. 이를 통해 학습자는 본 차시에서 다룰 문화 개념을 자연스럽게 이해할 수 있다.

둘째, '전개' 단계는 도입 단계에서 제시된 문화 개념을 타문화로 확장하여 학습하는 〈타문화 발견〉 단계이다. 이 과정에서 학습자는 정해진 문화 주제를 바탕으로 개인별 혹은 조별 학습 활동을 수행한다. 학습자는 프랑스 및 프랑스어권 문화를 탐구하며 다양한 관점을 공유하고, 평소 간과되었던 문화적 쟁점에 대해 심층적으로 토론할 기회를 가진다.

셋째, '활용' 단계는 학습자가 자문화를 새롭게 인식하도록 돕는 〈자문화 인식〉 단계이다. 이 단계에서 학습자는 전개 단계에서 다룬 프랑스와 관련된 내용을 한국의 상황에 적용해본다. 이를 통해 학습자는 자신의 한국 문화에 대한 이해 수준을 점검할 수 있다. 이때 교사는 프랑스 문화와 한국 문화를 단순히 비교하는 문화주의적 관점이나 비교주의적 관점을 지양하도록 지도해야 한다.

마지막으로, '정리' 단계는 학습자가 타문화를 관용적으로 이해하도록 돕는 〈타문화 관용〉 단계이다. 교사는 모든 문화가 공통점과 차이점, 기본적 가치를 포함하고 있음을 설명하며, 문화적 사실을 관찰할 때 비판적이고 교차된 시각이 필요함을 강조한다. 또한, 학습자가 목표 문화를 무비판적으로 수용하지 않고 자신의 경험과 사고를 바탕으로 평가하며, 다른 사람의 관점에서도 동일한 문화적 사실을 성찰할 수 있도록 안내한다. 이를 통해 학습자는 타문화를 보다 개방적이고 수용적인 태도로 이해하게 된다.

지금까지 우리는 상호문화교안의 실제 학습 단계를 소개해 보았다. 다만, 제시된 학습 단계는 일반적인 틀에 불과하며 절대적인 방식이 아니다. 따라서 교사는 주어진 교육 여건이나 학습 주제에 따라 특정 단계를 강조하거나 학습 단계의 순서를 조정할 수 있다. 예를 들어, 본 예시 교안에서는 '타문화 발견' 단계 이후에 '자문화 인식' 단계로 진행하도록 구성되어 있으나, 주제에 따라 이 두 단계를 재구성할 수도 있다.

4. 결론 및 제언

문화 다양성의 중요성이 날로 강조됨에 따라, 이를 다루는 연구의 범위와 관점 또한 점차 다양화되고 있다. 본 연구에서는 다양성 교육의 한 축으로 상호문화교육을 소개하고, 이를 뒷받침하는 이론적 배경(제7장)과 실질적 적용 방안(제13장)에 대해 논의하였다. 본고의 결론에서는 다문화 시대에 적합한 외국어 및 외국어 문화 교육의 발전을 위한 몇 가지 제언을 제시하고자 한다.

첫째, **확장된 언어 교육의 필요성**이 제기된다. 다문화 시대에서 언어 학습은 단순히 언어적 지식 습득에 그치지 않고, 문화적 이해와 상호작용 능력을 포함한 종합적 역량을 요구한다. 본 연구에서 다룬 상호문화교육은 학습자의 인지적 능력뿐만 아니라 정의적 및 행동적 측면을 동시에 개발하는 데 초점을 맞추고 있다. 이는 언어와 문화 지식을 전달하는 차원을 넘어, 범교과적이고 융합적인 접근을 통해 학습자의 전인적 성장에 기여할 수 있는 방식으로 확장될 필요가 있다.

둘째, **상호문화적 주제를 중심으로 한 교수 · 학습 접근**이 요구된다. 다문화 및 다양성 교육은 본질적으로 상호문화적 성격을 지니며, 외국어 및 외국 문화 교육 또한 타문화와의 접점을 이해하고 존중하는 데 중점을 둔다. 이러한 교육적 접근은 국어, 사회, 과학, 음악 등 다양한 교과에서도 동일하게 적용될 수 있다. 효과적인 수업을 위해서는 각 교과의 주제와 연계된 상호문화적 요소를 선정하고, 이를 구체적으로 어떻게 다룰 것인지에 대한 사전 연구와 계획이 필수적이다.

셋째, **교사 및 교수자의 전문성 강화를 위한 연수와 교육**이 절실히 필요하다. 상호문화교육은 비교적 새로운 교육 분야로, 사회적 인식과 교육 현장에서의 실천 수준은 여전히 초기 단계에 머물러 있다. 특히, 교과서 외의 내용을 다루는 데 있어 여러 현실적인 제약이 존재하지만, 다문화적이고 다변적인 교육 환경에 적응하기 위해서는 교수자들 또한 변화와 혁신에 적극적으로 동참해야 한다. 이를 위해 교사 연수, 세미나, 학술대회 등을 통해 상호문화교육의 원리와 방법을 지속적으로 학습하고, 이를 교육 현장에서 효과적으로 적용할 수 있는 전략을 모색해야 한다. 이와 같은 제언들은 다문화 시대의 요구에 부응하는 외국어 및 외국 문화 교육의 방향성을 제시하며, 학습자의 문화적 포용력과 비판적 사고를 함양하는 데 기여할 것이다. 앞으로도 상호문화교육에 대한 심화 연구와 실천적 논의가 지속되어야 할 것이다.

참고문헌

서영지 (2016). 고등학교 프랑스어 교육에서의 상호문화접근법 적용 방안 연구, 서울대학교 박사학위 논문.

서영지 (2015). 상호문화접근법을 적용한 고등학교 프랑스어 수업지도안 개발연구, 서울대학교 교육종합연구원 외국어교육연구소.

서영지 (2021). 문화다양성 교육의 변화와 외국어 교육을 위한 제언: 상호문화적 실천을 향해. 프랑스문화연구, 50, 한국프랑스문화학회.

Byram, M. (1997). Teaching and assessing intercultural communicative competence, Multilingual Matters.

Charaudeau, P. (1987). ≪ L'interculturel : nouvelle mode ou pratique nouvelle ? ≫ Le Français dans le Monde, n°special ≪ Vers un niveau 3 ≫ fevrier-mars 1987, Paris, Hachette-Larousse.

Carlo, C. (2003). Civilisation progressive du français avec 400 activités : niveau débutant, CLE.

Chaves, R. M. (2012). L'interculturel en classe, PUG.

De Carlo, M. (1998). L'interculturel, CLE international.

Galisson, R. (1994), ≪ D'hier à demain, l'interculturel à l'école ≫ in Etudes de Linguistique Appliquee n°94, Paris, Didier-Erudition.

Stenou, K. (2007). UNESCO and the issue of cultural diversity: Review and strategy, 1946-2007, UNESCO.

UNESCO (2006). *UNESCO Guidelines on intercultural education*, UNESCO.

찾아보기

저자소개

- 모경환
  서울대학교 사회교육과 교수
- 하민수
  서울대학교 생물교육과 교수
- 은지용
  서울대학교 사회교육과 교수
- 임정수
  서울대학교 사회교육과 강사
- 이경윤
  서울교육대학교 사회과교육과 교수
- Joon K. Kim (김준겸)
  서울대학교 사회교육과 교수
- 권용진
  서울대학교 사회교육과 박사과정
- 서영지
  서울대학교 불어교육과 강사
- 성상환
  서울대학교 독어교육과 교수
- Douglas R. Gress (더글라스 그레스)
  서울대학교 지리교육과 교수
- Sonya N. Martin (마틴산야)
  서울대학교 생물교육과 교수
- 권순용
  서울대학교 체육교육과 교수
- 박형준
  서울대학교 사회교육과 교수

다문화사회 교수방법론

초판 1쇄 인쇄 / 2025년 2월 25일
초판 1쇄 발행 / 2025년 2월 28일

공저자 / 모경환, 하민수, 은지용, 임정수, 이경윤, Joon K. Kim, 권용진, 서영지, 성상환, Douglas R. Gress, Sonya N. Martin, 권순용, 박형준

발행인 / 이 중 수
발행처 / **동 문 사**

서울특별시 서대문구 홍제원 1길 12
(홍제동 137-8)
Tel : 02)736-3718(대), 736-3710, 3720
Fax : 02)736-3719
등록번호 : 1974.04.27. 제9-17호
가격 : 25,000원

ISBN : 979-11-6328-666-0 (93370)
E-mail : dong736@naver.com
www.dongmunsa.com